北京大学人文学部主办
北京大学西方古典学中心承办

感谢穆启乐教授
（Prof. Dr. Fritz-Heiner Mutschler）
对本刊出版的长期支持和慷慨资助

商务印书馆（上海）有限公司 出品
The Commercial Press (Shanghai) Co. Ltd.

古典与中世纪研究

— 第六辑 —

吴天岳 主编

创于1897 商務印書館 The Commercial Press

图书在版编目(CIP)数据

古典与中世纪研究. 第 6 辑 / 吴天岳主编. -- 北京 : 商务印书馆, 2025. -- ISBN 978-7-100-25253-9

Ⅰ. C53

中国国家版本馆 CIP 数据核字第 2025PW7812 号

古典与中世纪研究

第六辑

吴天岳 主编

商 务 印 书 馆 出 版

(北京王府井大街36号 邮政编码100710)

商 务 印 书 馆 发 行

山 东 临 沂 新 华 印 刷 物 流

集 团 有 限 责 任 公 司 印 刷

ISBN 978 - 7 - 100 - 25253 - 9

2025 年 6 月第 1 版　　开本 710×1000 1/16

2025 年 6 月第 1 次印刷　印张 15¾

定价:98.00 元

目 录

亚里士多德论“存在”与“真”

一种同构论解读

苏 峻

一、“存在”何以为真？

“存在有多种言说方式”(τὸ ὄν τὸ ἁπλῶς λεγόμενον λέγεται πολλαχῶς; 1026a33–34), 其中的一种是 “作为真的存在” 和 “作为假的非存在”(τὸ δὲ ὡς ἀληθὲς ὄν, καὶ μὴ ὂν ὡς ψεῦδος; 1027b18–19), 这是亚里士多德为世人所熟知的命题。但是围绕这一命题, 却有很多未解之谜。首先, “作为真” 的 “存在” 这里的 “作为”(ὡς) 一词含义模糊, 到底是他认为 “存在为真”, 还是人们 “对存在的认识为真” ——即真假是针对认识判断中的命题而言？[1]

(1)【只有命题才有真假】 如果 “存在” 本身为 “真”, 该如何理解这一点呢？按照很多人的理解, 只有 “命题性” 的判断才有真假; 或者说, 命题才是真假的唯一承载者(即英文所谓的 truth-bearers), 而作为认识对象的 “存在” 本身并无真假可言。然而, 令人困惑的是: 亚氏有时又用 “真” 来描述 “存在”(1017a31–35, 1051b1–2)[2]。

---

1 关于这一困惑的表述, 参见 Hippocrates G. Apostle, *Aristotle's* Metaphysics (Indiana University Press, 1966), p. 363。

2 在 1017a31–32 中, 他提到: “存在” 和 “是” 就意味着 “真的事物”, “非存在” 就意味着 “不真”, 是 “假的事物”(ἔτι τὸ εἶναι σημαίνει καὶ τὸ ἔστιν ὅτι ἀληθές, τὸ δὲ μὴ εἶναι ὅτι οὐκ ἀληθὲς ἀλλὰ ψεῦδος)。虽然在这段文本中, 亚氏提到的是 τὸ εἶναι 和 τὸ ἔστιν, 表现上看在论述 “是”, 但是在这里 τὸ εἶναι 和 τὸ ὄν 是等价的, 这一点在 1017a35–b1 中体现得尤为明显——在此处, τὸ εἶναι 和 τὸ ὄν 被当作同义词。

（2）【存在为真，非存在为假】 如果是人们“对存在的认识”为真，这似乎又与“存在”的其他几种言说方式相抵牾；如亚氏所言，“存在”可以按照“范畴”来分类，也可以按照“潜能和现实”来分类，而这些都是划分“存在整体”的不同标准，即划分的结果与“存在”是“部分与整体”的关系。而“真假”如果只发生在人们的认识当中，就不涉及对“存在”自身的分类。因此，我们最好认为“存在”为真，“非存在”为假。也只有这样，才能更好地解释为何亚氏认为在“最严格意义上的存在”指的是“真”，而“最严格意义上的非存在”指的是“假”（τὸ δὲ κυριώτατα ὂν ἀληθὲς ἢ ψεῦδος; 1051b1–2）。[1]

此外，如果引入亚氏在《形而上学》中对“真”的两种形态的区分，会使解答上述问题变得更为复杂。在 E4 和 Θ10 中，他做了如下区分。

（a）第一种形态的“真”针对的是“事实”意义上的真。例如，如果“事实上”（ἐπὶ τῶν πραγμάτων; 1051b2）“苏格拉底是白的”，那么判定“苏格拉底是白的”便是“真的”；如果事实上并非如此，则该判断为假。可见，这里的“真假”的最终依据是“事实”；而“事实”涉及的是“本质”“性质”“数量”以及其他范畴的“结合”或“分离”（1027b31–33），例如，前文的例子是“苏格拉底”和“白”的结合或分离。借用当代术语，“事实”是“命题”为真的赋予者（truth-makers），而与之相对的“命题”是“真假”的承载者（truth-bearers）。如亚氏所言，这种意义的“真假”是依据“事实”而做的判定[2]，“真假”发生在人的“思维中”（ἐν διανοίᾳ; 1027b27），而不是在“事实中”（ἐν τοῖς πράγμασιν; 1027b26）。也正是因此，很多研究者认为亚氏持有一种简单的“符合论”的真理观，即“思维”独立于“存在”，“思维”要符合“存在”；很明显，这些研究者认为这里的“事实”和“存在”是同义词。

（b）第二种形态的“真”针对的是“简单物”（τὰ ἁπλᾶ; 1027b27）或“非复合

1 如果认为只有命题才有真假可言，那么就会认为这里讲的并非“最严格的意义”，而是“最通常的意义”。

2 后文会提到，“τὰ πράγματα”可以指“事物”，也可以指“事实”，但在这里，指的是“事实”。

物”(τὰ ἀσύνθετα; 1051b17)。[1] 亚氏在文中明确提到了事物的“本质”(τὰ τί ἐστιν; 1027b27)属于该类。结合其他文本，笔者认为所谓的“简单物”指的就是事物的“本质”。[2] 亚氏认为对“简单物”的认识既不会有“假”，也不会“被欺骗”(ἀπατηθῆναι; 1051b25)，只有对它的认识或者“无知”(τὸ ἀγνοεῖν; 1051b25)。

此外，认识“简单物”的方式是“接触”(τὸ θιγεῖν; 1051b24)，强调了认知的直接性。亚氏在行文中将这种“思考”称之为“νοεῖν”(1051b32, 1052a1)；虽然“νοεῖν”一词可以泛指一切认识活动，但是亚氏有时又明确地将认识“本质”的思考称之为“νόησις”(例如：1016b1–3)。因此，不同于认识“事实”的“διανοία”，“νόησις”是一种直接的认识。[3] 此外，他认为这种意义的“真”甚至不在“思维中”(οὐδ' ἐνδιανοίᾳ; 1027b28)。[4]

引入(a)和(b)，问题就变得更复杂了，原因如下。

(a)中提到的“真”概念似乎支持了(1)，即亚氏论述的是“命题”的真假，命题才是真假的承载者。特别是他提到的这种真假不在“事实”里，这一说法似乎证明了(1)，即只有“命题”才有真假，作为认识对象的“存在”无所谓真假。与此相关，(b)中提到的这种意义的真“不在思维中”，引发了诸多争议，如果与“思维”(διανοία)相对的是“事实”(πρᾶγμα)，而如果“事实”又指向了“存在”概念，那么，亚氏似乎又认为这种意义的“真”在“存在”里，即“存在”本身为真，而这又支持了(2)。

可见，正确解读(a)和(b)也是理解(1)和(2)的必要前提。除此之外，围绕在(b)周围还有进一步的难题：(b.1)亚氏认为第二种形态的“真”，对其的认识方式

1 “简单物”和“非复合物”的具体所指学界尚有争议。有研究认为这里的“非复合物”可以指“神”“纯粹的形式”“绝对单纯的行动”等摆脱了任何质料和潜能的事物。参见布伦塔诺：《亚里士多德论“是者”的多重含义》，溥林译，商务印书馆 2015 年，第 49 页；David Ross, *Aristotle's* Metaphysics (Oxford Clarendon Press, 1975), p. 276; Hippocrates G. Apostle, *Aristotle's* Metaphysics (Indiana University Press, 1966), p. 363。但是，本文认为“本质”才是亚氏“简单物”的真正所指；换言之，假如“简单物”可以指“神”等摆脱质料的事物，也仅仅就它们的“本质”而言是“简单物”。

2 例如，在《论灵魂》中也认为这种认识针对的是“本质”(τὸ τί ἦν εἶναι; 430a28)。

3 类似柏拉图对“διανοία”和“νόησις”的区分，参见《理想国》511d2–e4。

4 后文会辨析这句话的含义。

是“接触”，这种“直接的知”该如何理解？（b.2）此外，为何对于这种认识没有错误可言，只有“知”与“不知”？

限于篇幅，本文的主旨是对（1）和（2）做出解答，为此不得不阐明（a）与（b），在此过程中，笔者也将对（b）中涉及的“子问题”（即 b.1 和 b.2）做出初步的解释，但鉴于这两个“子问题”的复杂性，详细的讨论只能留待将来展开。

二、本文的三个论点

本文将论证，（1）和（2）之间的对立并不存在，原因如下：

【论点一】“事实”（τὰ πράγματα）不等于“存在”（τὸ ὄν）

前者指的是在针对“事实”的认识中的“事实”，指的是“范畴”之间的结合与分离，例如“苏格拉底”与“白”的结合与分离。显然，“存在”不必特指“范畴之间的结合或分离”，它至少还可以包括未经结合的事物（如前文提到的“简单物”）；换言之，它可以包含“事实”，却不等于“事实”，是一个更为宽泛的概念。所以，在（a）中提到的发生“在思维中”的“真”，并不因为添加了“在思维中”，而因此就不是针对“存在”的；一个重要的原因就是这里的“在思维中”（ἐν διανοίᾳ）是一个很独特的用法，并不与“存在”相对；同样，这里的“事实”也是一个独特的用法，并不等于“存在”。因此，我们不能因为亚氏提到“真假发生在思维中，而不是在事实中”，而得出一种简单符合论的立场。笔者即将论证“思维”与“存在”的密切关系。总之，这里的“τὰ πράγματα”应该理解为“事实”，而不应该理解为意义更为宽泛的“存在”。

【论点二】“存在”（τὸ ὄν）即“思维”（τὸ νοητόν）

如果我们把亚氏在 E4 和 Θ10 中罗列的所有事物进行分类，可以得到以下几类：πράγματα（事实）、διανοία 中针对 πρᾶγματα 的真 / 假判断（命题性质）、διανοία 活动本身、νόησις 的认识对象（即本质）、对本质的认识（命题性质）以及 νόησις 活动本身。

笔者将论证，以上六项“事物”都是“存在”，而且最终也都可以通过层层化约被理解为“思维”，即“可知之物”(τὸ νοητόν)。相应的“非存在”(τὸ μὴ ὄν)则指的是 διανοία 中的假判断(命题性质)或者是根本不能构成认识对象的一些事物，如梦境中的事物。和本文关系更为紧密的是假判断；亚氏提到：如果你并非坐着，那么说“你正在坐着”便是“非存在”(οὐκ ὄντα; 1024b21)。至于对本质认识的“无知”，亚氏认为其与“假判断”有别(1052a1–3)，因此似乎还不能径直称之为“非存在”。

首先，“τὰ πράγματα”指的是“事实”，即“本质”“性质”“数量”以及其他范畴的结合或分离。初看起来，“τὰ πράγματα”可以指“可感事物”的结合和分离，例如“可感的苏格拉底”和“可感的白”的结合和分离，但是在亚氏看来，对可感事物的“认识”才与这里讨论的真假相关。[1]换言之，在E4和Θ10中的“存在”概念并不包括作为“可感”的事物，而只包含“可知”事物；这两章的主题是“可知”事物的真假。在《论灵魂》中，亚氏明确提到，“可感事物”就其可感而言，并无真假；因为感觉不同于思维(427b9)，在“思维”中才有“真假”(427b9)，而在“感觉”中并不会有错误(427b12, 428a11)。[2]因此，这里的“τὰ πράγματα”应该理解为“可知对象”(τὸ νοητόν)。

其次，前文将“命题性质的‘存在’”与“思维活动”做区分(例如“διανοία 中针对 πρᾶγματα 的真判断”与“διανοία 活动本身”)，完全是为了方便我们看到“命题性质的‘存在’”的“存在论地位”，但是其实亚氏并不区分“命题性质的‘存在’”和“思维活动”；因为思考到“命题”本身就是思维活动的一部分。因此，“命题”可以被归入“思维活动”。

在此意义上，“存在”包括了所有的“可知对象”(“事实”与“本质”)，以及使得“可知对象”得以呈现的“认识活动”(διανοία 和 νόησις)；更进一步，我们现在引入亚氏的另一个著名的学说，即“思维活动”(ἡ νόησις)与“思维对象”(τὰ νοήματα)是“同一的”(407a6–8)。[3]需要注意，前文我们提到“νόησις”特指认识“本质”的思维活动，但是，在不与“διανοία”对照的时候，也可以泛指人的“思维活动”；此外，“νοῦς”一

---

1 特别是考虑到有些“事实”本来就是不可感的，如亚氏提到的正方形的对角线不能通约。

2 后文也会提到亚氏对“可感对象”(τὰ αἰσθητά)和“可知对象”(τὸ νοητόν)的区分。

3 参见 430a2–3 和 1072b21。

词也有类似的用法：狭义的“νοῦς”与狭义的“νόησις”一样，指的是认识“本质”的活动[1]，而广义的“νοῦς”泛指人的“理性”，可以与“欲望”相对（ὄρεξις; 433a9）。[2]

如何理解“思维活动”与“思维对象”是同一的呢？笔者认为，此处强调的是思维活动本身不具有独立性，主要是一种“接受性”。如《论灵魂》429a18–27 所示，灵魂中能思考的部分接收客体的“形式”，即与客体的特性“同一”（δυνάμει τοιοῦτον; 429a16）。在此意义上，灵魂中负责理性思考的部分甚至被称为“形式的场所”（τόπον εἰδῶν; 429a27–28）。

前文提到，“存在”包括了所有的“可知对象”（νοητόν），以及使得“可知对象”得以呈现的“认识活动”（διανοία 和 νόησις）。然而，由于亚氏将“思维”（ἡ νόησις）与“思维对象”（τὰ νοήματα）视为等同，为了表达的简洁，下文如无特殊说明，将只使用“νοητόν”一词指代“认识对象”和“认识活动”，并将之称为“思维”；如果本论点成立，则可以得出：“存在”就是“思维”。[3]

正因为“存在”即“思维”，所以在《形而上学》的一处文本中，亚氏明确提到，“永恒的存在者”的本原必然是“最真的”（διὸ τὰς τῶν ἀεὶ ὄντων ἀρχὰς ἀναγκαῖον ἀεὶ εἶναι ἀληθεστάτας; 993b28–29）。可见，永恒存在者的本原——作为存在——本身就为真。

【论点三】 对“本质”的认识优先于对“事实”的认识

在所有的“真认识”中，对“本质”的认识优先于对相应“事实”的认识。对“本质”的认识之所为真，源自于“本质”自身为真。至于为何对“本质”的认识优先于对相应“事实”的认识，后文将详细论述。此外，前文提到，亚氏认为“思维活动”可以化约为“思维对象”，与此处的论点三也密切相关；因为在此意义上，“思维活动”之所以为真，也是因为“思维对象”为真。

---

1 参见《论灵魂》430b27。

2 在 1072b21 中，他认为“νοῦς”和“νοητόν”是同一个东西（ταὐτὸν νοῦς καὶ νοητόν）。

3 参见聂敏里：《“是”与“存在”——对西方哲学中 Be 动词的再考察》，《云南大学学报（社会科学版）》2012 年第 2 期。

三、“实在论解读”与“同构论解读”

本文试图得出的这三点结论支持了“存在和思维”的“同构论解读”，而非简单的“实在论解读”。这一点至关重要，在此需要详加论述。

【实在论解读】 简单的实在论解读认为，“存在”是“客观世界”，“思维”是“主观世界”。“存在”独立于“思维”，且“存在”优先于“思维”，二者并无内在联系。[1] 按照该解读，之前提到的（a）可做如下解读：当“思维的内容”与“客观的存在”相符时，就是“真的”，否则就为“假”。为了防止误解，我们有必要在此对“存在”概念做一说明。在《形而上学》中，宽泛的“存在”概念既可以指“可感事物”（τὰ αἰσθητά），也可以指向“形式 / 本质”等“可知对象”（τὸ νοητόν）。因此，“实在论”的解读可以被解读为“思维”最终要与“可感事物”相符，也可以被解读为“思维”最终要与“形式 / 本质”等“可知对象”相符。但是，如前文所示，当亚氏在 E4 和 Θ10 中讨论“存在 / 非存在”与“真 / 假”的关系时，讨论的内容已不再是纯粹的“可感事物”；因为可感事物就其“可感”而言，无法被认识而只能被感知。因此，这里的“实在论”解读并非经验论意义上的人的所有认识都源自感觉；而是人的所有认识要以客观事物的“形式 / 本质”等“可知对象”为依据。

持有这种实在论的研究者的错误就在于，他们把“可知对象”（即形式 / 本质）理解为是独立于人的“思维”的客观世界。但是，亚氏从未持有这样的观点，在下一节中我们会看到，他认为“可知对象”与“思维”共享了最为根本的原则，即“非矛盾论”。

【同构论解读】 笔者认为，在 E4 和 Θ10 中，亚氏的“存在”概念等同于“思维”概念。按照这种解读，亚氏并非“实在论”，而是认为“存在”和“思维”呈现出同构关

1 典型的观点可参见 Terence Irwin, *Aristotle's First Principles* (Oxford University Press, 1988), pp. 5–7。关于古希腊哲学中实在论与非实在论的争论，可参见 Vasilis Politis, “Anti-Realist Interpretations of Plato: Paul Natorp”, in *International Journal of Philosophical Studies*, Vol. 9 (1), 2001; “Invoking the Greeks on the Relation Between Thought and Reality: Trendelenburg's Aristotle—Natorp's Plato”, in *Philosophical Forum*, Vol. 2, 2008, pp. 191–222。

系，因此无所谓孰先孰后。在此意义上，所谓的“存在”，并不指独立于思维、与之没有关系的客体，而是彼此相关，呈现内在同构的关系。这也是在上一节中，笔者得出“存在即思维”的根本内涵。

或许有读者会质疑，认为之前提到的“存在即思维”与此处的“存在和思维同构”内涵并不完全相同：前者强调的是“同一”（identity），后者强调的是“统一”（unity）。在此，笔者需要说明，本文的核心观点是强调“存在”和“思维”的“同一”，只是为了论述方便，从日常概念的角度区分了“存在”和“思维”，以示二者分别具有“客观”和“主观”的内涵。因此，所谓“同构论”强调二者“统一”，其背后的真正基础是二者的“同一”关系。[1]

如果同构论解读成立，那么围绕（1）和（2）之间的许多难题就会迎刃而解。亚氏提到的“作为真的存在”和“作为假的非存在”，实际上指的就是“存在”本身就是“真”，“非存在”本身就为“假”。因为，所谓的“存在”指的就是“思维”。[2] 在进一步论述之前，为了防止误解，需要对“作为存在的思维”做一些限定。“作为存在的思维”并不是任意的思考，而是认识“事实”和“本质”的活动。“存在即思维”也不会导致“存在”概念变成完全主观的，因为此处的“思维”并非是思维的“凭空”创造，思维的对象——“事实”和“本质”——就其是一个明确的对象而言（符合下一节将着重讨论的非矛盾律）是客观的，即这一明确的对象对所有正确使用思维的人来说是客观的，但是这种客观性却并非独立于人的思维而存在。[3]

四、为何“真 / 假”对应“存在 / 非存在”？

有人或许会问，为何“存在 / 非存在”对应“真 / 假”？为何“存在”和“思维”是

1 关于从现代哲学角度对“思维”和“存在”同一性的辩护，参见：Irad Kimhi, *Thinking and Being* (Harvard University Press, 2018)。

2 这一看似“激进”的解读——“存在”即“思维”——实际上是“巴门尼德—柏拉图—亚里士多德”形而上学传统的一贯观点；后文将对此略加论述。

3 在下一节中，笔者将继续阐明这个观点。

同构的呢？笔者认为，在这里回顾《形而上学》Γ 卷中对“非矛盾律”（Principle of Non-contradiction；以下简称 PNC）的讨论是不可或缺的；我们将发现，“存在”和“思维”之所以是“同构的”，一个重要原因是它们共享了相同的本原，即 PNC。亚氏认为，对 PNC 的辩护是形而上学——以“作为存在的存在”为研究对象——的重要任务。

在 Γ 卷中，PNC 被表述为“一个事物不可能在同一时间、同一方面既是 F 又不是 F”，被认为是“最确定的本原”（βεβαιοτάτη; 1005b11–12）。但如何理解这一原则的地位却引发了诸多争议。或许有人认为，PNC 是思维的法则，因而属于逻辑学的研究范围。[1] 例如，在 1005b7 中，PNC 被描述为思维中“推理的本原”（τῶν συλλογιστικῶν ἀρχῶν）。这一理解也符合现代哲学的精神，即现代逻辑学家一般认为 PNC 是“思维”的法则，而不是“存在”的法则。[2] 然而，在 1005a19–25 中，亚氏又明确说，PNC 是针对“存在”的（ὥστ᾽ ἐπεὶ δῆλον ὅτι ᾗ ὄντα ὑπάρχει πᾶσι; 1005a27）[3]，因此研究“作为存在的存在”的哲学家也要探讨 PNC（1005a28–29），而这又将 PNC 当作形而上学的法则。

因此，究竟 PNC 是对“思维”而言为真，还是对“存在”而言为真？如果答案是前者，亚氏对 PNC 的辩护就有了“先验论证”（Transcendental Argument）的色彩：

【“思维优先”论证】 因为 PNC 首先是语言和思想得以可能的前提条件，然后对“存在”而言才为真。亚氏的一些论述也似乎将我们引向了这一解读方向。例如，在 Γ4 中，亚氏认为如果不遵循 PNC，则不能表达确定的含义，语言和思想都将不能成立；因为这种情况下使用的概念根本没有确定的内涵。

之所以将这一论证称之为“具有先验论证色彩”，是因为我们能够言说和思考“存在”的先决条件正是这些言说和思考，而 PNC 使得言说和思考得以成立。亚氏提到，

---

1 这也是《形而上学》“难题卷”罗列的问题之一，参见 996b26–997a15。

2 王路把 PNC 主要理解为逻辑的法则。参见王路：《读不懂的矛盾律——与中译本〈形而上学〉商榷》，《清华大学学报（哲学社会科学版）》2009 年第 5 期。

3 PNC 针对的是“存在”，这样的说法出现在多处，参见 1005b10，1005b15 等。

任何有意义的思考和言说都蕴含了言说和思考内容是清晰和确定的对象，该对象不可能在同一时间、同一方面“既是 F 又不是 F”；否则，此人便不能进行有效的思考（1006a19ff.）。

前文指出，亚氏对 PNC 的辩护有时又强调 PNC 首先是“存在”的法则：

【“存在优先”论证】 因为 PNC 首先是对“存在”而言为真，然后才使语言和思维得以可能。亚氏的一些论述也的确将我们引向了这一解读方向。例如，在 1007a20–21 中，他认为否认 PNC 就等于否认了“实体”（οὐσίαν）和“本质”（τὸ τί ἦν εἶναι）。在此处，亚氏强调了“存在”的优先性。

那么，亚氏到底认为 PNC 是“存在”的法则，还是“思维”的法则呢？对这一问题的回答，取决于我们对“存在”的理解，即“存在”是否是独立于“思维”的事物。根据“同构论”的解读，认为“PNC 是存在的法则”与认为“PNC 是思维的法则”是等价的，因为二者呈同构关系，并不存在孰先孰后的问题。[1]

此外，考察亚氏对 PNC 讨论的背景也佐证了“同构论”解读。对 PNC 辩护的假想敌之一是赫拉克利特主义者，他们认为“存在”仅仅是“可感事物”（τὰ δ᾽ ὄντα ὑπέλαβον εἶναι τὰ αἰσθητὰ μόνον; 1010a2–3），而“可感事物”一直处于变化之中。亚氏认为，这种观点错误的根源是“感觉主义”：如果认为认识就是感觉，那么我们感受的诚然只有变化（1009b13–14）。但是，亚氏认为“存在”并非只有“流变”，而是有“不同于感觉且在感觉之先”的事物（1010b36–37），而这些事物具有内在的稳定性，能够成为清晰确定的认识对象，可以被思维把握；在别处，亚氏提到了我们“依据形式 / 本质”（κατὰ τὸ εἶδος; 1010a25）认识事物。由此可见，对 PNC 的辩护是针对赫拉克利特主义者学说的两个方面：其一是一种“形而上学”的观点，即“一切皆变”；其二是一种“认识论”的观点，即“认识就是感觉”。对理论对手的反驳策略也可以作为

1 参见对 PNC 是“形而上学的法则”的辩护：Vasilis Politis, *Aristotle and the* Metaphysics (Routledge, 2004), pp.135–153; Tuomas E. Tahko, “The Law of Non-Contradiction as a Metaphysical Principle”, in *The Australasian Journal of Logic*, Vol. 7 (2009), pp. 32–47。笔者不同意这种观点，认为 PNC 既是形而上学的法则又是逻辑学的法则，二者呈现同构的关系且并无先后可言。

“同构论”解读的旁证，即对于亚氏而言，PNC 既是“存在”的法则（一种“形而上学”观点），也是“思维”的法则（一种“认识论”观点）。

所以，假如我们追问，为何“存在/非存在”对应“真/假”？原因就在于，亚氏认为“存在”和“思维”呈现出同构的关系。而这种同构关系的一个重要保障便是 PNC。对其的辩护之所以出现在《形而上学》中，并且占据如此大的篇幅（Γ3–6），是因为 PNC 并非任意的一个本原，它是亚氏认为“存在”和“思维”共享的“最确定的本原”。因为有这一共享的本原，“思维”就不是独立于“存在”的事物，二者有内在的关联，呈现出同构关系。因此，“存在/非存在”之所以对应“真/假”，就是在“存在”和“思维”同构的背景之下才能得以理解。

或许有人会问：为何 PNC 在沟通“存在”和“思维”中扮演了如此重要的角色？仔细思考 PNC 的功能，我们会发现，它最核心的作用是确定了事物的“同一性”（一个事物不可能在同一时间、同一方面既是 F 又不是 F）。而“同一性”是“一”（τὸ ἕν）重要的内涵。在《形而上学》Γ 卷论述 PNC 之前，亚氏主要讨论了“存在”和“一”的关系。他认为“存在”和“一”本性相同，二者是相互“伴随”的关系（εἰ δὴ τὸ ὂν καὶ τὸ ἓν ταὐτὸν καὶ μία φύσις τῷ ἀκολουθεῖν ἀλλήλοις ὥσπερ ἀρχὴ καὶ αἴτιον; 1003b23–25）；甚至“作为存在的存在”和“作为一的一”这两种表述也是等价的（1004b5）。可见，PNC 所要讨论的主题隐藏在对“存在”和“一”的论述中。此外，亚氏之所以讨论“一”，是因为他认为“相同”“不同”等概念最终都需要通过“一”来理解（参看 Γ2）。[1] 因此，为了理解“存在”和“思维”的同构关系，以及为何“存在即思维”并不会导致完全的主观性，我们至少可以区分“思维”中两个要素：第一个要素就是蕴含在 PNC 中的对“同一性”的要求，以及与之相关的“相同”“不同”等抽象概念，这些奠定了思维对象的“形式条件”；第二个要素来自经验，是思维对象的具体的“内容”。例如，对于任何一个经验对象的认识，我们都可以知道该对象具有“同一性”，且它和自身

1 关于“一”与其他概念的关系，参见 Vasilis Politis and Philipp Steinkrüger, “Aristotle’s Second Problem about the Possibility of a Science of Being *qua* Being: a Reconsideration of *Metaphysics* Gamma 2”, in *Ancient Philosophy*, Vol. 1 (2017), pp. 59–89。

“相同”与他物“不同”等，这是认识任何对象的形式条件；至于具体到对苏格拉底的认识，他除了满足这些认识的形式条件之外，还要有经验的内容，如他是一个人、他的鼻子是扁平的、他经常不穿鞋子等。在这一节中主要讨论的是由 PNC 确立的思维对象的形式条件，这对于合理使用思维的人来说是客观的，只不过这里的“客观性”并非独立于“思维”；而为思维对象提供具体内容的材料来自经验，这也可以说是客观的，即并非人们任意获得的主观经验。因此，“存在即思维”是就二者共享了根本的原则而言，也正因此，二者呈现出同构关系。

或许有人还会质疑，为何 PNC 不能首先是“形而上学”的法则，即关于存在的、完全客观的法则（即独立于思维的法则），然后才是“思维的”法则。况且，如上文所示，亚氏也从“存在优先”的角度，论述了如果否认 PNC，就等于否认了“实体”（οὐσίαν）和“本质”（τὸ τί ἦν εἶναι）。需要注意的是，我们在这里提到的“存在优先”，其实是经过人的“思维”揭示的“存在”。这恰恰印证了“存在”和“思维”的同构关系。当然，我们可以继续追问，为何这种“思维”揭示的“存在”就不能是完全客观的（即独立于思维的）？难道说 PNC 所要求的“同一性”并不描述客观世界？对此，我们可以回答：诚然，我们可以在思维中使用 PNC 来描述世界，就此而言，可以说世界并非“完全的不确定”；很难设想世界本身是“完全不确定的”，而同时我们又可以使用 PNC 来描述世界——这也是亚氏批评赫拉克利特的地方，即后者认为世界具有完全的不确定性。但是，从“完全的不确定性”到“PNC 所要求的‘同一性’”这一过渡并非是完全独立于思维的；PNC 所要求的“同一性”只是亚氏认为“存在”和“思维”共享的原则，并非独立于思维的世界中的客观原则。

最后，可能有读者会问，这样理解的“存在即思维”是否具有“先验哲学”的色彩？换言之，假如认识“存在”的形式条件和“思维”的形式条件相同，这不正是康德意义上的“先验要素”，即“经验可能性的条件”吗？的确，笔者承认，亚氏通过“思维优先”为 PNC 辩护时，确实有很强的先验论证的色彩：他揭示了我们在言说、思考“存在”的“形式条件”（即 PNC 以及依赖于“同一性”概念的“相同”“相异”等概念）。但是，也需要指出：首先，他并没有像康德那样对所有的先验要素进行系统分析；其次，亚氏更为重视的“实体”“形式”“本质”等概念，虽然满足认识的形式条件，但最终仍包含大量的经验内容，以及其他一些原则（例如，他在论证“在实体上的优先性”时，涉及的“存在论上的依赖关系”等）。正是在此意义上，笔者认为亚氏对“实体”“形式”“本质”的探讨具有先验哲学的因素（或曰“色彩”）。

五、针对“事实”的“真”：διανοία 与 πράγματα

现在让我们回到第三节中提到的三个论点，为了进而进一步证明“同构论”才是解读亚氏“存在”与“思维”的正确方式，笔者在这一节中对 E4 和 Θ10 进行细致的考察。

在 E4 中，亚氏明确提到了“真假”不在“事实中”（ἐν τοῖς πράγμασιν; 1027b26），而只是在“思维中”（ἐν διανοίᾳ; 1027b27）的情况。这就是前文提到的针对“事实”的“真”。例如，“苏格拉底是白的”为真，当且仅当有对应的事实，即“苏格拉底是白的”。亚氏也认为，这种真假是“思维”（διανοία）将“本质”“性质”“数量”以及“其他范畴”的“结合”或“分离”。[1]

前文提到，有研究者认为“真假不在事实中”的提法支持了对亚氏的“实在论解读”，即“事实”无真假可言，正如“存在”无真假可言一样。但是，我们已经指出，虽然“真假”不在“事实中”，但这并不意味着“真 / 假”不在“存在 / 非存在”中。

首先，需要澄清“τὰ πράγματα”的含义。《形而上学》多处使用了这一概念，其含义大致有“事实”（984b31, 1086a1）、“可感事物”（987b28, 987b30, 999a19, 1065b7）等等。此外，“τὰ πράγματα”也可以指“不真实 / 假的”的事物，例如，可以指类似“梦”这样的“想象”（φαντασία; 1024b24）。那么，在 E4 和 Θ10 中的“τὰ πράγματα”该如何理解呢？亚氏在文中提到“苏格拉底是白的”“正方形的对角线是不可通约的”等例

1 《论灵魂》Γ6 中提到，这种结合分离，也可以涉及“时态”，例如，苏格拉底将是白的，或者过去是白的。

子。[1] 可见，“τὰ πράγματα” 是 “事实” 的含义。那么，该如何理解 “真假不在事实中” 这一说法呢？我们需要注意的是，亚氏提出这一说法时，是为了强调 “事实” 应被理解为一个具有 “统一性” 的事物（ἕν τι; 1027b25），而不是由两个相继的事物构成（τὸ ἐφεξῆς; 1027b24）。例如，在他举的例子中，我们不能简单地将 “善” 视为 “真”，将 “恶” 视为 “假”，因为这并非一个统一的事物。在 “苏格拉底是白的” 的例子中，因为苏格拉底具有白这个属性，于是 “苏格拉底是白的” 就显现出 “统一性”。[2] 因此，当亚氏说 “真假不在事实中” 时，他是在特定的含义上讲述的，这并不意味着真假仅仅存在于人们对事实的判断中。

其次，“存在”（τὸ ὄν）是《形而上学》的核心概念。根据亚氏在 A 卷的解读，它是之前所有哲学家讨论的共同话题。与本文直接相关的是亚氏对 “可感事物”（τὰ αἰσθητά）和 “可知事物”（τὸ νοητόν）的区分。在 999b1-4 中，亚氏认为，如果只有 “可感事物”，那么就没有知识（ἐπιστήμη），因为知识的对象是 “可知事物”；因此，他认为一定存在可知事物。此处有必要区分如下两个概念：

【“宽泛的” 存在概念】 包括了 “可感事物” 和 “可知事物” 两类。亚氏认为早期自然哲学家往往把 “质料” 当作 “存在”。在此宽泛的含义上，“存在” 包括了 “可感事物”。

【“狭义的” 存在概念】 仅包括 “可知事物”。前文已经提到，就 “可感事物” 只是 “可感” 而言，它们无法成为知识的对象，不是 “可知事物”。本文将 “存在” 等同于 “思维”，即是就 “狭义的存在” 概念而言。

由此可见，“τὰ πράγματα” 并不等于 “τὸ ὄν”，因为前者指的是 “事实”，涉及范畴之间 “两个事物” 的结合和分离，而后者至少还可以包括未经结合的事物（如前文提到的 “简单物”）。或许有人会质疑这一解读，因为该解读迫使亚氏承诺了 “事实” 的存在。换言之，存在的不仅只有事物，还有事物的 “组合” 和 “分离”。例如，不仅有

---

1 原文的例子是 “你是白的”，但是为了方便论述，本文采用与前文一致的例子。

2 亚氏这里提到的例子确实不好理解，但是我们应该把这个例子当作亚氏用来说明其观点的例子；而他的观点是明确的，即要讨论的事态要能够被把握为 “一个事物”。

“苏格拉底”和“白”的存在，而且存在类似“苏格拉底是白的”(Socrates’ being white) 这样的“事实”——即“苏格拉底”和“白”的结合。但是，在笔者看来，这样的担心是不必要的，虽然亚氏的“存在”概念最核心的含义是“实体”，但其“非核心”的含义包括“事实”也是可以理解的。正如《论灵魂》Γ6 中提到的，与“本质”是严格意义的“统一物”不同，“组合”而成的“事实”只是类似“某种统一的事物”(ὥσπερ ἓν ὄντων; 430a28/ 英文可译为“a quasi-unity”)。我们知道，对于亚氏而言，“成为一物”的一个必要条件就是具有“统一性”，既然“事实”类似“某种统一的事物”，那么，不妨把它称为不严格意义上的“一物”。

六、“认识本质”: νόησις 与 ἀσύνθετα

在 E4 和 Θ10 中，除了针对“事实”意义上的“真”之外，亚氏还提到了针对“简单物”(τὰ ἁπλᾶ; 1027b27) 或“非复合物”(τὰ ἀσύνθετα; 1051b17) 的“真”。亚氏在文中明确提到了事物的“本质”属于该类。他认为对这些事物的认识不会有“假”，也不会“被欺骗”。[1] 亚氏认为这种意义的“真”甚至不在“思维中”(οὐδ’ ἐν διανοίᾳ; 1027b28)。

可能有人会问，如果这种“真”不在思维中，那它究竟在哪里呢？如果按照 E4 的“二分”，就会得出这种情况的真假在“事实中”。但是，前文已经指出，“事实”其实指的是事物的“组合”和“分离”，在此意义上是“复合物”，而非“简单物”。因此，笔者认为这里“不在 διανοία”中的含义，指的是“在 νόησις 中”。至于“διανοία”和“νόησις”之间的区别，以及“νόησις”与认识“本质”的关系，前文已经说明，在此不再赘述。[2]

---

1 在《论灵魂》中，不能出错的对象被命名为“不可分之物”(τὸ ἀδιαίρετον; 430b6)。

2 参考 Deborah K. W. Modrak, *Aristotle's Theory of Language and Meaning* (Cambridge University Press, 2001), p. 65。

前文提到，亚氏认为“思维活动”和“思维对象”相同。换言之，“思维”之所以为真，是因为“思维对象”为真，“可知对象”才是“思维”为真的最终来源（前者和后者最终也是同构的关系）。Θ10 的一段文本佐证了这一解读。在 1051b35–1052a1 中，我们读到“τὸ δὲ ἕν, εἴπερ ὄν, οὕτως ἐστίν, εἰ δὲ μὴ οὕτως, οὐκ ἔστιν”。这段文本紧接着亚氏对“事实”真假的论述，所以这里的“τὸ δὲ ἕν”应该理解为“另一种情况”，即针对“本质”的真假。因此，翻译如下：另一种情况，“存在”，就是这样的（笔者按：即“真的”），如果不是这样的，就是“非存在”。[1] 在这段文本中，可以看出，思维对象的“存在”，是思维之所以为“真”的保障。

综上，E4 和 Θ10 论述的主题是作为真的“存在”以及作为假的“非存在”。前文提到，研究者对“真假的承载者”到底落在哪里争论不休。本文已经表明，“存在”本身就为“真”。

七、到底如何认识“真 / 存在”？

亚氏在区分针对“事实”的“真”和针对“简单物”的“真”时，使用了不同的动词。在 1027b21 中，他使用“κατάφασις”用来描述“事实”意义上的真，其含义是“断定”（英文翻译为 affirmation），但是在论述“简单物”意义上的“真”时，他使用的是“述说”（φάσις；动词不定式为 φάναι; 1051b24）并且认为“断定不同于述说”（οὐ γὰρ ταὐτὸ κατάφασις καὶ φάσις; 1051b25）。

“κατάφασι”和“φάσις”究竟有何区别呢？从词形来看，“κατά”强调的是“依据或根据”，而“φάσις”强调其直接性。这一差异佐证了认识“简单物”是一种直接的知识；亚氏提到，对于这种知识，我们其实只有“接触”（τὸ θιγεῖν; 1051b24）与“不接触”的区别。“接触”这一词指向了“直接的认识”。

1　与笔者的读法一致的翻译，参见 Paolo Crivelli, *Aristotle on Truth* (Cambridge University Press, 2004), p. 103。

在《论灵魂》Γ6中，亚氏认为针对“事态”的“真假”是“依据某物谓述某物”(ἔστι δ’ ἡ μὲν φάσις τι κατά τινος; 430b26–27)，也即前文“断定”的含义。[1]但是，针对“本质”这样的“简单物”的认识(ὁ τοῦ τί ἐστι κατὰ τὸ τί ἦν εἶναι ἀληθής; 430b28)，并不是“依据某物谓述某物”(οὐ τὶ κατά τινος; 430b28–29)。而且，亚氏把这种认识本质的思维叫作 νοῦς(430b27)，与我们在前文中所做的区分一致。接着，他把这种直接的认识比作“看”(τὸ ὁρᾶν; 430b29)；亚氏认为看到特定的某物不会有错，但是认为“某白色物体是人”却可能犯错。可见，所谓的“κατά”强调的是“一物”对“另一物”的谓述，例如，在“苏格拉底是白色的”这句话中，“白色”谓述“苏格拉底”；与之相对，亚氏认为“本质”是“单一不可分的事物”(τὸ ἀδιαίρετον; 430b6)，即所谓的“简单物”或“非复合物”。

或许有人会问，对“本质”的认识为何是直接的呢？难道对事物本质的认识不也是经过逐步探究，最终才能确定的吗？例如，历史上曾认为水的本质是“无色无味的透明液体”，但是科学最终确定了水的本质是“H_2O”。这一观点是否正确，或者说水的本质是否只能通过经验科学的方式揭示，这一问题本身就引发了广泛的争议，远非本文可以详尽探讨。[2]但是，其实亚氏也谈到了类似的问题，他认为虽然我们对本质的认识是直接的，但是“本质”(τὸ τί ἐστι; 1051b32)究竟是什么却可以继续研究。[3]

笔者认为，认识“本质”之所以被认为是“直接的”，源于以下事实。在对“事实”

1 《范畴篇》第4小节也有相应的讨论。

2 例如，Edward J. Lowe认为揭示“本质”不是必然经由经验科学揭示了“微观世界”，事物的本质可以通过在“宏观层面”的经验观察而被“定义”揭示。参见Edward J. Lowe, “Locke on Real Essence and Water as a Natural Kind: A Qualified Defence”, in *Proceedings of the Aristotelian Society*, Vol. 85 (2011)。

3 这里翻译有争议，Hippocrates G. Apostle认为亚氏是在讨论“本质”的“存在”或者“不存在”，在注释中他虽然提到了笔者的解读，但是认为这种解读不可信。参见Hippocrates G. Apostle, *Aristotle's* Metaphysics, pp. 159, 364。在这一点上，笔者与Montgomery Furth观点一致，认为亚氏讨论的并不是“本质”存在与否的问题，而是对“本质”的表述尚待探究的问题。参见Montgomery Furth, *Aristotle* Metaphysics *Books Zeta, Eta, Theta, Iota* (Hackett Publishing Company, 1985), p. 78。关于如何认识“本质”的当代讨论，参见Tuomas E. Tahko, “The Epistemology of Essence”, in Alexander Carruth, S. C. Gibb & John Heil (eds.), *Ontology, Modality, Mind: Themes from the Metaphysics of E. J. Lowe* (Oxford University Press, 2018), pp. 93–110。

的断定中，有“依据某物谓述某物”这样的结构。我们可以用“S 是 P”这样的形式来表达，例如前文提到的“苏格拉底是白色的”。亚氏之所以认为有对“简单物”直接之知，是因为对“S 是 P”的判断是以对“S”和对“P”的认识为前提的，否则就无法判定“S 是 P”。

【“直接”的初步含义是“前提”】 如果没有对“简单物”S 和 P 分别的认识，就无法通过组合或分离得出对“事实”的认识，即“S 是 P 或者 S 不是 P”。

但是，仅将“直接”理解为“前提”并不足以满足人们的认识，例如，我们不能仅满足于知道“苏格拉底是白的”，而且想知道“作为人的苏格拉底”和“作为物的粉笔”虽然都可以是白的，此二者究竟有何不同；毕竟，“认识”的一个重要功能就是“区分事物”。我们一开始只需要掌握“一部分”本质就可以有意义地谈论该事物，但是随着认识的深化，就会需要“完整的”本质概念，以满足更精确的认识和理解。在此意义上，所谓认识“本质”是直接的，意味着在诸多“必然属性”中，甄别出“本质属性”。

【“直接”的主要含义是“甄别”】 之所以认识“本质”是“直接的”就在于“本质属性”是“必然属性”，但是“必然属性”并不一定都是“本质属性”。[1] 从“必然属性”甄别出“本质属性”在很大程度上并无确定的依据和标准。例如，亚氏认为人的本质是“有理性的动物”，但是，其实人还有很多专属的“必然属性”，例如“会撒谎的动物”和“懂得幽默的动物”。从人的诸多属性中甄别出其本质属性并非有确定的标准，而要依赖于诸多事实，例如依赖于对别的动物的观察和理解，以及对人类行为的了解甚至对人性的断定。在此意义上，它依赖于直接把握。

正是因为认识“本质”在此双重意义上是“直接的”，所以对“本质”的认识更为基础和重要，这也是前文提到的论题三的观点，即在所有的“真认识”中，对“本质”的认识优先于对“事实”的认识。正如亚氏在 E4 中所言，“事实”并非严格意义的“存在”(τὸ δ’ οὕτως ὂν ἕτερον ὂν τῶν κυρίως; 1027b31)；在此处，“严格意义存在”指的便是“本质”。

1 参见 Tuomas E. Tahko, “ZThe Epistemology of Essence”, in Alexander Carruth, S. C. Gibb & John Heil (eds.), *Ontology, Modality, Mind: Themes from the Metaphysics of E. J. Lowe*, p. 94。

八、“存在—真”的概念史

前文提到，“存在”已经蕴含了“真”的含义，这一观点并非亚氏首创，而源于巴门尼德—柏拉图的哲学传统。例如在我们熟悉的巴门尼德残篇三中，他写道：“思维”和“存在”是同一的（τὸ γὰρ αὐτὸ νοεῖν ἐστίν τε καὶ εἶναι）。同时，他认为只有遵循“存在”的道路，我们才能把握“真”（Ἀληθείηι γὰρ ὀπηδεῖ；残篇二）。可见，巴门尼德将这三者看作等同的关系。

和前文提到的亚氏在《形而上学》Γ 卷中对“感觉主义”的驳斥类似，柏拉图在《泰阿泰德》也考察了“知识等于感觉”这一主张。他认为，知识不能化约为感觉，而是必须“在理性中”（συλλογισμῷ; 186d3）中才可能把握“存在与真”（οὐσίας καὶ ἀληθείας; 186d3–4）；如果只诉诸感觉，便不能把握“存在”（οὐσίας; 186e5）。在这一论证中，柏拉图也将“存在”与“真”并举，视之为等同关系。[1]

此外，前文提到，亚氏认为“思维活动”（νόησις）等于“可知对象”（νοητόν），这一点在柏拉图哲学中也有相似的踪影。在《智者》中，柏拉图在“理念世界”和“可感世界”二分的背景下，讨论了灵魂与这两个世界的关系的问题。苏格拉底询问灵魂或者生命是否也是某种“存在”？（246e5）。接着，他认为灵魂通过“理性”处理“存在”（διὰ λογισμοῦ δὲ ψυχῇ πρὸς τὴν ὄντως οὐσίαν; 248a11）；而在此意义上，理性的“知道”和“被知道”（τὸ γιγνώσκειν ἢ τὸ γιγνώσκεσθαί; 248d4）也是一种“运动”。基于这一理由，“理念的朋友”接受了“运动”“生命”“灵魂”“理智”（φρόνησιν; 248e7）都属于“存在”（τῷ παντελῶς ὄντι; 249a1）。[2] 其实，在笔者看来，这一点并不难理解，因为如果“理念”是“存在”，作为认识“理念”的灵魂，是“理念”得以呈现的前提，因此也应该被归入“存在”。[3] 这与亚氏

1 而且有“真存在”（τὴν ἀληθινὴν οὐσίαν）这样的说法，例如《智者》246b8。另参看詹文杰对柏拉图“存在”“非存在”概念的梳理和论述。詹文杰：《虚无与虚假之辨：柏拉图的Not-being概念》，《世界哲学》2006年第5期。

2 关于“παντελῶς”一词有诸多争议，本文认为正确的读法是将之理解为“完美的”（perfect），而非“完整的”（all-inclusive），参见 Vasilis Politis, “The Argument for the Reality of Change and Changelessness in Plato’s *Sophist*”, in F. G. Herrmann (ed.) , *New Essays on Plato* (The Classical Press of Wales, 2006), pp. 149–175。

3 在《斐多》中，灵魂也被认为和理念是“类似的”（79d3 和 84b2）。

将“思维活动”等同于“可知对象”，并认为二者都是“存在”的观点如出一辙。

本文要辩护的“存在与思维”的“同构论”的观点，也在柏拉图对“日喻”的论述中有所体现。在《理想国》中，“善”（τὸ ἀγαθόν）被描述为是我们的认识能力和“理念”可知性的共同原因。在这一模式中，不仅有认识的主体、认识的客体，即“理念”，还有“第三种”事物（γένος τρίτον; 507d）——“善”——来充当“轭”的角色（ζῦγόν; 508a1）。通过“轭”这一角色，“善”沟通了认识的主体和“理念”的可知性。可见，柏拉图哲学中，“存在”与“思维”也呈现出同构的关系。[1]

此外，柏拉图也认为“理念”为“非复合物”和“单一之物”（ἀσύνθετον / μονοειδής《斐多》77a5–84b7）[2]，而且，他提到“理念”是通过一种独特的“视觉”而被认识（例如《理想国》517c1 和 517c5），这又与亚氏强调认识本质的“直接性”非常相似。[3]

最后，如果说“存在”已经有“真”（ἀληθής）的含义，或许有人会问，二者是否可以交替使用？我们发现，亚氏对“真”概念的使用非常广泛，不仅包括本文提到的认识意义上的“真”，还包括其他宽泛意义的“真”，例如在“相信”“感觉”“想象”甚至“技艺”“明智”中也有所谓的“成真”（《尼各马可伦理学》Z3）。[4] 可见，亚氏认为“真”的概念外延大于“存在”的概念。

当然，亚氏会认为严格意义的“真”，是与“存在”相关的，这是因为“存在”才是“第一哲学”（即形而上学）的研究对象，其他意义的“真”只能算作是其衍生的含义。本文已证论“存在”就是“思维”，即“可知对象”；可见“存在”与“求真”活动的密切关系，而且在“求真”活动中，把握事物的“本质”又是更为根本的“真”概念。

---

1 参见苏峻：《理解柏拉图日喻的三重障碍》，《哲学门》2020 年第 2 期。

2 柏拉图将“ἀσύνθετον”和“μονοειδής”交替使用，将它们视为同义词（78c3, 78c7, 78d5, 80b2, 83e3）。

3 虽然在柏拉图研究界有争论：有研究者认为“理念”为“对象”，不是“命题性知识”，因此需要一种“直接的知”。但是，也有研究者认为，所谓的“直观”指的是“认识的方式”，而不是指“认识内容”是“非命题性的”；类似的观点，可参见 Richard Robinson, *Plato's Earlier Dialectic* (Oxford Clarendon Press, 1966), pp. 176–179 以及詹文杰：《柏拉图的知识论研究》，北京大学出版社 2020 年，第 265—268 页。

4 亚氏认为“真”可以出现在“明智”“知识”和“意见”中（φρόνησις καὶ ἐπιστήμη καὶ δόξα ἀληθής; 427b10）。

余　论

伯恩耶特（Burnyeat）在1982年发表的一篇广为流传的论文中，追问了古代哲学中究竟有没有“唯心论”的问题。他的答案是否定的。[1]但是，古代哲学诚然可能没有像贝克莱一样的所谓的“主观唯心论”，但是这是否意味着古代哲学中也没有像康德一样的“先验唯心论”呢？德国哲学家纳托尔普（Paul Gerhard Natorp）在其专著《柏拉图的理念学说：理念论导论》中，论证了柏拉图的“理念论”与康德哲学的相似之处。其核心论点主要有二：首先，柏拉图的“理念”是“法则”（laws），而非“事物”（things）；其次，柏拉图的“理念论”首先是关于“思想”何以可能的论述，特别是关于认知能力、解释性的“思想”何以可能的论述；只是作为该论述的结果，它才是关于“存在”的理论。[2]在此含义上，那托尔普笔下的柏拉图哲学具有“非实在论”色彩，即强调“思维”的优先性。

如果本文的论题能够成立，那么，柏拉图和亚氏的观点就既不是简答的“实在论”（即强调“存在”的优先性），也不是简答的“非实在论”（即强调“思维”的优先性），而是认为“存在”和“思维”是“同构的”。对于亚氏“存在即思维”的观点，我们或许可以借用贝克莱的说法，将之表达为“To be is to be known”。

（本文作者为中国政法大学人文学院副教授）

1　参见 Myles F. Burnyeat, “Idealism and Greek Philosophy: What Descartes Saw and Berkeley Missed”, in *Philosophical Review* (1982), p. 91。

2　对纳托尔普论点的概述，可参见 Vasilis Politis, “Anti-Realist Interpretations of Plato: Paul Natorp”, in *International Journal of Philosophical Studies*, Vol. 9 (1), 2001。保罗・纳托尔普：《柏拉图的理念学说：理念论导论》，溥林译，商务印书馆2018年。

《形而上学》Z17 与复合实体的定义问题

葛天勤

导 言

本文将讨论《形而上学》ZH 中关于复合实体的原因的探究与本质的探究之间的关系，并考察这一关系对于解决复合实体的定义问题的贡献。通过对《形而上学》Z12—Z17—H2 的“连续性解读”，我们将表明，在亚里士多德在《形而上学》ZH 中关于 *ousia*[1] 的整个探究中，对于复合实体的本质的探究和对于原因的探究是如何相互关联的。在这个意义上，我们将指出，Z17 中对于原因的探究尽管引入了证明性的三段论作为一种新的工具，但仍然可以被认为是与《形而上学》ZH 中对本质的早期探究相延续的，并且在《形而上学》ZH 中对 *ousia* 的整个探究中发挥着重要作用。

在第一节中，我们将探讨亚里士多德在 Z12 中提出的划分法，我们认为这是《形而上学》ZH 中探究本质（即复合实体的本质）的一种方式。而且，没有理由否认 Z12 中的划分法是探究本质的一种恰当的方式。而后在第二节，我们将首先重新引入本质的两个条件：统一性条件和优先性条件。为了确立复合实体的本质，我们应确保对于本质的探究结果满足这两个条件。然后，我们将论证，划分法可以使 Z12 中得到的结果满足统一性条件。

值得注意的是，这与查尔斯（David Charles）的观点是相矛盾的。因为按照他的说法，Z12 中的划分法在获得本质上是完全不成功的，因为它不能使划分的结果满足统一

1 鉴于亚里士多德 *ousia* 含义的多重性，本文将保留希腊文转写。

性条件。所以他认为，Z12 的划分法必须被 Z17 中的三段论证明法所取代。尽管我们否认了查尔斯的上述观点，我们还是要指出，划分法不能保证 Z12 探究的结果满足优先条件。因此，仅靠 Z12 中的划分法仍不足以获得复合实体的本质。我们将在第三节中进一步论证，确保 Z12 的划分法的结果满足优先性条件是亚里士多德在 Z17 中诉诸证明性三段论的首要动机。一个有效合理的证明性三段论可以告诉我们，Z12 的结果是否是真正的首要原因，因此证明性三段论将使在 Z12 得到的划分结果满足优先性条件。换句话说，Z17 中三段论的使用是为了确证从 Z12 得到的“最终的种差”(final differentia)是复合实体的恰当的首要原因和本质。这样一来，Z17 中对于原因的探究是对 Z12 中对于本质的探究的补充，而不是取代了 Z12 的讨论。此外，我们的解读可以通过 H2 的讨论得到进一步的支持，而且有助于我们重新思考“复合实体的定义是否包括质料”的问题。

一、《形而上学》Z12 中对于本质的探究

对于本质的探究是回答《形而上学》中“是什么”问题的方法，也是获得严格定义的方法。然而奇怪的是，尽管在整个《形而上学》的核心卷中，*ousia* 是主要的讨论对象，但除了 Z12 中的讨论之外，亚里士多德几乎没有提到如何获得被理解为实体本质的 *ousia* 的方法。很明显，亚里士多德在 Z12 中将划分法视为获得定义和本质的方法，并在 Z12 的后半部分详细讨论了这种方法，而且他在 Z12 的 1037b28–29 和 1038a34–35 明确谈到“περὶ τῶν κατὰ τὰς διαιρέσεις ὁρισμῶν”(通过划分法获得的定义)。

然而，有人可能会反对 Z12 的划分法是探究复合实体本质并获得复合实体定义的方法。因为正如许多学者所认为的那样，Z12 是后来被插入 Z 卷的[1]，因此 Z12 可能处

1 例如参见 Michael Frede, Günther Patzig, *Aristoteles Metaphysik Z: Text, Übersetzung und Kommentar* 2 vols. (Munich: C. H. Beck, 1988),Vol. i, pp. 25–26; Vol. ii. pp. 221–223; David Bostock, *Aristotle Metaphysics: Books Z and H* (New York: Oxford University Press, 1994), p. 176; Myles Burnyeat, *A Map of Metaphysics Zeta* (Pittsburgh: Mathesis Publications, 2001), pp. 42–44。

于《形而上学》ZH 的"整体研究议程"之外。而《形而上学》ZH 的"整体研究议程"可以被认为是对于 *ousia* 的整体性探究。如果是这样的话，那么我们就不能把 Z12 看作亚里士多德在《形而上学》ZH 中对 *ousia* 的整体探究的一部分，也不能把 Z12 中的划分法作为探究复合实体的本质的一种方式。然而，这种反对意见可能会混淆《形而上学》ZH 的卷章之间"文体上的统一性"和"论证上的统一性"之间的区别。[1] 诚然，在"文体上的统一性"的层面上，Z12 可能不是《形而上学》ZH 原有的一部分。例如，在 H1 开头的对于 Z 卷的概述中没有提到 Z12。Z11 的结尾也许像一些人所说的那样"平滑地过渡到"了 Z13 的开头。[2] 而且 Z12 本身似乎也并不是一个完整的讨论。[3] 然而，从任何这一点都不能推出，在哲学论证层面上，Z12 不是 ZH 的一部分。即使我们假设亚里士多德在撰写 Z12 的时候还是一篇独立的论文，亚里士多德依然有理由把 Z12 视为 ZH 的一个有机的组成部分，因为 Z12 中对于本质的探究使他能够在 ZH 中完成对 *ousia* 的讨论。首先，在 Z12 的开头，亚里士多德提到了一个"疑难"（*aporia*）：为什么定义的对象是一个统一体（διὰ τί ποτε ἕν ἐστιν οὗ τὸν λόγον ὁρισμὸν εἶναί φαμεν, 1037b11–12）？这个"疑难"似乎是在接续 Z4–6 的讨论，因为亚里士多德在那里认为首要的 *ousia* 应该是一个严格意义上的统一体。虽然亚里士多德后来在 Z12 中讨论的不是要定义对象的统一性，而是定义本身的部分 / 元素的统一性，但似乎他在 Z12 已经预设了定义对象的统一性。[4] 其次，从我们将要论证的"连续性解读"中可以看出，如果 ZH 中没有 Z12，对复合实体本质的探究的总体图景将是不完整的，而且我们也会奇怪，为什么亚里士多德在后面的 H2 将种差与原因、形式等联

1 关于《形而上学》卷次结构上的这个区别，参见 Giovanni Reale, *The Concept of First Philosophy and the Unity of the Metaphysics of Aristotle* (Albany: State University of New York Press, 1980), pp. 13–15。

2 Myles Burnyeat, *A Map of Metaphysics Zeta*, p. 42.

3 参见 Michael Frede, Günther Patzig, *Aristoteles Metaphysik Z: Text, Übersetzung und Kommentar* 2 vols, Vol. ii, p. 222; Myles Burnyeat, *A Map of Metaphysics Zeta*, p. 44。

4 Michael Frede, Günther Patzig, *Aristoteles Metaphysik Z: Text, Übersetzung und Kommentar* 2 vols, Vol. ii, p. 223；另参见 Myles Burnyeat et al., *Notes on Books Eta and Theta of Aristotle's Metaphysics* (Oxford: Sub-faculty of Philosophy, 1984), p. 39; Edward Halper, *One and Many in Aristotle's Metaphysics: The Central Books* (Las Vegas: Parmenides Publishing, 2005), p. 110。

系起来。[1]因此，我们有理由把Z12视为Z卷整体论证的一个重要部分。[2]并且在我们研究《形而上学》ZH中对于本质的探究问题时，有理由把Z12考虑进去。此外，由于划分法是亚里士多德在整个《形而上学》ZH中讨论到的唯一一种探究本质的方法[3]，我们认为Z12中的划分法可以被认定为探究复合实体的本质的方法。

我们可以从下面这段话中看到亚里士多德是如何描述Z12的划分法的。

T1：但实际上除此之外，划分还必须是：(i)按照种差的种差(τῇ τῆς διαφορᾶς διαφορᾷ)。[4]例如，动物的种差是有足的；同样，有足的动物的种差必须是"作为"(*qua*, ᾗ)有足的，所以不能说有足的[动物]一方面是有羽毛的，另一方面是没有羽毛的——如果他要正确表述的话(相反，他是由于缺乏能力才会这样做)——而是一方面有蹄的，另一方面没有蹄的，因为这些是"有足"的

1 在H2的结尾，亚里士多德还将种差与形式联系起来，指出我们已经考察过"形式"(μορφή, 1043a28，参见1043a20)。

2 关于Z12是Z卷的一个内在组成部分的另一种辩护，参见Stephen Menn, *The Aim and the Argument of Aristotle's Metaphysics*, IId, pp. 22–25; Stephen Menn, "On Myles Burnyeat's *Map of Metaphysics Zeta*", in *Ancient Philosophy*, Vol. 31 (2011), pp. 181–182。

3 这里需要做两个澄清，因为很多人认为《形而上学》ZH中还存在其他的定义方法，这可能是由于亚里士多德在Z12中下面这样的表述：他在1037b27和1038a35声称，划分法是一种"第一"(πρῶτον/πρώτην)。首先，我们不清楚这个"第一"指的是"第一种定义方法"，还是"对划分法的第一次讨论"，或者是"对本质的第一部分探究"，例如参见Michael Frede, Günther Patzig, *Aristoteles Metaphysik Z: Text, Übersetzung und Kommentar* 2 vols, Vol. ii, pp. 222, 233。我们将在后面看到，基于我们提出的"连续性解读"，"第一"更可能能表示"对于本质的探究的第一部分"，而"第二部分"将通过Z17–H来完成。而1038a35的τὴν πρώτην的意思也可能如William David Ross, *Aristotle's Metaphysics*. 2 vols (Oxford: Oxford University Press, 1924), Vol. ii, p. 207所说，指的是对于本质的探究的"第一次尝试"。

其次，即使"第一"的说法表明Z12中的划分法不是亚里士多德在ZH中考虑的唯一一种定义方法，但由于他从未提到过其他定义方法，我们也没有理由去生造出一种其他的方法。此外，许多学者提出，《形而上学》ZH存在其他定义，比如"形式—质料"的定义，H2 1043a20的"来自组成部分"的定义(ἐκ τῶν ἐνυπαρχόντων)，或"潜能—现实"的定义，对此参见William David Ross, *Aristotle's Metaphysics* 2 vols, Vol. ii, p. 207; Myles Burnyeat et al., *Notes on Zeta* (Oxford: Sub-faculty of Philosophy, 1979), pp. 102–103; Michael Frede, Günther Patzig, *Aristoteles Metaphysik Z: Text, Übersetzung und Kommentar* 2 vols, Vol. ii, pp. 231–232。然而，这些都是"不同类型"的定义，而这些不同类型的定义并不意味着它们必须通过不同的定义方法来获得。

4 我们在这里遵循Ross的修订，而不是诸抄本的读法τὴν τῆς διαφορᾶς διαφοράν，后者被Jaeger以及Frede & Patzig所接受。

种差；因为有蹄的是一种特殊的有足。并且（ii）它想一直这样进行下去，直到到达“没有［进一步］种差”（τὰ ἀδιάφορα）；在那个时候，足的种将与种差的数量完全相同，而有足的动物将与种差的［数量］相等。那么，如果这些事情是这样的，很明显，最终的种差（ἡ τελευταία διαφορά）将是事物的定义和 *ousia*，无论如何，如果要求在定义中不应当多次陈述同样的东西的话，因为那是多余的。但这确实发生了；因为当他说“有足—二足—动物”时，他除了说有足有二足的动物之外没有说别的；如果他用恰当的划分来划分，他就会多次说［同一事物］——就相当于这些种差的次数一样。如果在每个阶段都发生了“种差的种差”（διαφορᾶς διαφορά），最终的［种差］将是单一的，那就是形式和 *ousia*（μία ἔσται ἡ τελευταία τὸ εἶδος καὶ ἡ οὐσία）。但是，如果它是依照偶性进行的，例如，如果他把有足的划分成白和黑，那么就会有和“分割”一样多的［种差］。（《形而上学》Z12 1038a9–28）[1]

在 T1 中，亚里士多德为成功探究本质的划分法提出了两个要求。首先，划分必须是连续的，换句话说，我们必须“按照种差的种差”进行划分（τῇ τῆς διαφορᾶς διαφορᾷ, 1038a9–10），而不能进行偶然的划分（我们将在下面谈到偶然划分的问题）。其次，划分必须是完全的：我们必须连续地进行划分，直到我们达到“最低的种”（*infimaspecies*），而在其中就没有进一步的种差（τὰ ἀδιάφορα, 1038a16）。[2]（当我们在下面讨论本质的两个条件时，将再次回到划分的这两个要求上。）这样一来，“最终的种差”（ἡ τελευταία διαφορά, 1038a19）就将是事物的本质和定义（ἡ οὐσία τοῦ πράγματος καὶ ὁ ὁρισμός, 1038a19–20），它也是一个单一的统一体和形式（1028a25–26）。此外，亚里士多德强调，这个最终的种差是一个统一体的首要原因是，通过之前的恰当的连续划分，最终的种差已经包含了所有更高的属和种差。由

1 本文的亚里士多德中译文皆来自笔者的翻译。

2 关于这两个要求的讨论，尤其参见 Marguerite Deslauriers, *Aristotle on Definition* (Leiden: Brill, 2007), pp. 134–135。

于这个原因，我们只需要在定义中提到这个最终的种差。尽管如此，我们认为在定义中提到更高的属至少是无害的，只要我们正确理解属在定义中的位置。而且这种提及属的方式也不会破坏定义的统一性。因此，在下文中，我们仍然把这种定义看作“属 + 种差”的定义（尽管它应该只包括最终的种差），而且将经常在这种定义中提到属。

这样，亚里士多德通过他在 Z12 中对划分法的讨论，阐释了如何进行对于本质的探究。以恰当的方式得到的复合实体的最终的种差应该就是复合实体的形式和本质。然而，许多人低估了 Z12 中的划分法的重要性，认为它不是获得定义的正确途径。在下文中，我们将讨论这些对 Z12 中的划分法的批评，认为这些批评都不足以否定该方法与《形而上学》ZH 中对于本质的探究有关。

首先，一些学者主张，在《论动物的部分》I.2–3 中，亚里士多德拒绝了《形而上学》Z12 中的划分法。在这些文段中，亚里士多德提出了一种通过多重划分从而同时产生多个种差的方法，而不是像 Z12 中建议的那样，通过一次划分获得单一的最终种差。此外，《论动物的部分》I.2–3 也拒绝了“二分法”的划分方式，而我们从亚里士多德的例子中可以看出，《形而上学》Z12 的划分法或许就是一种二分法。[1] 然而，我们的回应是，应该首先明确《论动物的部分》I.2–3 中的讨论是为了“取代”《形而上学》Z12 中对于划分法的讨论，还是为了“补充”Z12 的划分法。对此，和一些学者一样，我们也认为，Z12 中的讨论是《论动物的部分》I.2–3 中的讨论的“概要化”(schematic) 版本，因此与《论动物的部分》I.2–3 中的讨论并不冲突。此外，尽管 Z12 中的讨论是“概要化”的，但我们认为它足以满足《形而上学》ZH 中对复合实体的本质的探究。我们说 Z12 中的讨论是概要化的或初步的，这是说它是为动物学的讨论做准备的，而不是认为 Z12 中的划分法不能用于《形而上学》ZH 中对复合实体的讨论。另一方面，当亚里士多德转向他实际的动物学探究时，他可能发现有必要修改和补充 Z12 中的划

1 关于这种批评，例如参见 Michael Frede, Günther Patzig, *Aristoteles Metaphysik Z: Text, Übersetzung und Kommentar* 2 vols, Vol. ii, pp. 237–238; David Bostock, *Aristotle Metaphysics: Books Z and H*, pp. 183–184。

分法，以适应他在动物学探究方面的具体议程。[1]此外还有一个证据表明，《论动物的部分》一书中的讨论与Z12中的学说相吻合。人们普遍承认，Z12的最终的种差被视为形式。而在《论动物的部分》I.3 643a22–7，亚里士多德也暗示最终的种差可能是形式，尽管在这段话中，他强调了从划分中得到的种差的多样性。因此我们有理由认为，在探究复合实体的本质方面，《论动物的部分》I.2–3中关于划分的讨论并没有取代《形而上学》Z12中的划分法，它也不会使Z12中的划分法在探究本质方面变得完全无用。

其次，有人可能还会反对说，《形而上学》H6中的讨论取代了Z12中对本质的探究。[2]在H6中，亚里士多德似乎用"形式—质料"的定义或"潜能—现实"的定义取代了"属+种差"的定义。这里不是详细讨论这些不同种类的定义之间关系的地方。我们只需要强调，这些是不同类型的定义，而不是不同的定义方法。此外，需要注意的是，两个定义的类型不同并不意味着它们必须通过不同的方法获得。有可能的是，如果一个人通过划分法建立了一个"属+种差"的定义，那么这个定义也可以用不同的方式来理解，从而可以被视为另一种类型的定义。[3]再者，就像《论动物的部分》I.2–3的讨论一样，我们也不清楚H6中的讨论是取代了还是补充了Z12中的划分法。正如吉尔所认为的，H6有可能依赖于并补充了Z12中已经提出的有关定义的统一性的讨

1 关于这一思路，例如参见 Mary Louise Gill, "Commentary on Charles", in *Proceedings of the Boston Area Colloquium in Ancient Philosophy*, Vol. 7 (1991), p. 266; Mary Louise Gill, "Unity of Definition in *Metaphysics* H.6 and Z.12", in James Lennox, Robert Bolton (eds.), *Being, Nature, and Life in Aristotle: Essays in Honor of Allan Gotthelf* (New York: Cambridge University Press, 2010), pp. 108–109; Andrea Falcon, "Aristotle's Theory of Division", in *Bulletin of the Institute of Classical Studies*, Supplement No. 68 (1997), pp. 138–139; Edward Halper, *One and Many in Aristotle's Metaphysics: The Central Books*, pp. 114–115。值得一提的是，Stephen Menn, *The Aim and the Argument of Aristotle's Metaphysics*, IIe, pp. 38–40详细论述了《论动物的部分》中的讨论如何补充了《形而上学》Z12中的讨论。

2 参见 David Bostock, *Aristotle Metaphysics: Books Z and H*, pp. 183–184; Edward Halper, *One and Many in Aristotle's Metaphysics: The Central Books*, p. 181；吕纯山：《亚里士多德的实体理论：〈形而上学〉ZHΛ卷研究》，北京：中国社会科学出版社2016年，第252—264页。

3 William David Ross, *Aristotle's Metaphysics* 2 vols, Vol. ii, p. 238认为，H6中这些不同种类的定义之间存在一种相似关系，"形式—质料"的定义只不过比"属+种差"的定义（对我们来说）更加可知，而"属+种差"的定义也在H6中得到了讨论。关于理解这些定义之间的关系的其他一些可能的方式，参见 David Charles, "Definition and Explanation in the *Posterior Analytics* and *Metaphysics*", in David Charles (ed.), *Definition in Greek Philosophy* (Oxford: Oxford University Press, 2010), pp. 321–322。

论。[1]当亚里士多德在H6 1045a14-16提出统一性的“难题”时，他再次用“二足动物”作为人的定义的例子，而这可以通过划分法得到。尽管亚里士多德在这段话中所关注的是柏拉图关于“二足动物”的统一性的观点，但我们至少不能排除这样一种可能性：亦即通过提出这个例子，亚里士多德在H6中提出的解决方案在某种程度上也可以适用于他的“属+种差”定义。特别值得一提的是，柏拉图的观点是在H6 1045a15-16通过“特别是、尤其是”（ἄλλως τε δὴ καὶ）的说法而引入的，这可能表明H6中亚里士多德也在考虑对“二足动物”非柏拉图式的理解。因此，我们不能直接诉诸H6而否定Z12中的划分法，或者得出结论说，划分法在整个ZH中对于本质的探究完全没有帮助。

最后值得一提的是，科德（A. Code）用《论题篇》中的学说来弱化《形而上学》Z12中的划分法的重要性。他认为，Z12中的划分法在获得定义方面似乎是一种成功的方法，然而，根据科德的观点，由于在《论题篇》中，亚里士多德并没有把种差视为*ousia*，因此有理由认为Z12的方法不是探究复合实体的本质（二阶意义的*ousia*）的适当方式。[2]例如，在《论题篇》IV.2 121b16-17中，亚里士多德声称，“一个事物的种差从来都不表示‘是什么’（τί ἐστιν），而是表示某种质（ποιόν τι），比如‘有足的’和‘二足的’（τὸ πεζὸν καὶ τὸ δίπουν）”。而我们也不难发现，在《论题篇》和《范畴篇》的许多其他段落中，亚里士多德似乎也排除了种差是*ousia*的可能性。[3]

诚然，在亚里士多德的“工具论”中，种差是否可以被视为*ousia*的问题，自古以来就存在激烈的争论，而这个问题至今仍有很大争议。[4]对这个问题的详细讨论超出

1 Mary Louise Gill, “Unity of Definition in *Metaphysics* H.6 and Z.12”, in James Lennox, Robert Bolton (eds.), *Being, Nature, and Life in Aristotle: Essays in Honor of Allan Gotthelf*, pp. 97-121.

2 尤其见 Alan Code, “An Aristotelian Puzzle about Definition: *Metaphysics* Z.12”, in James Lennox, Robert Bolton (eds.), *Being, Nature, and Life in Aristotle: Essays in Honor of Allan Gotthelf*, pp. 93-94。

3 对于更多段落的提及，参见 Alan Code, “An Aristotelian Puzzle about Definition: *Metaphysics* Z.12”, in James Lennox, Robert Bolton (eds.), *Being, Nature, and Life in Aristotle: Essays in Honor of Allan Gotthelf*, p. 94; Marko Malink, “Categories in *Topics* I.9”, in *Rhizai: A Journal for Ancient Philosophy and Science*, Vol. 4 (2007), pp. 284-285。

4 例如，参见 Marko Malink, “Categories in *Topics* I.9”, in *Rhizai: A Journal for Ancient Philosophy and Science*, Vol. 4 (2007), p. 285, n. 44。

了本研究的范围。我们想强调的是，把这些段落作为首要的证据来否认《形而上学》Z12 中的划分法，这种做法即使不是完全错误的，至少也是有争议的。首先，在这个问题上《论题篇》和《形而上学》之间存在着一些不一致的地方。[1] 例如，在《论题篇》VI.1 139a29–31，亚里士多德声称，属（genus）在最首要的意义上是指 *ousia*（这段文本也被科德所引用）。但这一观点肯定与《形而上学》Z13–16 中的讨论相冲突，在那里亚里士多德明确否认属可以是 *ousia*。而且，正如我们将在下面讨论的那样，在《形而上学》H2 中，亚里士多德反复提到，种差是 *ousia* 和现实。所以，如果不对所有这些文本进行适当的讨论，就不能直接将它们作为证据来论证什么观点。其次，亚里士多德在"工具论"中在多大程度上拒绝把种差作为 *ousia*，这一点也还不清楚。亚里士多德有可能认为种差在一种受限制的意义上不是 *ousia*，而不是在绝对的意义上不是。[2] 因此，我们认为科德的理由不足以否定《形而上学》Z12 中的划分法是探究本质的正确方式。

二、《形而上学》Z12 划分法的不充分性

在本节中，我们将首先提出，任何本质都必须满足统一性条件和优先性条件。其次，我们反对查尔斯的观点，论证《形而上学》Z12 中的方法可以使划分的结果满足统一性条件，而统一性条件不需要通过 Z17 中的证明性三段论来保证。再次，我们将指出，划分法不能保证 Z12 最终的种差满足优先性条件。这样一来，我们认为在《形而上学》Z17 中采用三段论的首要原因是为了保证最终的种差满足优先性条件。

---

1 Marguerite Deslauriers, *Aristotle on Definition*, p. 202, n. 34, pp. 203–204, pp. 208–210 将这种不一致视为亚里士多德哲学的"真正的发展"。

2 参见 Herbert Granger, "Aristotle on Genus and Differentia", in *Journal of the History of Philosophy*, Vol. 22 (1984), p. 8；Michael Ferejohn, *The Origins of Aristotelian Science* (New Haven: Yale University Press, 1991), pp. 96–97。

（一）统一性条件和优先性条件的再提出

根据统一性条件，一个本质必须是一个真正的统一体。此外，作为对本质的描述的定义也应该是一个真正的统一体。一个真正的统一体，如果它具有部分的话，这些部分也必须以一种“就其自身而言”（*perse*）的方式联系在一起。[1] 理由在于，如果本质不是一个真正的统一体，那么，本质就不能“固定其承载者的同一性”。[2] 而如果定义不是一个真正的统一体，它就不能指示出本质的统一性和本质的承载者（即复合实体）的统一性。如果定义不是统一体，定义也会让复合实体像一个偶性复合物。例如，如果人的定义“二足动物”不是一个统一体，那么它就会像“白的人”一样指的是一个偶性的统一体，其中的各个部分只是在偶性上联系在一起。[3]

至于优先性条件，复合实体的本质必须在本性上优先于（prior by nature）它的承载者（在这种情况下是复合实体）；否则，本质就不能与它的承载者的其他属性 / 特性相区别。当然，近来有许多研究文献专注于讨论亚里士多德的“优先性”概念的意义，以及如何理解“在本性上优先”的问题。在我们看来，“在本性上优先”主要体现在“因果优先性”（causal priority）之上。[4]

本质的这两个条件对我们讨论的意义在于，如果通过《形而上学》Z12 的划分法得到的最终的种差同时满足了优先性条件和统一性条件，那么 Z12 中对本质的探究就是完整的，可以独立地取得成功。而如果是这样的话，那么《形而上学》Z17 中对于原因的探究的地位就不明确了。然而，如果最终的种差不能满足统一性条件和 / 或优先性条件，那么，Z12 中的划分法作为对本质的探究，本身就不足以让我们获得复合实

---

1 参见《后分析篇》I.4 73a34–b5，以及 Jonathan Barnes, *Aristotle: Posterior Analytics*, 2nd edition (New York: Oxford University Press,1993), p. 112 的解读。

2 参见 David Charles, *Aristotle on Meaning and Essence* (Oxford: Oxford University Press, 2000), p. 192。

3 参见 Alan Code, “An Aristotelian Puzzle about Definition: *Metaphysics* Z.12”, in James Lennox, Robert Bolton (eds.), *Being, Nature, and Life in Aristotle: Essays in Honor of Allan Gotthelf*, pp. 80–86。

4 对于“在本性上优先”的理解，参见 Michail Peramatzis, *Priority in Aristotle's Metaphysics* (Oxford: Oxford University Press, 2011) 的详尽论述。尽管我们不同意他对于 Z17 的解读（在这点上他追随查尔斯的“不连续解读”），但我们可以接受他对于优先性的定义。也参见苏峻《亚里士多德关于“在实体上的优先性”的论述》（《世界哲学》2020 年第 1 期）在佩拉马茨斯观点上的进一步发展。

体的本质。在这种情况下，要么（1）划分法完全被《形而上学》ZH 中的其他方法所取代，要么（2）划分法应该被《形而上学》ZH 中的其他方法所补充。由于似乎没有明确的迹象表明亚里士多德在《形而上学》ZH 中提出了其他的定义方法，所以我们有理由认为，其他的方法就是《形而上学》Z17 中探究原因的方法，或者至少是一种主要基于探究原因的方法。如果是这样的话，那么我们就可以通过考察《形而上学》Z12 中对于本质的探究和 Z17 中对于原因的探究，看到《形而上学》ZH 中对于本质的探究和对于原因的探究之间的关系。

（二）Z12 中的划分法和统一性条件

在这个时候，我们需要转向查尔斯对 Z17 的“不连续解读”，因为他提出这种解读的首要原因是 Z12 中的划分法未能满足本质的统一性条件。而他认为，解决 Z12 中遗留的统一性条件问题的唯一方法是用 Z17–H 中对于原因的探究和证明性的三段论来“取代”Z12 中失败的划分法。在这个意义上，查尔斯认为，以三段论为实现方式的对于原因的探究标志着一个“新的开端”，并针对先前不成功的对于本质的探究的尝试，体现出了一种“不连续性”。[1]

查尔斯认为，Z12 中的划分法或许可能解决某些定义的统一性问题，而这些定义的统一性是通过单次的连续划分而获得的。例如，划分法可以解释为什么人就是“二足动物”，而不是“二足 + 有足 + 动物”。在后面的表述中，所有三个元素像是被表述为它们之间是可分离的，好像它们指示了三个不同的对象。而我们通过 Z12 所要求的“连续”的划分，可以保证“二足”蕴含“有足”和“动物”；而这一点能够让这些定义的元素之间以一种“就其自身而言”的方式联系在一起，从而保证定义的统一性（参见《形而上学》Z12 1038a25–26）。另一方面，查尔斯声称，划分法不能解释为什么通过多重划分产生的种差可以成为一个统一体。例如，亚里士多德在 Z12 1037b33 中提出，人的定义可能是“二足无羽毛的动物”。按照查尔斯的说法，这个定义应该通过两次划分而得到：一次划分是关于动物有足的方面，而另一次的划分则是关于有无

---

1 David Charles, *Aristotle on Meaning and Essence*, pp. 282–285; David Charles, “Definition and Explanation in the *Posterior Analytics* and *Metaphysics*”, in David Charles (ed.), *Definition in Greek Philosophy*, pp. 314–315.

羽毛的方面。但 Z12 的划分法不能解释为什么“二足无羽毛的动物”是严格意义上的统一体，而不是“二足 + 无羽毛 + 动物”，后者可能不止指涉了一个对象。理由在于，在“人是二足无羽毛的动物”的定义中，“无羽毛”并不蕴含“二足”，“二足”也不蕴含“无羽毛”。因此，这个定义没有满足统一性条件，就像“白的文雅的人”这个说法一样。[1] 换句话说，划分法可以使划分的结果满足“纵向”意义上的统一性条件（由一次连续划分产生的最终的种差），但它不能确保结果满足“横向”意义上的统一性条件（由不同的几次连续划分产生的几个最终的种差）。出于这个原因，查尔斯提出了他关于 Z17 的“不连续的解读”，根据这种解读，来自《后分析篇》的证明法取代了 Z12 中的划分法。根据《形而上学》Z17 中“作为原因的 *ousia* 概念”，一个“统一的”首要原因就是本质。另外，查尔斯声称，通过使用证明性的三段论，作为单一的首要原因和本质的中项可以让复合实体变得结构化，确保复合实体是一个严格的统一体。[2]

在这个背景下，我们想论证的是，查尔斯的上述立场以及他提出“不连续解读”的动机是值得怀疑的。与查尔斯相反，我们认为划分法可以使最终的种差满足统一性条件。存在两个理由这样认为。首先，没有理由认为亚里士多德在 Z12 中设想的划分法会带来“横向统一”的问题。其次，如果我们正确理解了 Z12 中的两个划分要求，一些看似通过多次划分而得到的例子，实际上可以通过单一的连续划分而得到。

首先，我们认为亚里士多德在《形而上学》Z12 中描述的划分法不会带来横向统一的问题。因为只有通过同时进行多次划分才会产生所谓横向统一的问题。然而，没有迹象表明亚里士多德在 Z12 中已经要求我们进行这样的划分。从 T1 中我们可以看到，亚里士多德强调最终的种差必须是一个，这应该通过单一的连续划分而得到。诚

1 David Charles, *Aristotle on Meaning and Essence*, p. 282; David Charles, “Definition and Explanation in the *Posterior Analytics* and *Metaphysics*”, in David Charles (ed.), *Definition in Greek Philosophy*, p. 320.

2 例如参见 David Charles, *Aristotle on Meaning and Essence*, p. 291；David Charles, “Definition and Explanation in the *Posterior Analytics* and *Metaphysics*”, in David Charles (ed.), *Definition in Greek Philosophy*, p. 315。

然，似乎没有什么能阻止我们在 Z12 进行多重划分。然而，在这些划分所产生的几个种差中，我们必须选择一个最终的种差作为在严格定义中得到强调的单一的种差[1]，并将所有通过其他几次划分得出的最终的种差作为定义对象的非严格说明而加以拒绝。[2] 我们不能像查尔斯那样，简单地把这些多个最终的种差加在一起。如果我们把所有这些种差结合起来，或许是为了精确地界定定义的对象，那么从这种做法来看，这种划分就不能满足“完全性”的要求。这是因为在这些多个“最终的种差”之下，可能还存在一个更低的种，因而我们还没有达到“最低的种”。例如，假设现在我们对鸟的定义是“二足有羽毛的动物”。这个定义是从两次不同的连续划分得出的（一次是关于有足的，另一次是关于有羽毛的），而且会面临如何实现横向统一的问题。然而，在这种情况下，我们在“有足”的划分上未能满足完全性的要求，因为在“二足动物”这一类下面还有一个更低的类，或许可以表示为“两足带爪的动物”（假设这也是鸟的定义）。这样，我们应该进一步尝试在“二足动物”的类下进行进一步划分，直到把握这一划分中真正的最终的种差“两足带爪”。

更重要的是，当亚里士多德提出“二足无羽毛的动物”的例子时，他不是在进行多重划分，而是在进行单次的连续划分：

> T2：例如，首先是（τὸ πρῶτον）“动物”，接下来（τὸ δέ）“二足动物”，再来是（καὶ πάλιν）“两足无羽毛动物”。（《形而上学》Z12 1037b32–3）

在 T2 中，亚里士多德不是在进行多次的划分，比如“先是动物，然后是二足动物；再来，先是动物，然后是无羽毛动物……”尽管亚里士多德后来在 1038a12–14 似乎

1 如果不能选择一个作为适当的最终的种差，那不是因为最终的种差不满足统一性条件，而是由于最终的种差不是真正的最终的种差，它不满足优先性条件。

2 我们不认为本质的统一性条件要求在任何意义上对于某一对象只有一个定义。统一性条件所要求的是，只有一个严格的定义来说明本质，尽管对这个对象可能还有其他次要的非严格的定义，参见《形而上学》Z4 1030a17–b14。而且这一点不会与 Z12 中的讨论相冲突，因为 Z12 中考虑的主要问题是一个定义中的几个定义要素如何能成为一个统一体。

不承认这个例子，因为它是一种偶然的划分；但这并不影响亚里士多德在 T2 想强调的观点：我们必须进行单一的连续划分。这样一来，把“二足无羽毛的动物”这个例子看作 Z12 中存在多重划分的理由是有问题的。既然 Z12 中没有存在多个最终的种差的依据，那么，认为 Z12 的划分法会产生横向统一的问题是不合理的，从而也没有理由认为最终的种差不能满足统一性条件。

再者，T2（大概是作为一个“对于我们来说更加可知”的例子）也可能意味着，一些通常被认为是由多次划分得到的定义，实际上可以通过一次连续的划分得到。例如，我们假设人的定义是“X–Y–Z 的动物”，其中 X、Y、Z 都是人的种差，说明了人的不同方面或特征。大多数人会认为，这种定义只能通过多次不同的划分来获得，而每一次划分都对应着一个特征或方面。然而，我们并不认为亚里士多德要求在单一的连续划分内，我们只能根据一个单一的方面进行划分，如动物—有足动物—二足动物—弯曲的二足动物，诸如此类等。如 T2 所示，一开始，我们把“动物”视为一个属，然后我们有“二足动物”。但现在我们可以把“二足动物”看作是一个属[1]，然后会有另一个进一步的种差，而它说明了“有足”之外的一个不同方面。如果是这样的话，那么一些看起来有问题的多重划分的案例实际上可以通过一个单一的连续划分得到，因此这些案例不会导致横向统一性的问题。有人可能会反对说，既然亚里士多德说最终的种差必须包含所有更高的属和种差，那么“X–Y–Z 的动物”这样的表述一定意味着在这个定义中没有一个单一的元素包含其他剩余的元素。然而，如前所述，亚里士多德使用这样的表述并无大碍，其中一个元素实际上包含着另外两个元素（例如，X 包含着 Y 和 Z），从而是唯一的真正的最终种差。采用这样的表述的原因可能是，它可以更好地说明定义对象的不同方面的种差。这就像亚里士多德在“属 + 种差”的定义中经常提到属，尽管属应该被最终的种差所蕴含。

话虽如此，对上述论点还有一个更严重的反对意见。有人可能会认为，把不同

1 参见《论题篇》VI.6 144b27–30；Michael Frede, Günther Patzig, *Aristoteles Metaphysik Z: Text, Übersetzung und Kommentar* 2 vols, Vol. ii, p. 234; David Bostock, *Aristotle Metaphysics: Books Z and H*, p. 181；也见 Jonathan Barnes, *Aristotle: Posterior Analytics*, 2nd edition, p. 244 关于《后分析篇》II.13 的类似表述。

的方面置于一个单一的连续划分之内会导致我们进行“交叉划分”（cross division）或“偶然的划分”（accident division），这对亚里士多德来说是不能接受的。例如，在《形而上学》1038a12–14，亚里士多德反对在 T2 中进行划分的方式。他还在 1038a26–28 否定了我们可以将白或黑视为“有足”之下的进一步种差。然而，亚里士多德拒绝这些例子的原因是，在这些情况下，较低的种差对于较高的种差来说是偶然的（也就是说，较低的种差就其自身而言不属于较高的种差）[1]，这违反了划分中的连续性要求。但是，连续性的要求并不一定意味着在一个单一的连续划分内，我们只能根据一个方面进行划分。如果更低的种差[2]对于更高的属来说是非偶然的，并与更高的属同延的（co-extensive）；也就是说，如果一个更高的属中的所有事物、并且仅有这些事物都能具有这个更低的种差（例如，假设所有的有血动物，且仅有有血动物能有单胃 / 多胃的种差），我们可以把这个更低的种差看作这个更高的属的恰当的种差，并根据这一种差进行连续的划分——即便这一更低的种差与更高的属说的是定义对象的不同方面。亚里士多德在划分中强调“作为”（*qua*, ᾗ, Z12 1038a11：“有足的动物的种差必须是‘作为’有足的……”）要求的用意也是为了保证划分的种差对于更高的属来说是非偶然的，而是“就其自身而言”（*perse*）的。这一点并不排除在一次连续的划分过程中我们可以针对不同的方面来进行。

事实上，我们在实际情况中很难不进行这样的划分。让我们假设，在“二足动物”的例子中，最高的属（*summum genus*）不是“动物”，而是“生物”。[3] 现在，在划分的第一步中，我们应该把“生物”划分为动物和植物，而种差可能是“有感觉灵魂 / 没有感觉灵魂”。然而，在第二步的划分中，种差是关于“有足”，而不是关于灵魂的。在这一划分中，我们实际上是把生物的两个方面放在一次划分中。而我们很难否认，这

1 正是在这个意义上，我们把它称为“偶然的划分”，值得一提的是，“非偶然的划分”和“根据本质的划分”是不一样的。

2 需要注意的是，在这种情况下，种差被视为“一组特征”，而不是“单独一个特征”，如二足 / 四足 / 多足、黑 / 白等。

3 参见 David Balme, *Aristotle's De Partibus Animalium I and De Generatione Animalium I (with passages from II.1–3)*, 2nd edition (New York: Oxford University Press, 1992), p. 107 的类似例子。

是一种恰当的划分。[1]因此，我们的结论是，一些可能导致横向统一性问题的例子实际上可以从单次的连续划分中得到，而这不会使它们不满足统一性条件。

总而言之，我们在这里所要主张的是，所谓“横向统一”的问题在《形而上学》Z12 中并没有出现。首先，亚里士多德不允许在 Z12 中出现横向统一问题的那些情况。其次，一些通常被认为有横向统一问题的例子实际上可以由一次连续的划分得到，而这不会产生统一性的问题。这样一来，我们认为 Z12 中的划分法使得最终的种差满足了统一性条件，而查尔斯提出“不连续解读”的动机是没有说服力的。

（三）Z12 中的划分法和优先性条件

我们已经论证了，Z12 中的划分法可以使最终的种差满足统一性条件。但现在我们要提出，划分法不能使最终的种差满足优先性条件。就此而言，Z12 中作为对于本质的探究的划分法仍然不足以完成《形而上学》ZH 中对 *ousia* 的探究。

根据优先性条件，最终的种差必须在本性上优先于定义对象及其特征和属性。然而，Z12 中所描述的划分法无法完成这一任务。最终的种差只是与定义对象同延，但不一定优先于定义对象。假设一个对象 O 存在一个连续的划分：“G–D1–D2–D3–D4”，G 是最高属，而 D4 是 O 的最终的种差。在连续的划分之后，D4 将包含所有更高的属和种差 G、D1、D2、D3，而且经过这样的划分后，D4 在本性上也是优先于这些属和种差。[2] 然而，我们不能排除这样一种可能性，亦即存在着另一个种差 D5，它在

1 有人可能会反对说，我们不能从“生物”开始划分，而只能从“动物”开始划分。原因在于，根据一些学者的观点，亚里士多德的动物学是一门不同于植物学的学科，只有“动物”才是动物学的恰当主题。因此，我们上面的划分是一个“跨学科”的划分，而跨学科的划分对亚里士多德来说是不可接受的（《后分析篇》I.7）。然而，在动物学内部，我们也可以做如下划分。首先，我们根据关于有血 / 无血的种差，将动物分为有血动物和无血动物。其次，我们根据有血动物的呼吸方式进一步划分，比如“有肺 / 有鳃”的种差；因为亚里士多德认为无血动物不呼吸（例如见《论灵魂》II.9 421b20）。同样地，在我们根据有血 / 无血的种差得到无血动物后，我们可以进一步根据有关这些动物的甲壳结构的种差来进一步划分无血动物（见《动物志》IV.1 523b1–21）。很明显，这些划分的例子也提及了不同方面的种差，但每一个划分都是单次的连续划分。

2 诚然，逻辑蕴含关系（logical entailment）并不等同于在本性上优先，也就是说，A 蕴含 B 并不意味着 A 在本性上也优先于 B。然而，根据《形而上学》Z12 的划分法要求，最终的种差必须要通过连续的完全的划分而得到，这样的话，最终的种差就也应该在本性上也优先于在同一次划分中出现的其他更高的属。不然的话，亚里士多德就无法保证最终的种差成为复合实体的形式和本质（Z12 1038a19–20, 25–26）。

本性上优先于 D4 和 O，但 D5 所关涉的方面处于这一连续划分之外（也就是说 D5 不在这一连续的单次划分之内）。在这种情况下，有人可能会反对说，这是因为 D4 不是一个最终的种差，这种划分不符合完全性的要求。然而，完全性的要求只要求在一个完整的划分中没有进一步的更低的种。这一要求不能排除通过另一次划分得到的 D5 优先于 D4 的可能性。（不过我们要注意的是，在这种情况下，每一个种差都是以“一个特征”的形式出现的，例如“二足”“驯服的”；而不是以“一组特征”的形式出现的，如“二足 / 四足”“驯服的 / 野性的”。）换句话说，完全性的要求只能确保我们得到“最低的种”，但它不能确保指涉了最低的种的最终的种差在本性上也是优先于定义对象的，它只能确保最终的种差是与定义对象同延的。

在这里，有人会声称，如果我们在每个阶段都让我们“在本质上”进行划分，那么最终的种差就会是本质，并满足优先性条件。然而，“在本质上”进行划分这个说法是模棱两可的。当我们根据对象的“就其自身而言的偶性”（*per se* accidents）进行划分时，也可以被认为是在“本质上”进行划分（因此，一些学者把“就其自身而言的偶性”称为“本质”属性 / 特性）。然而很明显，“就其自身而言的偶性”并不是本质或本质的一部分（参见《形而上学》Δ30 1025a30–32）。那么，有人就会进一步认为，我们必须从一开始就根据事物的本质进行划分，而不是根据“就其自身而言的偶性”。人们会举出以下两段话作为这一要求的证据。

T3：要通过划分来建立一个定义，必须以三件事为目标。（1）必须让“被谓述的”在“是什么”之中（τοῦ λαβεῖν τὰ κατηγορούμενα ἐν τί ἐστι）；（2）必须将这些项目排序为第一或第二；（3）而且必须确保这些是全部。这些目标中的第一个能够实现，如果有能力通过属来确立事物，正如对于偶性，要有能力演绎它们成立（ὥσπερ πρὸς συμβεβηκὸς συλογίσασθαι ὅτι ὑπάρχει, καὶ διὰ τοῦ γένους κατασκευάσαι）。（《后分析篇》II.13 97a23–28）

T4：此外，应该根据在 *ousia* 中的东西来划分（διαιρεῖν χρὴ τοῖς ἐν τῇ οὐσίᾳ），而不是根据“就其自身而言的偶性”（τοῖς συμβεβηκόσι καθ' αὑτό）。如果有人根

据一些图形的内角和等于两个直角，而另一些图形的内角和等于更多个直角来划分图形，就会出现这种情况。因为内角和等于两个直角的是三角形的一种偶性（συμβεβηκὸς）。（《论动物的部分》I.3 643a27–31）

一方面，我们不认为 T3 提出了“根据本质进行划分”的要求。有人可能会认为，《后分析篇》97a24–25 的“必须让‘被谓述的’在‘是什么’之中”这句话是指“必须确保种差是定义对象的本质[1]中的谓词”[2]，因为谓述定义对象的是种差。然而，当亚里士多德在 97a26–28 提及这句话时，他提到的不是什么种差或定义对象，而是“通过属来确立事物”（διὰ τοῦ γένους κατασκευάσαι）。正如许多学者所指出的，亚里士多德在这里可能是指《论题篇》第四卷中的讨论，他在那里详细考虑了如何在属下建立一个种。[3] 事实上，我们认为亚里士多德在 T3 中所主张的是，为了确立一个种或种差[4]是不是更高的属的一个真正的种或种差，应该确保属在这个种的“是什么”中，或在这个种差所区分出的事物的“是什么”中（例如参见《论题篇》IV.1 120b15–20; 121a27–39）。比如，为了确保“二足动物”这个种或“二足”这个种差是“动物”属下的一个真正的种或种差，我们应该保证“动物”属在“二足动物”这个种或“二足”这个种差所区分出的事物中被提及。这可能需要我们考察是否所有“二足”的情况都属于“动物”这个属。因此，T3 没有指出“种差谓述定义对象”的情况，而是说明了“属谓述种或被种差划分出的事物”的情况。而且很明显，这个方式不能保证我们在一开始就一定

1 他们认为 τί ἐστι 直接表示严格意义本质，但在《后分析篇》中不是这样的，另见《论题篇》102a32–34。

2 David Balme, *Aristotle's De Partibus Animalium I and De Generatione Animalium I (with passages from II.1–3)*, 2nd edition, p. 114 在讨论 T4 时提到了 T3，他认为这两段话都说明了“根据本质进行划分”的同一个要求：“种差必须是动物的定义或本质的一部分。”另外，Loeb 译本对 97a24–25 这句话的翻译也有些误导：“选择描述本质的属性”（to select attributes which describe the essence）。

3 例如参见 William David Ross, *Aristotle's Prior and Posterior Analytics* (Oxford: Oxford University Press, 1949), p. 660; Jonathan Barnes, *Aristotle: Posterior Analytics*, 2nd edition, p. 247; Marguerite Deslauriers, *Aristotle on Definition*, p. 25。

4 Jonathan Barnes, *Aristotle: Posterior Analytics*, 2nd edition, p. 247 指出了这一点，他还指出了《论题篇》I.4 101b17–19 作为证据。

会根据本质进行划分。[1] 因此 T3 并不意味着“根据本质进行划分”的要求。

另一方面，T4 似乎确实建议我们应该根据本质进行划分，而不是根据“就其自身而言的偶性”进行划分。当然，这种划分方式将确保最终的种差是本质。然而，这似乎意味着我们在划分之前就已经掌握了本质。不然的话，在我们知道本质是什么之前，我们如何区分本质和“就其自身而言的偶性”，而这些“就其自身而言的偶性”也是与它们所属的对象同延的？[2] 比方说，仅仅依靠 Z12 中的划分法，在我们知道人的本质是什么之前，我们如何在“有手”和“有理性灵魂”两个种差之间选择一个作为人的本质？[3] 而如果我们已经知道了本质，那么作为对于本质的探究的划分法将是完全不必要的。这样一来，亚里士多德在 T4 就可能没有把划分法作为获得划分对象的本质的方法来讨论。例如，T4 可能提出了以下情况：首先我们知道了一种动物的本质，然后我们根据它的本质进行划分，这样做的目的是探究这种动物的各个部分。此外，T4 的 *ousia* 不一定被认为是本质[4]，否则，在《论动物的部分》中被理解为本质的 *ousia* 将与《形而上学》中的本质有不同的含义。与《形而上学》相比，《论动物的部分》中的 *ousia* 有可能具有更灵活、更宽松的含义。正如 Gotthelf 所指出的，亚里士多德认为“有肺”在《论动物的部分》III.6 669b8–12 被看作属于鸟的 *ousia*。[5] 然而，如果 *ousia* 在这个段落中表示本质（如果它不是，那么在《论动物的部分》中出现的其他 *ousia* 将更不可能表示本质），那么它将与《形而上学》中的本质概念不一致。

总之，关于 T3 和 T4，首先，T3 并没有直接提出“根据本质进行划分”的要求。

1 参见 Richard McKirahan, *Principles and Proofs: Aristotle's Theory of Demonstrative Science* (Princeton, N. J.: Princeton University Press, 1992), p. 113。

2 参见 David Balme, *Aristotle: History of Animals, Volume III: Books 7–10* (Cambridge, MA: Harvard University Press, 1991), p. 14。

3 Michael Ferejohn, *The Origins of Aristotelian Science*, p. 29 声称，划分法不能使人区分本质和“就其自身而言的偶性”。另参见 Jonathan Barnes, *Aristotle: Posterior Analytics*, 2nd edition, pp. 241–242; Andrea Falcon, “Aristotle's Theory of Division”, in *Bulletin of the Institute of Classical Studies*, Supplement No. 68 (1997), pp. 129–130，他们对《后分析篇》II.13 中划分法的适用性提出了一些警告意见。

4 由于这个原因，有些人在 T4 中把 *ousia* 直接翻译或“理解”为“存在”。

5 Allan Gotthelf, *Teleology, First Principles, and Scientific Method in Aristotle's Biology* (New York: Oxford University Press, 2012), pp. 217–240.

其次，如果没有对《论动物的部分》和其他动物学著作中的 *ousia* 概念进行恰当的进一步研究，我们不能直接将T4带入《形而上学》Z12的讨论。[1]因此，如果《形而上学》Z12 划分法的目的是为了把握本质，那么一开始就根据本质划分就不能成为 Z12 中划分法的要求。

由此，我们可以得出结论，《形而上学》Z12 中的划分法不能保证最终的种差满足优先性条件。而为了满足优先性条件，为了获得复合实体的本质，我们仍然需要另一种探究。在下一节中，我们将论证，通过借助于《形而上学》Z17 中的证明性三段论，我们就可以完成这一任务，并且可以确保最终的种差也是优先于复合实体的。在这个意义上，Z17 中的三段论作为对于原因的探究，补充了而不是取代了 Z12 中的划分法。

三、引入《形而上学》Z17 对于原因的探究：最终的种差是首要原因

在这一节中，我们将首先阐明 Z17 中证明性三段论如何有助于解决 Z12 仍然遗留下来的优先性问题。通过把最终的种差放入一个三段论，当我们能够确认它是一个合理有效的证明性三段论时，最终的种差作为中项将被确证是恰当的首要原因。换句话说，借助于三段论，我们可以确保最终的种差确实满足优先性条件，可以保证最终的种差也是先于定义对象或复合实体的。我们把这种最终的种差称为“恰当的因果种差”。而这是亚里士多德诉诸对于原因的探究的首要原因，这一点通过 Z17 中的证明性三段论而进一步得到了说明。其次，我们将利用《形而上学》H2 中的讨论来加强我们的解读。在这一章中，亚里士多德将种差认定为原因和现实，而这也应该是本

1 关于 T4 的进一步讨论，参见 James Lennox, *Aristotle: On the Parts of Animals I–IV* (New York: Oxford University Press, 2001), pp. 161–163。

质。而且我们会补充说，虽然在《形而上学》中亚里士多德很少从原因方面进行划分，但可以合理地假设，我们可以根据一个对象的原因进行划分，然后根据这种划分法获得因果种差，而这必须通过 Z17 中的证明性三段论而得到确证。最后，我们将简要讨论承认种差是首要原因的一个理论后果：这可以让我们对于复合实体的定义问题提出新的思考角度。如果"恰当的因果种差"就是一个复合实体的本质，那么它也构成了复合实体的定义。就其种差本身而言，这个复合实体的定义只包括形式，而不包含质料。但是因为这个种差来自 Z12 的划分法，并且需要能够通过一个恰当的三段论表述出来，那么这样就能够保证最后的因果种差蕴含了质料，所以就这个角度而言，我们也可以说复合实体的定义同时包含了形式和质料。

（一）Z17 中证明性的三段论的作用

首先，很明显，在一个合理有效的三段论中，中项（B）是"为什么大项（A）谓述小项（C）"这个问题的解释和原因。其次，同样明显的是，作为原因的中项具有因果优先性，因此，正如我们多次提到的，它优先于被解释项。当最终的种差是关于复合实体的一个恰当的三段论的中项时，这个最终的种差将优先于复合实体，并满足优先性条件。在这种情况下，这个最终的种差也是这个对象的"（恰当的）因果种差"（causal differentia）。而且这个因果种差也是本质，因为这个种差已经满足了统一性条件和优先性条件。就此而言，我们就把握住了本质，并完成对于本质的探究。

我们认为这是亚里士多德在《形而上学》Z17 中诉诸三段论的首要原因。这就是说，是为了确保从 Z12 中得到的最终的种差也满足优先性条件，并且成为复合实体的首要原因。正是在这个意义上，Z17 中对于原因的探究补充和完成了 Z12 中对于本质的探究。当然我们并不否认，通过使用三段论，统一性条件也可以得到满足。但我们想强调的是，这并不是亚里士多德在 Z17 中使用三段论的首要原因和动机，因为 Z12 的划分法已经可以解决统一性问题，并使最终的种差满足统一性条件。此外，当亚里士多德在《形而上学》Z17 的后半部分（也就是 1041b11–33）再一次提及复合实体的统一性问题的时候，他的讨论并没有像 Z17 的前半部分那样如此依赖于证明性三段论的理论。[1] 亚里士多德在 1041b11–33 考察统一性问题这一点也不能说明在这个时候统一性问题还没有得到解决，而是表明了，当我们认识到“作为原因的 *ousia* 概念”之后，复合实体的本质（也就是复合实体的首要原因）使得整个复合物成为一个真正的统一体这一点会更加明确。因此，我们认为《形而上学》Z17 的后半部分是为了让亚里士多德通过“作为原因的 *ousia* 概念”来进一步确认他已经在 Z12 所解决的问题，从而展现出 Z17 前半部分关注的“作为原因的 *ousia* 概念”的一个理论后果。同样，《形而上学》H6 也是在潜能现实理论下进一步讨论实体统一性，而不意味着 Z12 对于统一性问题的解决是失败的。

那么，我们如何才能确保从《形而上学》Z12 得到的一个三段论必然会使最终的种差满足优先性条件？在我们看来，如果这个三段论是一个有效的、合理的证明性三段论，如果它满足了证明性三段论的所有要求，那么这个证明性三段论就会使作为中项的最终的种差满足优先性条件。[2] 例如，在这样的证明性三段论中，每个前提中的谓词和主词必须有“就其自身而言的”联系（*per se* 条件）[3]；前提中的谓词和主词之间必须没有进一步的原因或中项（“直接的”条件）[4]；中项必须是解释原因的（τὸ διότι），而不是仅仅说明事实（τὸ ὅτι）；等等。

此外，通过把最终的种差放入一个恰当的证明性的三段论，我们可以更好、更明确地看到这个最终的种差如何成为探究对象的适当原因。例如，通过使用证明性的三段论，我们可以看到与最终的种差相关的每一个前提是如何满足“就其自身而言的”和“直接的”条件的。另一方面，如果只有一个非证明性的、一般的因果框架，其形

1 参见 Michael V. Wedin, *Aristotle's Theory of Substance* (Oxford: Oxford University Press, 2000), pp. 429–430。

2 在《形而上学》中，“直接的”条件也可以避免一个复合实体存在多个原因：一个首要原因将先于所有其他原因，这已经被作为原因的 *ousia* 概念所保证。此外，尽管亚里士多德在《后分析篇》I.9 76a26–30 承认，有时很难确认一个三段论是否是一个有效的、恰当的证明性三段论，但我们不认为亚里士多德会放弃这种可能性，并怀疑我们是否能通过证明和证明性三段论成功地进行探究。

3 David Charles, *Aristotle on Meaning and Essence*, pp. 289, 291；David Charles, “Definition and Explanation in the *Posterior Analytics* and *Metaphysics*”, in David Charles (ed.), *Definition in Greek Philosophy*, p. 312, n.31 强调了这个条件。

4 例如参见 David Charles, *Aristotle on Meaning and Essence*, pp. 290–291。

式为“为什么 A 是 C？因为 B”，那么 B 如何能真正成为恰当的原因，这就会变得不清楚。这种表达似乎更像是一种断言，它没有像三段论那样清楚地说明对于原因的探究。此外，值得注意的是，亚里士多德在 1041b10 将 Z17 中的方法视为一种“教导”（δίδαξις）。因此，与非证明性的一般因果框架相比，针对复合实体使用的证明性三段论可能是一种更好的教导手段。

然而，应该注意的是，确证关于某一复合实体的三段论的确是恰当的证明性三段论的任务或许不是在 Z17 中完成的，也不会全然通过使用证明性的三段论来完成。换句话说，在某个复合实体的探究中，确保一个三段论的所有前提满足恰当的证明性三段论的所有要求的任务，需要通过其他探究来补充和完成。因为证明性三段论本身并不能充分地回答“为什么这个前提中的主词和谓词之间没有进一步的原因”这一问题。为了回答这个问题，我们还需要进行其他领域的探究，而这些探究可能不在第一哲学的范围内，而属于自然哲学的范畴。例如，为了回答“为什么在‘拥有理性灵魂’和‘人’之间没有进一步的原因，而在‘二足’和‘人’之间却有进一步的原因”这个问题，也就是说，为了确证是灵魂而不是二足才是人的形式和本质，我们必须对灵魂进行探究。同样，为了充分回答“为什么庇护人是房子的本质”的问题，我们需要一些相关的背景知识和其他领域的探究。

在这个意义上，《形而上学》Z17-H 中对特定复合实体的解释的探究需要与其他学科的理论相联系。而在特定的探究中，Z17 中的证明性三段论可能具有更加有限的作用。与其在强的意义上“证明”或“演绎”出这个最终的种差确实是本质这一事实（这意味着我们不需要任何其他的探究），Z17 中的证明性三段论的使用可以被视为一种“确证”从其他地方获得的成果的方式。换句话说，Z17-H 中的证明性三段论被用来回答这样的问题：“我怎么能确定从 Z12 得到的这个最终的种差就是复合实体的首要原因和本质？”通过把最终的种差放进一个三段论，并确保这个构建的证明性三段论满足所有相关的要求，这最终需要利用第一哲学以外的其他哲学探究的结果。[1] 这

1　当然，我们应该注意到，在这里我们说《形而上学》Z17-H 中关于原因的探究需要由第一哲学之外的其他哲学探究来补充，这并不意味着亚里士多德在《形而上学》中考察的第一哲学需要依赖于自然哲学，并因此成为一种“第二”哲学。这只是表明，在对某些复合实体的探究过程中，我们可能需要借鉴其他领域的探究结果。

样，我们可以确保并得出结论，最终的种差确实是首要原因和本质。由于三段论揭示了恰当的最终的种差的因果关系和因果优先性，而这是探究者在进行关于原因的探究之前没有认识到的，所以这种证明的方式仍然是一种获得新知识的方式，而不是简单地展示在关于原因的探究之前已经知道的东西。

以上已经阐明了《形而上学》Z17 中的证明性三段论与 Z12 中的划分法的作用，以及亚里士多德在 Z17 中引入证明性三段论的主要动机。另外，我们还提出，解证明性三段论可以被看作一种确证因果优先性的手段。接下来我们将转向《形而上学》H2，亚里士多德在那里将种差等同于原因，这进一步支持了我们对 Z12 和 Z17 的"连续性解读"。我们还将提出，尽管《形而上学》中没有什么迹象表明亚里士多德按照原因进行了划分，但在他的动物学作品中却有许多这样的划分的例子。

（二）《形而上学》H2 中作为原因的种差

在下文中，我们旨在论证，有明确的证据表明亚里士多德在《形而上学》H2 中将种差视为一个原因。而这可以进一步支持我们对《形而上学》Z12 和 Z17 的连续性解读。根据 Z17，亚里士多德认为从 Z12 得到的最终的种差应该是首要原因。事实上，绝大多数人都承认，亚里士多德在 H2 中把种差看作一个原因。然而，由于有一些学者拒绝接受这一观点，我们在这里将主要关注 H2 中三个看似有问题的段落（T6、T7 和 T8），这些学者通过引证这些段落来否认种差是一个原因。但我们认为，即使从这些段落中，我们仍然可以认为 H2 中的种差是原因。因此，H2 中所主张的观点，即种差是原因和复合实体的本质，可以佐证我们对 Z12 和 Z17 的解读。

在《形而上学》H2 开头，亚里士多德宣布这一章的讨论对象是作为现实的 *ousia*。

> T5：既然作为主体，即作为质料（ὡς ὑποκειμένη καὶ ὡς ὕλη）的 *ousia* 被普遍认同，而它是潜在存在的，那么我们还需要说作为可感事物的现实（ὡς ἐνέργειαν）的 *ousia* 是什么。（《形而上学》H2 1042b9–11）

在这段话中，虽然亚里士多德没有详细说明"现实"指的是什么，但从他将质料和潜能对比来看，有理由认为他把现实视为可感复合实体的形式和本质。之后，他有点突兀地引入了种差的概念，并根据德谟克利特的种差的观点列出了一系列的例子（1042b11–25）。最后，亚里士多德似乎得出结论，指出这些种差是存在的原因和本原。

T6：那么，必须掌握种差的类（τὰ γένη τῶν διαφορῶν），因为这些种差将是存在的本原（ἀρχαὶ ἔσονται τοῦ εἶναι）。（《形而上学》H2 1042b31–33）

一般认为，亚里士多德在这段话中承认这些种差是存在的原因。之前通过作为原因的 *ousia* 概念，我们已经看到复合实体之所以存在的原因也是它的本质，因我们有理由得出结论，在 T6 中，亚里士多德认为种差是复合实体的原因和本质。

然而，这段话里有一个不明确的地方，它使查尔斯和佩拉马茨斯（Michail Peramatzis）能够辩称种差不是原因，而是应该进一步被首要原因所决定。[1] 诚然，亚里士多德在这里使用了未来时，他不是简单地说“这些种差是存在的本原”，而是说“种差将是（ἔσονται）存在的本原”。而在下面这段话中，可能也有类似的暗示会让人对“H2 中的种差是原因”这一说法产生怀疑。

T7：那么，从这些［种差］[2] 中可以明显看出，如果 *ousia* 的确是每个事物存在的原因（εἴπερ ἡ οὐσία αἰτία τοῦ εἶναι ἕκαστον），那么正是在它们（ἐν τούτοις）之中 [3]，人们才会去寻找这些事物存在的原因是什么。（《形而上学》H2 1043a2–4）

1 这就是他们将证明性三段论中的 A 项理解为种差的原因。他们声称，这一结论可以从 H2–4 的讨论得出。Michail Peramatzis, “Aristotle’s Hylomorphism: The Causal-Explanatory Model”, in *Metaphysics*, Vol. 1(2018), p. 17 特别提到了这段话，将其作为这种解读的证据。虽然他们也提到了 H3–4 的段落，但我们在这里只关注 H2，因为 H2 是亚里士多德讨论“种差”概念的主要的章节，而且没有理由认为 H3–4 会与 H2 的讨论发生矛盾。

2 根据前文的讨论，很明显这里是指“种差”。

3 我们认为 τούτοις 表示“种差”，参见 Myles Burnyeat et al., *Notes on Books Eta and Theta of Aristotle’s Metaphysics*, p. 5。

在 T7 中，亚里士多德似乎认为本质是存在的原因，而存在的原因也是种差。然而，我们注意到他在 1043a3 使用了“ἐν τούτοις”这个表达。对于那些否认种差是原因的人来说，T6 中的未来时态暗示了种差不是原因，把握种差并不是探究的终点，我们还必须做一些进一步的工作来寻找另一个事物作为首要原因，这将使种差成为次级意义上的原因。与此类似，在 T7 中，亚里士多德说我们可以“在这些种差中”找到原因，这可能表明种差本身不是原因，而是比种差更“根本”的事物才是真正的首要原因和本质。因而，这些学者不愿意承认 H2 中的种差是原因的说法。

然而，我们不需要担心这两段话。在 T6 中，未来时态的使用并不表示某个未来的探究阶段，而是表示“一个普遍的真理”，即种差一直都是存在的原因。换句话说，ἔσονται 说明了“永恒的未来时”(gnomic future)。[1] 根据这种理解，显然 T6 并没有表明种差不是原因。至于 T7，我们认为“ἐν τούτοις”不需要被解释为“存在一些更根本的事物，它们才是这些种差当中的原因”。相反，ἐν τούτοις 的表达可能只是说明了以下情况：有一组事物，这组事物有一组相应的种差；现在对于这组事物中的某个特定事物而言，我们应该在这组种差之中寻找一个种差，它是这个特定事物存在的原因。[2] 因此，这两段话都不能被看作亚里士多德认为种差不是存在的原因的证据。

然而，在 T7 之后，亚里士多德似乎不承认所有这些种差的例子，相反，他认为它们都不是 *ousia*。

> T8：事实上，这些事物没有一个(οὐδὲν τούτων)[3] 真的是 *ousia*，[与质料]结合的也不是，但所有这些都是类似的事物(τὸ ἀνάλογον)在它们每一个之中。而在诸 *ousia* 中，谓述质料的是现实本身。同样，在其他定义中，则是最类似的事

1 Herbert Weir Smyth, *Greek Grammar* (Cambridge, MA: Harvard University Press, 1956), p. 428.

2 参见 David Bostock, *Aristotle Metaphysics: Books Z and H*, p. 257。而有人可能认为，ἐν τούτοις 指的是“不同种类的种差”，而不是直接指“种差”。

3 关于 τούτων 的所指，参见 Myles Burnyeat et al., *Notes on Books Eta and Theta of Aristotle's Metaphysics*, p. 5。

物（μάλιστα）[与现实相对应]。（《形而上学》H2 1043a4–7）

人们可能会认为，对作为 *ousia* 的种差的否认表明，作为非 *ousia* 的种差不可能成为原因，因为 *ousia* 应该是原因。[1] 然而，亚里士多德否认这些种差是 *ousia* 的缘由在于，对亚里士多德来说，这些种差所属的承载者并不是真正的复合实体。很明显，亚里士多德并不认为在 1042b15–25 提到的例子是《形而上学》中真正的复合实体。相反，他认为这些例子可以被看作“对我们来说更加可知”的例子；因为在这些情况下，我们会更容易认识到它们的区别与差异。鉴于这些例子相似于真正的复合实体，亚里士多德在 1043a5 认为它们的种差也相似于真正的复合实体的本质。[2] 在 1043a6–7，亚里士多德澄清了他先前的意思，由此可以进一步证明我们的理解。对于真正的 *ousia* 来说，谓述质料的是现实；而在其他情况下（即非 *ousia* 或“伪实体”），最相应于现实的事物谓述最相应于质料的事物。[3] 通过这种方式，我们可以产生以下的类比关系：

伪实体的种差（= 最相应于本质的事物 = 最相应于现实的事物）：伪实体～真正的复合实体的种差（= 本质 = 现实）：真正的复合实体

此外，当亚里士多德在 H2 1043a19–21 比较两种定义时，他将种差与原因相提并论：“因为似乎通过种差给出的描述是关于形式和现实的，而‘来自组成部分’（ἐκ τῶν ἐνυπαρχόντων）[的描述]则是关于质料的。”在这里，亚里士多德认为，来自种差的定义将把握住复合实体的形式和现实。由于亚里士多德多次指出现实和形式可以被视为原因，因此在这段话中，亚里士多德也认为作为形式的种差是首要原因。

1 参见 Michail Peramatzis, “Aristotle’s Hylomorphism: The Causal-Explanatory Model”, in *Metaphysics*, Vol. 1 (2018), p. 17。

2 这可能就是为什么亚里士多德在 H2 中只是笼统地提到“存在的原因”，而不是具体指明“复合实体的原因”。

3 关于这段话的讨论，参见 Myles Burnyeat et al., *Notes on Books Eta and Theta of Aristotle’s Metaphysics*, pp. 5–8。

在这里，有人可能会反对说，H2 中的 διαφορά 这个词实际上只是泛指“差异”或“区别”，而不是指专门的“属 + 种差”中的“种差”。[1] 这可以从 H2 1042b15–25 的例子中得到证明。当亚里士多德指出各种事物之间各方面的差异将是这些事物存在的原因时，他没有考虑 διαφορά 与划分法的关系，也没有把 διαφορά 放在“属 + 种差”中加以考虑。但我们认为，亚里士多德之所以使用这些例子，如位置上的差异、时间上的差异、地点上的差异等，是因为这些例子对普通人来说更明显、更熟悉，而不是意在把 H2 中 διαφορά 的范围限定为非专门意义上的“存在上的差异”。就像在 T8 中一样，亚里士多德在这里采用了从“对我们来说更加可知”的事物到“在自然上更加可知”的事物的策略：通过从一些事物中以泛泛的方式列出的存在上的差异（这是“对我们来说更加可知”的事物），我们可以推进到在“属 + 种差”框架下的种差的讨论，并将其与划分法联系起来（这是“在自然上更加可知”的事物）。此外，即使在这些“对我们来说更加可知”的例子中，我们也可以找到“属 + 种差”的可能框架。例如，门槛和门楣可以被视为在一个更高的属“石板”之下，而种差将是其位置：“在门的底部 / 在门的顶部。”因此，我们可以将“石板”划分为门槛和门楣。因此，这个反对意见并没有削弱我们的提案，即 Z12 中的最终的种差也是 H2 中的讨论对象。

这样一来，通过对 H2 中相关段落的分析，我们提出了对于《形而上学》Z12—Z17—H2 的“连续性解读”。首先，《形而上学》Z17 中的讨论是对 Z12 中讨论的补充和完善。其次，这一解释思路可以在《形而上学》H2 中得到确认。而且，这就是为什么在《形而上学》H2 的开头，亚里士多德似乎有点突兀地引入了“种差”的概念：这是因为在 Z17 中，亚里士多德已经确立了复合实体的首要原因可以是复合实体的最终的种差，故而在 H2 中，他可以直接转向种差的讨论，并重申种差可以被视为原因，而这一点在先前的讨论中可能还不是很明确。

既然最终的种差应该是原因，我们就需要通过划分法获得因果种差。正如在上面

1 吕纯山：《亚里士多德的实体理论：〈形而上学〉ZHΛ 卷研究》，第 244—245 页。也许 David Bostock, *Aristotle Metaphysics: Books Z and H*, p. 254 暗示了这样一种理解 διαφορά 概念的方式。参见 Edward Halper, *One and Many in Aristotle's Metaphysics: The Central Books*, p. 160。

所论证的那样，三段论所做的是确证一个现有的最终的种差是首要原因，而不是寻求另一个别的不是从 Z12 得到的因果种差。然而，人们可能会说，亚里士多德在《形而上学》中的划分法例子并不是关于因果种差的，而大多是关于“形态特征”的，如二足、无羽毛等。在这种情况下，我们可能会想，如何能通过 Z12 中的划分法获得因果种差。[1] 在这里，《论动物的部分》的下面一段话很有启发意义：“首先有必要划分与每种动物相关的、其本身属于所有动物的属性，接下来要设法**划分它们的原因。**”（μετὰ δὲ ταῦτα τὰς αἰτίας αὐτῶν πειρᾶσθαι διελεῖν.《论动物的部分》I.4 645b2–3，强调为笔者所加。参见《论动物的部分》645b29–646a1, 647b20–9, 648a14–15）这里亚里士多德明确指出，我们可以划分原因，并且在他的《论动物的部分》中存在这样的例子。[2] 尽管这段话来自他的动物学著作，但没有什么能阻止我们根据 Z12 中的讨论进行这种划分。例如，我们可以把“用于遮蔽的建筑物”这个属划分为“用于遮蔽人”的建筑物（房子，οἰκία）和“用于遮蔽物”的建筑物（仓库，ἀποθήκη）。一旦它们的因果优先性通过 Z17 中的三段论而得到了确证，这两个最终的种差将分别成为房子和仓库的首要原因和因果种差。

最后，我们应该注意到，当我们说在《形而上学》中“对原因进行划分”或“划分原因”时，这并不预设对原因是什么的认识；否则，“对原因进行划分”的说法就会像“根据本质进行划分”的要求一样，很难通过划分法而得到满足。“对原因进行划分”的说法是一种“事后的”看法；换句话说，只有在我们确认一个最终的种差的确可以被放入一个有效合理的三段论当中之后，我们才能把握住有关对象的首要原因。可以说，在探究原因这个阶段之前，我们可能有一些关于“这个复合实体的首要原因是什么”的假设，比如“该对象的某些方面可能是原因，让我们对这些方面进行划分”，“这种划分方式可能比那种划分方式更有可能获得最终的因果种差”。然而，这类假设只能通过，而且必须通过 Z17 中对于原因的探究来确证为真正的首要原因。

---

1 参见 Alan Code, “An Aristotelian Puzzle about Definition: *Metaphysics* Z.12”, in James Lennox, Robert Bolton (eds.), *Being, Nature, and Life in Aristotle: Essays in Honor of Allan Gotthelf*, p. 95。

2 参见 Allan Gotthelf, *Teleology, First Principles, and Scientific Method in Aristotle's Biology*, pp. 200–212。

（三）作为原因的种差与复合实体的定义问题

复合实体的定义问题一直是当代亚里士多德形而上学研究中的一个重要问题，而近年来随着查尔斯和佩拉马茨斯对于《形而上学》Z17 和《论灵魂》的关注，又再次引起了许多关注和争论。传统上，这个问题一般被表述为："由形式和质料构成的复合实体的定义究竟只包括形式，还是既包括形式又包括质料？" M. 弗雷德（Michael Frede）等学者认为复合实体的定义只涉及形式；而罗斯（W. D. Ross）和基尔（Mary Louise Gill）等人则认为复合实体的定义不仅包括形式，而且也需要提及质料。[1]然而，查尔斯和佩拉马茨斯因为他们对于《形而上学》和《后分析篇》之间的关系的解读，同时又基于查尔斯对于亚里士多德《论灵魂》中灵魂形质论的理解，发展出了一种更加精微的观点。[2]首先，他们承认复合实体的定义只涉及形式。但是，他们认为"质料"这个概念在这里具有两重含义，而且更重要的是他们对于"形式"这个词的解读也不同于我们过往的理解。亚里士多德的"质料"不但指涉我们日常生活中的"材料"，而且也可以包括"质料性特征"（material features）和"质料性原理"（material principles）。比如说软硬程度、可延展性等特征，以及"要实现在如此这般的身体中"等原理。[3]这样一来，查尔斯和佩拉马茨斯指出，不同于传统意义上理解的"形式"，"质料性特

1 对于这些学者的提及，参见 Samuel Meister, "Aristotle on the Purity of Forms in *Metaphysics* Z.10–11", in *Ergo*, Vol. 7 (2020), p. 3。国内学者当中，聂敏里主张当我们就实体其自身的角度考虑实体的时候，我们不用提及质料，但当我们从生成物的角度考察实体的时候，我们必须涉及质料。而定义应当是我们从实体自身角度考虑的结果，因此实体的定义只包括形式，尽管形式也联系着质料，参见聂敏里：《实体与形式——亚里士多德〈形而上学〉Z 卷研究（Z10–17）》，中国人民大学出版社 2016 年，第 44—51、70—83 页。吕纯山则认为复合实体的定义应当同时提及形式和质料，参见吕纯山：《亚里士多德论复合实体的定义——从自然哲学著作出发》，《世界哲学》2021 年第 2 期。

2 查尔斯的解读主要集中于亚里士多德的《论灵魂》和《形而上学》Z10–11，参见 David Charles, "Aristotle's Psychological Theory", in *Proceedings of the Boston Area Colloquium in Ancient Philosophy*, Vol. 24 (2008), pp.1–29; David Charles, *The Undivided Self: Aristotle and the "Mind-Body Problem"* (New York: Oxford University Press, 2021)。佩拉马茨斯则主要通过他对于《形而上学》Z17 和《后分析篇》关系的解读强化了这一观点，参见 Michail Peramatzis, *Priority in Aristotle's Metaphysics*, pp. 168–200。

3 例如参见 Michail Peramatzis, *Priority in Aristotle's Metaphysics*, pp. 41–42; David Charles, "Aristotle's Psychological Theory", in *Proceedings of the Boston Area Colloquium in Ancient Philosophy*, Vol. 24 (2008), pp. 12–15; David Charles, *The Undivided Self: Aristotle and the "Mind-Body Problem"*, pp. 50, 64; Samuel Meister, "Aristotle on the Purity of Forms in *Metaphysics* Z.10–11", in *Ergo*, Vol. 7 (2020), p. 4。

征”和“质料性原理”也是形式的一部分。这就是说，形式本身就包含有“形式性原理”和“质料性原理”。由此，他们认为复合实体的定义虽然只涉及形式，但是形式不是传统理解的所谓“纯粹的形式”，而是包括了质料的形式。这种认为形式不是“纯粹的形式”，而且复合实体的定义包含了质料性因素的形式的观点被称为“非纯粹论”（impurism）。而坚持形式就是传统意义上的不包含质料性特征和原理的形式的观点就是“纯粹论”（purism）。在“纯粹论”中，主张复合实体的定义只包括形式的学者被称为“强纯粹论”，而认为复合实体的定义既包括形式又包括质料的学者被称为“弱纯粹论”。[1] 这样，复合实体的定义问题的争论焦点由原来的“强纯粹论”和“弱纯粹论”逐渐转移到“纯粹论者”和“非纯粹论者”之间。

这一争论不仅涉及《形而上学》Z10–11、H6 等“传统上的争论焦点”，而且现在也与《论灵魂》《物理学》《辩谬篇》等著作有关。我们在这里无法对于整个问题做出详尽的考察。而只想指出，通过我们在上文中对于《形而上学》Z12—Z17—H2 的“连续性解读”，或许能够为这个问题提供一种新的解决进路。首先，我们将对于查尔斯的“非纯粹论”提出一个批评，指出“非纯粹论”如果基于《形而上学》的文本可能还需进一步的论证。其次，我们认为由于《形而上学》Z17 的证明性三段论中的中项是来自 Z12 划分法的最终种差，那么作为复合实体的本质和形式的因果种差本身就由于划分法而蕴含了之前的更高的类。而这些更高的类可以被看作质料。由此，作为原因的种差是形式，形式本身就蕴含了质料（当然，这里的“蕴含”并不是“非纯粹论者”所说的形式包含了“质料性因素”的意思），并且是复合实体的定义：我们既可以说复合实体的定义只包括形式，也可以说它同时还包含了质料。需要指出的是，就结论而言，我们和约翰森（Thomas Johansen）的观点是一致的。但是约翰森主要是通过亚里士多德的“假设必然性”概念和形式作为目的因的角度论证“形式蕴含质料”的结论。与此不同，我们则主要从《形而上学》Z12 和 Z17 的关系，以及探究复合实体的本质

1　这些说法参见 Samuel Meister, “Aristotle on the Purity of Forms in *Metaphysics* Z. 10–11”, in *Ergo*, Vol. 7 (2020), pp. 3–5。

的角度进行论证。[1]

学界对于查尔斯和佩拉马茨斯的“非纯粹论”已经有了许多批评，我们在这里不再重复他们的论证。[2] 鉴于大多数批评都指出查尔斯他们应该举出亚里士多德提到两种“质料”的文本段落，查尔斯在新近的著作中试图通过对于《形而上学》Z10–11 的解读而进一步强化他的“非纯粹论”，尤其是关于亚里士多德提出了两种“质料”的证据。在我们看来，其中一个对他非常关键的段落是 Z10 1035a5–6。查尔斯认为，这句话表明了“肉是扁鼻的一部分”。更重要的是，查尔斯认为这里的“扁鼻”（σιμότητος）指的是作为形式的“扁鼻性”（snubness），而不是作为形质复合物的扁鼻。[3] 如果这样的话，那么 1035a5–6 就成为“非纯粹论”的一个关键证据，因为亚里士多德在那里直接提到了作为“质料”的肉是形式的一部分，按照查尔斯的理解，这就是说存在着作为“质料性原理”的肉。

然而，我们认为亚里士多德在 1035a5–6 说的更应该是“肉是作为复合物的扁鼻的一部分”。这一点更加符合段落上下文的论证理路，亚里士多德在这一段是这样说的：

> T9：现在，如果存在着质料、形式和“出自于它们的东西”（τὸ ἐκ τούτων），并且实体是质料、形式和“出自于它们的东西”；那么甚至质料在一种意义上也被称为是一个东西的部分，而在另一种意义上不是，反而出自于形式的描述（ὁ τοῦ εἴδους λόγος）的事物[4]［被称为是一个东西的部分］。比如说，对于“凹性”（κοιλότητος）而言，肉（σάρξ）不是一个部分（因为它［指肉］是在其［指凹性］

1 参见 Thomas K. Johansen, *The Powers of Aristotle's Soul* (Oxford: Oxford University Press, 2012), pp. 154–155。

2 对于查尔斯的批评参见 Victor Caston, “Commentary on Charles”, in *Proceedings of the Boston Area Colloquium in Ancient Philosophy*, Vol. 24 (2008), pp. 30–49；对于佩拉马茨斯的批评参见 Marko Malink, “Essence and Being: A Discussion of Michail Peramatzis, Priority in Aristotle's Metaphysics”, in *Oxford Studies in Ancient Philosophy*, Vol. 45 (2013), pp. 343–352。

3 David Charles, *The Undivided Self: Aristotle and the “Mind-Body Problem”*, pp. 55–56，尤其参见 p. 55, n. 35。

4 这指的是构成形式的东西。

之上生成［复合物］的质料），但是对于“扁鼻”（σιμότητος）而言是一个部分。而且（καί），对于复合的雕像而言，铜是一个部分，但是对于在形式的意义上的“雕像”而言，［铜］不是［一个部分］。（《形而上学》Z10 1035a1–7）

首先，亚里士多德在1035a1–2提到了形式、质料和复合物，指出它们可能都是实体。在这里，没有提到任何有关于“质料性特征”或“质料性原理”的东西。因此，如果像查尔斯所说1035a5的“肉”指的是形式中的“质料性原理”，那么就会显得突兀。其次，亚里士多德在接下来的段落中讨论了形式和质料在什么意义上可以被说成是一个东西的部分的问题。同样，亚里士多德也只提到了质料和形式，而没有出现什么“质料性的原理”。亚里士多德指出，质料可以被说成是复合物的一部分，但是质料不是形式的一部分，而是只有构成形式的事物才是形式的一部分（1035a2–4）。接下来就是查尔斯关注的这段文本：肉不是“凹性”的一部分，却是“扁鼻”的一部分（1035a4–6）。查尔斯主张，这里的“σιμότητος”和“κοιλότητος”形成了对照，指的都是形式。[1] 但是，我们认为这里的对照正好说明了1035a5的“σιμότητος”指的更应该是作为复合物的“扁鼻”，而不是作为形式的“扁鼻性”。查尔斯继而认为，如果亚里士多德用“σιμότητος”指称作为复合物的“扁鼻”，那他应该明确说明这一点，如同亚里士多德在《形而上学》1037a31那样。[2] 然而我们认为这个理由很难成立，因为亚里士多德当然可以在没有明确说明的情况下使用一个术语的不同含义，哪怕在亚里士多德其他文本中的σιμότης指的都是“扁鼻性”，σιμός指的则是复合物的扁鼻；我们也不能排除亚里士多德在这里用了σιμότης的更不常见的含义。[3] 这段文本中σιμότητος和κοιλότητος的对照是复合物和形式的对照这一点通过1035a6–7的第二个例子能够更明显地看出来。铜是作为复合物的雕像的一部分，但不是作为形式的雕像的一部

1 David Charles, *The Undivided Self: Aristotle and the "Mind-Body Problem"*, p. 55, n. 35: "in the immediate context snubness should be the form since concavity, with which it is compared, is clearly a form as it is described as present in matter."

2 David Charles, *The Undivided Self: Aristotle and the "Mind-Body Problem"*, p. 55, n. 35.

3 《修辞学》1360a28的ἡ σιμότης指的应该是作为复合物的扁鼻。

分。亚里士多德通过 καί 这个词来连接这两个例子，说明这两个例子是相似的，阐释了相同的论点。因此，我们认为查尔斯对于这段文本的解读是有问题的。《形而上学》1035a5–6 不能成为亚里士多德提出了形式中的“质料性原理”的文本证据。

既然“非纯粹论”是有问题的，那么在“纯粹论”当中，究竟是“强纯粹论”还是“弱纯粹论”更符合亚里士多德的意思呢？复合实体的定义究竟包不包括质料？在我们看来，如果我们将《形而上学》Z12 和 Z17 的关系考虑进来，那么我们可以认为由于形式本身蕴含了质料，因此“强纯粹论”和“弱纯粹论”其实都是合理的，是否需要在定义中提到质料或许并不重要。

如前文所述，亚里士多德在《形而上学》Z17 通过引入《后分析篇》的三段论学说探究一个复合实体的本质。我们已经论证，一个有效合理的证明性三段论的中项是这个复合实体之所以存在的首要原因，也是它的本质和形式。例如，针对房子的定义和本质，我们可以给出下面的这样一个证明性三段论[1]：

如此这般的结构（A）谓述让人们避风遮雨（B）。

让人们避风遮雨（B）谓述砖石和土（C）。

如此这般的结构（A）谓述砖石和土（C）。

对于这样的一个三段论，我们可以将其转换成一个关于“是什么”的描述：

房子是为了让人们避风遮雨的由砖石和土构成的一个如此这般的结构。

这个描述可以被看作房子的定义。事实上，这样的定义正是一个既含有形式又含有质料的定义，也是让佩拉马茨斯提出“非纯粹论”的一个理由。既然定义是对于事

1 这个例子参见《形而上学》H2 1043a14–21。

物本质的描述，本质就是形式。而上述这个定义说出了本质，但既有形式又有质料的因素；那么，似乎定义中的形式就同时包含了形式性和质料性的原理，因而是“不纯粹”的。[1]

然而，佩拉马茨斯和查尔斯都没有意识到三段论中三个词项的来源问题。而我们已经在上文中论证了，《形而上学》Z17 的三段论的词项来源于 Z12 的划分法。一个有效合理的三段论的中项是 Z12 的最终种差。而 Z12 的划分法要求我们进行彻底的、连续的划分。经过这样的划分法得出的最终种差自身已经蕴含了在划分的中间阶段所产生的一系列结果，包括在其之上的更加普遍的类和相关的中间性的种差。我们在上文中也讨论了根据原因划分的可能性，根据之前的例子，我们可以把“用于遮蔽的建筑物”这个属划分为“用于遮蔽人”的房子和“用于遮蔽物”的仓库。那么“用于遮蔽人”的种差已经蕴含了建筑物。而我们可以设想，在划分得到“建筑物”的过程中也会涉及砖石等质料，由此这个最终种差已经蕴含了种差。而这一点是通过 Z12 的划分法而得到保证的。这样，三段论的中项和本质自身就蕴含了质料。由此，Z12 的划分法能够在得出最终种差的过程中涉及质料。这既可能是指属（参见《形而上学》Z12 1038a5–9），也可能是一般的“材料”。对于后者而言，我们也可以通过划分原因方式而在划分的中间过程中提及它们，毕竟质料也是亚里士多德的“四因”之一。而只要能够得到最终种差，它就能够蕴含在其之前得到的其他因素。在这种情况下，当我们通过《形而上学》Z17 的三段论理论来确证这个种差的确是最终的因果种差的时候，这个种差本身就成了蕴含了质料的形式和本质，也是构成复合实体定义的关键要素。这样，复合实体的定义是否需要再提及质料就是不重要的，因为质料自身已经在探究种差的过程中得到了呈现，而且一直呈现在最终的种差之中。总而言之，当我们将《形而上学》Z12—Z17—H2 的“连续性解读”应用到对于复合实体的定义问题的探讨当中时，我们就能发现所谓的“强纯粹论”和“弱纯粹论”之间的争论并不重要。当我们通过《形而上学》Z17 的证明性三段论确证通过 Z12 的划分法得到的最终种差是

1 参见 Michail Peramatzis, *Priority in Aristotle's Metaphysics*, pp. 188–195; Michail Peramatzis, “Aristotle's Hylomorphism: The Causal-Explanatory Model”, in *Metaphysics*, Vol. 1 (2018), p. 20。

一个因果种差之后，这个作为本质的种差自身就蕴含了质料。我们只需要在定义中提及这个种差就可以了，是否需要另外再加上质料并不会影响定义本身所包含的信息。

在这一节中，我们讨论了证明性三段论与 Z12 中的划分法的关系，认为 Z17 中对于原因的探究是对 Z12 中对于本质的先前探究的补充。另外，我们还通过诉诸 H2 来进一步支持关于 Z12 的对于本质的探究和 Z17 的对于原因的探究的“连续性解读”，因为亚里士多德在 H2 中强调了种差是原因和本质这一事实。并且我们还讨论了我们的解读有助于解决“复合实体的定义是否包含质料”的问题。

结 论

通过对《形而上学》Z12—Z17—H2 的“连续性解读”，本文阐明了如何根据亚里士多德在《形而上学》ZH 中对于本质的探究和对于原因的探究的讨论来寻找复合实体的本质，并且指出这样一种解读对于解决复合实体的定义问题。首先，旨在获得复合实体的严格本质的对于本质的最终探究应该依赖于《形而上学》Z17-H 中对于原因的探究。亚里士多德在《形而上学》Z17 中引入对于原因的探究是为了确保复合实体的本质必然满足优先性条件。Z17-H 中的这种对于原因的探究是通过证明性的三段论来表述的。通过确保本质是一个有效合理的三段论的真正中项，这个本质的优先性条件必然得到满足。其次，《形而上学》Z17-H 中对于原因的探究应该进一步依赖于对于本质的早期探究。这种早期对于本质的探究就是《形而上学》Z12 中所描述的划分法。三段论中使用的材料必须来自 Z12 的划分法的成果。当 Z12 的划分法所得到的最终的种差被证明为是 Z17-H 中有效合理的三段论的中项时，这个最终的种差就是复合实体的本质。这样一来，Z17-H 中对于原因的探究就补充并完善了 Z12 中对于本质的探究。

此外，本文的另一个任务是讨论了我们提出的“连续性解读”对于复合实体的定义问题的贡献。按照我们的解读思路，当我们把一个复合实体的定义探究与《形而上学》Z12 的划分法，以及 Z17 的证明性三段论学说结合起来时，我们就能发现，最终的本质（也就是形式本身）已经借由 Z12 的划分法而蕴含了本质。因此，在复合实体的定义中是否提及质料其实并不重要，加不加上质料不会影响定义所包含的信息。

（本文作者为东南大学哲学与科学系副教授）

“功能”与“活动”

亚里士多德《形而上学》Θ.8, 1050a4–23 新解

魏梁钰

目的（*telos*）、功能（*ergon*）和活动（*energeia*）[1] 不仅是亚里士多德的理论哲学，也是其实践哲学或伦理学的核心概念。比如，我们十分熟悉这些概念在理解他对幸福即人的善好定义上的重要性（*Ethica Nicomachia=EN* I.7, *Ethica Eudemia=EE* II.1）。亚氏在说明可经由行动达成的目的（*telos tōn praktōn*）即幸福与好人的功能或依据德性的活动之间的联系时，人的功能是关键一环。而活动和与之相对的能力（*dunamis*），是他在理论哲学中处理许多关键问题时经常诉诸的一对概念。比如，论证运动存在、运动的定义、可感实体及其定义的统一性问题时他都诉诸了这对概念（*Physica=Phys*. I.7–9; III. 1–5; *Metaphysica=Met*. H 6），这对概念也是他在批评前人时所采用的核心概念架构。[2]

---

1 这些概念的含义和常见译法，在第一节讨论。在正文中，我暂且以“功能”（*ergon*）、“活动”（*energeia*）、“能力”（*dunamis*）来翻译相应的希腊名词（ἔργον, ἐνέργεια, δύναμις），尽管这些译法都存在争议。这样做有两个理由：一是这些译法与我将要辩护的理解更契合；二是方便不熟悉希腊文的读者阅读。如果我的理解是成立的，带来的一个后果是：亚氏的 ἐνέργεια 和 δύναμις 应理解和翻译为“活动”和“能力”。最近研究中采取该翻译的学者，如：Francisco Gonzalez, “Bing as Activity: A Defense of the Importance of *Metaphysics* 1048b18–35 for Aristotle’s Ontology”, *Oxford Studies in Ancient Philosophy* 56 (2019), pp. 123–191。

2 比如，《形而上学》Θ 卷中隐含了针对柏拉图《智者篇》（*Sophist=Sph.*）中对 being 的问题（“巨人与诸神之争”）的解决做出的回应。更充分的讨论，参见 Jonathan Beere, *Doing and Being: An Interpretation of Aristotle’s Metaphysics Theta* (Oxford: Oxford University Press, 2009), ch.1。本文涉及《形而上学》相关段落的引用依据牛津古典文本（Oxford Classical Texts）：Werner Jaeger (ed.), *Aristotelis Metaphysica* (Oxford: Clarendon Press, 1957)。译文均是我从希腊文译出，同时参考了较为贴近原文的英译本：S. Makin, *Metaphysics Book Θ, Translated with an Introduction and Commentary* (Oxford: Oxford University Press, 2006)。

亚氏是如何以更一般的方式理解事物的目的、功能和活动之间联系的？本文将着重考察这个问题，展示他如何在更一般的理论层面上运用这些概念对事物的本性或本质进行探究。通过理解这些概念尤其是它们与功能（作为目的的功能）之间的紧密联系，还有助于我们更深入地认识亚氏功能概念的特性。本文将讨论范围限定在《形而上学》Θ.8, 1050a4–23，其中讨论了功能和活动及目的的关系。读者大概会问：为何要集中在Θ.8这个文本？因为，该文本包含着他对于功能—目的—活动这组概念的相互联系（下文简称**ETE关系**）的集中讨论。这是亚氏整个《全集》中最直接地围绕这几个概念的讨论；也是在这里论证了哲学史上影响深远的论题：活动在"实体"（*ousia*）上优先于能力。可见，Θ.8对理解这些概念及其联系十分重要。本文试图回答如下问题：

核心问题 如何理解亚氏对ETE关系的讨论（*Met.* Θ.8, 1050a21–3），特别是，它在关于活动在实体上优先的论证中起到什么重要作用？

一直以来，对于ETE关系的意义没有被学界充分地讨论和理解。然而这段文本却常被引用，并在许多研究者看来似乎是一段词源学上的评论（"词源学解读"）。本文将反驳这个常见的解读，由此试图提出一个对ETE关系及其重要性的说明。同时，我将以一个具体问题作为切入点：**作为目的的功能（*ergon*）与作为存在方式（way of being）的活动（energeia）之间的关系**是什么？本文要辩护的论点是，亚氏对ETE关系的讨论是基于他对功能的一种核心理解（也是亚氏那里作为哲学术语的使用），即**"作为目的的功能"**。本文也将对功能的这一核心理解提供界定。我对ETE关系的解读还有助于说明它在理解Θ.8的活动优先性论证（特别是1050a4–23）中的实质作用：提供了1050a4–23这部分论证所需的一个关键前提。这构成本文辩护的新解释的另一个优势。以上便是本文的论证目标。

文本结构如下：首先，基于Θ.8在整个Θ卷的位置及其结构和论证，说明为何有必要重新理解ETE关系并引出核心问题（第一、第二节）。接着，以前两节讨论为指引细读相关文本，提供一种对ETE关系的全新解读（第三、第四节）。

一、从 Θ.8 在 Θ 卷的位置看 ETE 关系

本节与下一节的重点是分析在 Θ.8 中的活动（在实体上）优先性论证，旨在揭示出亚氏在该论证开始提供的论证“纲要”（1050a4–10）并不是完整的，其结论最终还依赖一个关键的说明，而这正是他接下来有关 ETE 关系的讨论所提供的。先来澄清一些核心概念，即能力、活动和“在实体上”优先。

亚氏在《形而上学》Θ 卷中讨论了一对重要概念：能力—活动。其中 *dunamis*（通常译作“力”“能力”“潜在性”）是一个在亚氏以前就有的希腊语名词，可以用来指事物所具有的能力，比如微波炉具有加热的能力。[1] 与之相对，*energeia*（通常译作“活动”“现实性”）却是由他所创的新词。另一个和活动紧密联系的哲学概念 *entelecheia* 亦是他的创造（通常翻译为“完全”[fulfilment]，有时也译为“现实性”，或音译“隐德莱希”）。研究者们通常认为活动（*energeia*）是以“*erg-*”为词根的形容词（*energos*，意为“在工作的”“行动的”或“忙的”）构造的概念，和功能（*ergon*，日常含义是“工作”“行为”）这一概念有紧密关系。[2] 从这一词源学关联可以看出，活动是指具有某种能力的事物的活动，或对相应的能力的运用（*chrēsis*）。更重要地，亚氏不仅考虑与运动（*kinēsis*）相关的活动，还用它来刻画事物的**存在**

---

1 在 Θ 卷中，亚氏使用了三种形式：*dunasthai*（动词，be capable of），*dunamis*（名词）和 *dunaton*（形容词，capable, possible）。此外，他还会使用名词 *dunamis* 的与格形式（Dative）：*dunamei*；同样他也用 *energeia* 的与格形式：*energeiai*。参见 S. Makin, *Metaphysics Book Θ*, pp. xxii–xxvii。关于不同意义的 *dunamis* 参见 *Met.* Δ12。国内研究者关于 *dunamis* 翻译最近的讨论，参见聂敏里：《论 δύναμις（Dynamis）的翻译》，《哲学研究》2017 年第 11 期，主张将其翻译作“能”。

2 关于 *energeia* 这一概念在亚氏思想中的演变，参见 Stephen Menn, “The Origins of Aristotle’s Concept of ἐνέργεια: ἐνέργεια and δύναμις”, *Ancient Philosophy*, Vol. 14, Issue 1, 1994, pp. 73–114。另见 Jonathan Beere, *Doing and Being*, ch. 8; Chen, C.-H., “Different Meanings of the Term *Energeia* in the Philosophy of Aristotle”, *Philosophy and Phenomenological Research* 17, 1956, pp. 56–65；以及 H. Bonitz, *Index Aristotelicus* (Berlin, 1870; repr. Berlin: Akademie-Verlag, 1995) 中 *energeia* 的条目。另一个概念 *entelecheia* 如何构成则存在争议。一种观点是 *entelecheia* 和 *telos* 相关（Θ.8, 1050a21–3; cf. *Met.* Δ16, 1021b23–30），指“在自身中具有目的”（*en-(heautoi)-telos-echein*）；另一种观点认为它是从中性形容词 *enteles*（完善的、完全的、完美的）构造的名词。较早的解释见 W. D. Ross (ed.), *Aristotle's Metaphysics*, Vol. ii (Oxford: Clarendon Press, 1924), p. 245f.，但该解释已受到质疑。

或其所是的某种方式。下文会证明这种意义上的活动是根据作为目的的功能来理解的。

Θ 卷就整体而言具有一个目标（*skopos*），这也和该卷在整个《形而上学》中的位置相关。在 Θ 卷（尤其是 Θ.8），亚氏的主要目的是通过论证活动在不同的方式上优先于能力，以此回应他前面在 B 卷提出的“难题”（*aporia*）：事物的**本原**（*archē*）是以能力的方式还是以活动的方式是或存在[1]；同时为他接下来在 Λ 卷论证有一类本身仅仅是活动（而不是关于能力的活动）的存在者，即永恒不动的实体（神）做好了铺垫。[2] 值得一提，对 being（及其动词形式 to be）通常翻译为“存在”。但在亚氏这里，εἶναι（to be，存在或所是）不仅是指某物**存在**，同时也指某类物 X 作为 X 这类事物之所**是**（what *is* X 或 what X, *qua* X, to *be*），也就是在本质或其所是的意义上。[3] 亚氏先在 Θ.1–5 章讨论了和运动相关的能力—活动，即能力以及对它的运用。和运动相关的用法是对我们而言是更可知的，也是“最具支配性的”（*malista kuriōs*），但这种用法并不是亚氏最感兴趣的（Θ.1, 1045b36f.）。在 Θ 卷亚氏是逐步地揭示出他最感兴趣的理解：通过讨论我们熟悉的和运动相关的能力—活动（能力和运用，Θ.1–5），Θ.6 通过举例对活动（*energeia*）进行界定，区分完全的活动和不完全的活动即运动，与“运动”相关的使用不同的另一种（也是他最关心的）理解得以显示：对动词 *einai* 或存在的东西（*to on*）就其所是进行刻画、作为“存在方式”的能力—活动。但亚氏不仅用副词与格形式即 *to dunamei on*（以能力的方式所是或在）和 *to energeiai on*（以活动的方式所是

---

1 参见 *Met.* B 6, 1002b32–1003a5; *cf.* B 1, 996a10–11。

2 参见 *Met.* Λ.6–7（*cf. Phys.* VIII.5–6）。对 Θ 卷的主题及其和整个《形而上学》关系更充分的讨论，参见 W. D. Ross (ed.), *Aristotle's Metaphysics*, Vol. i, p. 223; S. Menn, “The Origins of Aristotle's Concept of ἐνέργεια”; Jonathan Beere, *Doing and Being*, pp. 19–25。最近的研究，参见苏峻：《潜能与现实：亚里士多德〈形而上学〉第九卷研究》，北京大学出版社 2023 年，第一、六章。苏峻辩护以探究“本原”（特别是实体的本原）为中心的解读。最先提出并论证该思路的学者是门恩（S. Menn），参见 S. Menn, ms. *The Aim and the Argument of Aristotle's Metaphysics*, IIIa1。由于这不是本文关注的重点，故不多作讨论。

3 对“to be”在希腊哲学中的特性的讨论，参见 Lesley Brown, “The verb ‘to be’ in Greek philosophy”, in *Language* (*Companions to ancient thought* 3), Stephen Everson ed. (Cambridge: Cambridge University Press, 1994), pp. 212–236。正文中采用“存在或所是”来翻译 εἶναι；但这里关注的问题不在于如何翻译。

或在）来表示，也用名词主格或宾格形式表达。[1] 换言之，句法结构的特征并不是明确不同用法所依赖的前提。相反，亚氏经常通过分析指涉实际事物的例子来显示他关心的理解。说明了作为存在方式的活动后，亚氏讨论了作为存在方式的能力（*dunamis*, Θ.7）。在 Θ.8 达到了整个 Θ 卷论证的“高峰”，即活动对于能力的优先性论证。[2] 在 Θ.8 中，亚氏论证了活动在不同种类的优先性上都优先于能力：（1）在定义上（*logos*, 1049b12–17）、（2）在实体上（*ousia*, 1050a4–1050b34）以及（3）（以某种方式）在时间上（*chronos*, 1049b18–1050a3）。其中（2）包括两部分论证：（2.1）涉及“月下世界”有生灭的事物（1050a4–b6）和（2.2）涉及有生灭的事物和不朽的事物（1050b6–34）。[3] 本文关注的 ETE 关系就在（2.1）这部分。

第一种和第三种优先性论证都不难理解。困难主要在第三种，即在实体上优先的论证。首先，如何理解所谓**“在实体上”（*ousia*）优先**呢？大部分研究者认为这和亚氏在《形而上学》Δ 卷第 11 章讨论“在先或在后”的不同方式中的最后一类，“在**本性和实体**上”的优先相关：

> ［T1］而另一种［优先］是依据自然本性和实体（*kata phusin kai ousian*）来说的，当某物能够不依赖（*aneu*）别的事物而存在或是（*einai*），而别的事物不能不依赖（*aneu*）它；这是柏拉图所用过的区分。（1019a2–4，引文所加编号和方括号中的内容均为笔者所加，下同）

1 不同于一种主流看法，即认为 Θ.6 之后更多地出现 *dunamis* 和 *energeia* 的副词属格形式，说明亚氏来以此强调这对概念不同于运动的理解（对这一看法的经典表述，参见 M. Frede, “Potentiality in the Metaphysics”, in *Unity, Identity and Explanation in Aristotle's Metaphysics*, T. Scaltsas et al. eds. [Oxford University Press, 1994], pp. 188–193）。事实上，亚氏不仅用属格做副词来表达这一理解，他也会用名词主格或宾格。比如：1049b20, *ontos kat' energeian*; *cf. EN* I.7, 1098a6, VIII.5, 1157b6; *Phys*. V.1, 225a22; *Cael.*, 281b22–3; *DA* II.5, 417b19, 22; 7, 418b1; 8, 419b9, 420a21 (τοῦ δυναμένου); III.7, 431a1; *Sens.*, 447b18。对主流看法的质疑：A. Anagnostopoulos, “Senses of *Dunamis* and the Structure of Aristotle's *Metaphysics* Θ”, *Phronesis* 56, 2011, pp. 388–425 以及苏峻：《潜能与现实》，第一章。

2 Θ.9 是从规范性或价值层面和认知层面上对 Θ.8 的 *energeia* 优先性论证的进一步支持；Θ.10 则是独立的一章，处理“being”的四种含义中的一种，即“真”或“假”；另见 *Met.* Δ7, E 2。

3 亚氏在其他地方关于不同种类的“优先”的讨论，参见 *Met.* Δ11, Z1; *Categories* 12 (13)。

在 T1 这里体现了某种**本体论上的依赖关系**（ontological dependence），而 Θ.8 所说的“在实体上”优先也应该这样理解。[1]不过，关于本体论的依赖关系本身如何理解，目前存在两种主要的模型，以往亚里士多德的解释者大多采取第一种：

（I）“模态—存在”（modal-existential）模型：X 在本体论上优先于 Y，当且仅当 X 能（can）不需要 Y 而存在，反之则不然。或表述为：必然地（如果 Y 存在，那么 X 存在）。[2]

（II）“本质—解释”（essence-explanatory）模型：A 在本体论上优先于 B，当且仅当 A 的本质（或定义）能独立于 B 的本质（或定义），反之则不然。（A“能”独立于 B 是出于如下关系：**因为** A 确定了 B 之为 B［identity］，而不是反过来）[3]

不同于模型（I），模型（II）表达了一种**非**模态—存在关系。因为关于 A 和 B 的本质或定义的非对称关系说的并不是“如果 B **存在**，那么 A **存在**”这一点是（形而上学上）**必然的**；而是 B 的本质或定义中包含 A，或者说 B 的本质通过 A 的本质得到说明或规定，反之则不然。[4]对于亚氏，定义——实在的定义（*real* definition），区别于词项的定义（*nominal* definition）——是对某种事物或对象的本质的描述

1 这也是大部分研究者的看法。不同理解，参见 Christos Y. Panayides, “Aristotle on the Priority of Actuality in Substance”, *Ancient Philosophy* 19, 1999, pp. 327–344 和 W. D. Ross, *Aristotle's Metaphysics*, Vol. ii, p. 262。他们认为这里的“实体上优先”指的不是“本体论上优先”，而是“在完满性上”（in perfection）优先。这个理解源自托马斯·阿奎纳（Thomas Aquinas）。

2 “模态”在这里不是逻辑或数学意义上的，而是形而上学意义上的。括号表示必然性算子的辖域。许多亚里士多德研究者都接受“模态—存在”模型，比如 R. M. Dancy, “Aristotle and the Priority of Actuality”, in *Reforging the Great Chain of Being: Studies in the History of Modal Theories*, Simo Knuuttula ed. (Dordrecht: D. Reidel, 1981), pp. 73–115; C. Witt, *Ways of Being: Potentiality and Actuality in Aristotle's Metaphysics* (Ithaca: Cornell University Press, 2003); S. Makin, *Metaphysics Book Θ* 等。

3 采取这一模型的研究者：M. Peramatzis, *Priority in Aristotle's Metaphysics* (Oxford: Oxford University Press, 2011)。国内研究者对主流解读即模型（I）的批判性考察，参见苏峻：《亚里士多德关于“在实体上的优先性”的论述》，《世界哲学》2020 年第 1 期，第 64—72 页。

4 模型（II）即“本质—解释”模型是定义上的优先性在本体论上的对应项（ontological correlate）：正如在某些词项 B 的定义（如关于奇数或偶数的定义）中包含对它们进行界定的另一些词项 A（如数），而对这些词项 A 的理解却不依赖于词项 B 那样；类似地，对于某些实在的对象 B* 其所是或本质依赖另一些对象 A* 的本质或由 A* 来确定，而 A* 的本质或其所是却独立于 B*。以上基本思路，参见 Kit Fine, “Essence and Modality: The Second Philosophical Perspectives Lecture”, *Philosophical Perspectives*, Vol. 8, Logic and Language, 1994, pp. 1–16。

（*logos*）。[1] 从事物的本质定义出发又可以对其必然属性（*idion*）进行证明和解释，比如从三角形的本质定义出发证明为何三角形具有“内角和为两直角”这一必然属性。[2] 模型（II）更好地与亚氏的上述理解相契合。此外，如果接受模型（I），在亚氏论证活动优先性这里会面临一些文本困难。[3] 故我倾向于模型（II）的理解。确定亚氏的“实体上的”优先性应依据何种模型并不是本文关注的问题，这里不做更多讨论。以上讨论为接下来说明作为所是或存在方式的活动及其与作为目的的功能的关系做了基本概念分析的预备。

进入活动在实体上的优先性论证之前，还必须追问：为何亚氏**需要**论证活动（在实体上）先于能力？不同于经过哲学史的“积淀”已经熟悉这个经典论点的现代读者，对亚氏及其听众而言，这一点并不是自明的。他除了要回应自身理论提出的问题外[4]，还要应对来自前人尤其是柏拉图的挑战。

柏拉图在《智者篇》（*Sph.* 247d–e）中对存在或“存在者”（*ta onta*）做出了如下定义：

> ［T2］我的意思是，如果某个事物有任何能力，或是就其本性而言去作用于（*to poiein*）另一个事物，或是哪怕由最微不足道的东西而稍微被作用（*to pathein*），即便只发生一次，它就是实在的（*ontōs einai*）。我将提出的定义［应

1 参见 *Met.* Δ.8, 1017b21–23; Z.4, 1030a6–7; 5, 1031a1–14。

2 模型（II）还向我们揭示出这一点：某物X之所是或本质不同于X的必然属性（*idion*）或其存在所必需的条件。后者只提供了涉及事物本质的论断为真要满足的必要条件，但并不是充分条件。换言之，如果F是事物X的本质，F也是X（如果X存在）所必然具有的，反之则不然。关于本质的非模态理解以及亚氏关于本质和必然属性区分的讨论，参见K. Koslicki, “Essence, Necessity, and Explanation”, in *Contemporary Aristotelian Metaphysics*, Tuomas E. Tahko ed. (Cambridge: Cambridge University Press, 2012), pp. 187–206。

3 下面会看到，在亚氏支持 *energeia* 在实体上优先这个论点所采用的三类例子那里，模型（I）会遭遇十分棘手的困难。尽管持该模型的学者提出了不同的解决策略，但这些策略都有各自的困难，详见M. Peramatzis, *Priority in Aristotle's Metaphysics*, ch. 13。

4 比如 *Met.* B 卷中提出的关于本原以何种方式（*dunamis/energeia*）存在的“疑难”。

当］这样界定，即："存在者"（*ta onta*）并不是别的而就是能力。[1]

对于任何可以对他物施加作用或者（无论多大程度）从他物接受作用者，即具有某种能力者，都要求该能力的承载者**具有一定程度的实在性而不能完全不存在**。从这一点出发，尽管柏拉图没有能力—活动这对概念，但我们可以设想某种接受了这对概念的"柏拉图式的立场"：

> ［**"柏拉图式的"优先性论证**］能力相比活动在"存在"或"实体上"上更优先。可以通过两类例子来支持该主张。比如，（A）对于看这一自然能力来说，具有看的能力的动物可以不进行看的活动，比如睡着的大象；但是进行看的活动则要求有看的能力存在（exist），反之则不然。（B）在另一些情况下，活动有可能是某种过程或运动（*kinēsis*），比如治疗活动。和（A）一样，治疗活动要求医术技艺存在，并且在运用这一能力的同时依然保持该能力；不同于看的活动，治疗活动是为了带来健康，当结果达到时也就是该活动的"终结"。但即使在治疗活动结束后，医术（能力）仍然存在（在医生的灵魂中）。

基于"柏拉图式的"优先性论证，至少在具有能力的可感事物这里，能力在"在实体上"或"存在上"比活动更优先。因为这里有某种**非对称关系**，简言之，能力可以没有活动而存在（exist），反之则不然。在这一理论背景下，我们就可以理解亚氏为何在Θ.8着重论证活动"在实体上"的优先性。[2] 还需指出，上述"柏拉图式的立场"对能力比活动在"实体上"优先的理解正是依据模型（I）：某种活动如果**存在**就必须有相应的能力；而这是就前者得以存在的必要条件来说的。但模型（II）并不蕴含这一结论。

---

1 引文根据《智者篇》（*Soph.*）希腊文原文译出。根据牛津古典文本（OCT）：E. A. Duke, W. F. Hicken, W. S. M. Nicoll, D. B. Robinson and J. C. G. Strachan (eds.), *Platonis Opera*, Vol. I (Oxford: Clarendon Press, 1995)。

2 这也体现在篇幅上，对活动"在实体上"优先的论证在Θ.8占较大比重（近70行，按Bekker码），"在定义上"和"在时间上"的优先亚氏则花费了较少笔墨（总共近40行）。

二、从 Θ.8 的论证结构出发重思 ETE 关系

下面，我将对（2.1）这部分的论证进行重构。亚氏通过三组例子来论证在有生灭事物这里活动在实体上优先于能力，即：（a）不完全的实体和达到完全的实体（如孩子—成年人，种籽—人）、（b）具有或获得某种能力和该能力对应的活动、（c）关于能力和对能力的运用。他在 1050a4–10 这段中首先提出了整个论证最关键的两个前提（或预设）：

> ［T3］的确，活动也在实体上优先，［前提 / 预设 A］首先因为那些**在生成上**（***tēi genesei***）**在后者在形式和实体上**（***tōi eidei kai tēi ousiai***）**优先**（比如，成年人之于孩子以及人之于种籽；因为一方［即成年人和人］已经具有形式，而另一方［即孩子和种籽］则否），［前提 / 预设 B］并且因为任何生成的事物都趋向某个**本原**（***archē***）**和目的**（因为本原就是所为的东西［*to hou heneka*］，而生成是为了目的），而活动就是目的，并且对能力的获取是为了活动的缘故（*charin*）。（1050a4–10）

亚氏在 T3 引入两个不同但相互联系的前提（或预设）：

（前提 / 预设 A）在生成上在后的事物在形式（*eidos*）和实体上在先（1050a4–5）

前提（或预设）A 说明这里论证所针对的都是生成的或可生灭的事物（如人或动物、植物等）。亚氏用（a）这组例子来说明[1]，比如，对同一个人来说，虽然成年人（*anēr*）在生成上在孩子（*paidos*）之后，从而他如果变成成年人依赖于孩子的存在，这是成年人的**存在**得以可能的必要条件。如果按照“在实体上的”优先性模型 I 的理解，在这里就会遇到困难，因为孩子恰恰是成年人若要存在所必要的条件。而模型 II

1　亚氏并没有对这两个预设进行论证。他在其他地方关于该原则进行了更充分的讨论，参见 *PA* II.1, *GA* II.6, *Phys*. VIII.7。A 和 B 这两个前提（或预设）是亚氏目的论—形而上学两个相互联系的基本预设，因此我用“前提（或预设）”来表达。

能更好地说明亚氏这里的例子。他指出，当孩子已经成人，作为人这类动物中的成熟个体时，便具有了作为人的形式，即作为人之**所是**或本质（*being* a human）。在孩子这个阶段他尚未成人，只是将会成长为成熟的人。因此，成年人之**所是**或本质不需要通过孩子来解释，而孩子之所是或本质需要通过前者来解释。从而，成年人在生成上（*genesis*）在后，但是在实体上优先于孩子。但并不是任何在生成上在后的事物都是“形式和实体上”在先的，比如死亡。对同一个人来说，死亡相比成年在生成上（或时间上）更后，对这个人却是其之为这类事物所是的终结。从而，在生成上或者实体上在先/在后的对比是根据事物的形式和本质或定义，**同时**也是由事物的目的所规定的。[1] 这正是由亚氏引入的另一个前提（或预设）揭示的：

（前提/预设B）任何生成的事物都为了作为本原[2]的目的（1050a7–8）

前提（或预设）B在论证中并不冗余，因为它进一步明确了前提（或预设）A中所隐含的**目的论背景**：目的或“所为的东西”（*tou hou heneka*）是**本原**（1050a8–9），即作为生成的本原或其所为的东西。用上面的例子来说，某个人从孩子到成人的生成都必须经过孩子这个阶段，从而孩子是生成上在先，即作为成年人得以存在的必要条件。但这并不是生成所为的**目的**，而是**如果**要达到这个目的所必需的条件。[3] 从孩子到成年人的生成是**为了**具有人的形式或本质，而该形式或本质作为生成的本原或它所为的目的，规定了孩子的生成过程所达到的**恰当**终点（成年人而非死亡），由此确定了孩子之为孩子的定义或本质。这里还有一个**隐含的前提**，即任何生成的事物其形式和实体（或其所是）作为在生成上在后的事物也是生成**所为**的东西，即**目的**。从而成年人（具有人的形式）作为生成的目的或本原在形式和实体上优先于孩子。因此，根据前提

1 在亚氏那里，对于自然物及其生成来说其形式（或定义）和目的（在原因或解释层面上，即形式因和目的因），二者经常是紧密地联系在一起甚或等同，参见 *Phys*. II.7, 198a24–27; *GA* I.1, 715a6。

2 本原（*archē*）在亚氏那里既可以指某种时间上的开端，比如运动开始的起点，也可以指解释事物之为其所是（即本质或定义）的（首要）原则，在后一种意义上目的（作为原因）是本原。*cf. Met*. Δ.1, *Phys*. II.7.

3 这里的必然性是在特定意义上说的，即“假设必然性”（hypothetical necessity），可以表达为：“**如果** X 这一目的将会存在（exist），那么 Y 是必需的。”比如，如果要实现锯子的功能或目的（即锯断或切分硬物，如木头），那么它就必须具有利齿并且由铁或类似材料做成；参见 *Phys*. II.9, *PA* I.1 等。

（或预设）A和B以及隐含前提，亚氏可以推导出如下结论：在生成上在后的事物是目的，这也是在形式和实体上在先的事物。从而，根据接下来他明确给出的**小前提**，活动是能力所为的目的，并且在生成上在后（1050a9–10），亚氏可以得出活动在实体上优先的结论。

综上所述，亚氏在1050a4–10这段论证可以重构如下：

前提/预设**A**（1050a4-5）和前提/预设**B**（1050a7–8）

（隐含的前提）：任何生成的事物其形式和实体（或其所是）作为在生成上在后的事物，也是生成所为的目的（*tou hou heneka/telos*）。

（结论**P**［进一步被用作前提］）：在生成上在后的事物是目的，这也就是在形式和实体上在先者。（根据**A**、**B**和隐含的前提）

（**小前提C**）：活动是能力所为的目的，并且在生成上是在后的事物。（1050a9–10）

（结论）：活动在形式和实体上优先于能力。（根据P和C）[1]

亚氏在T3关于活动（*energeia*）在实体上的优先性的论证可视为接下来论证的“大纲”。前提（或预设）A和B体现出亚氏在（2.1）这部分论证的一个整体策略：借助他的目的论学说来论证活动在实体上对于能力的优先性。[2]他进一步用具有或获得某种能力和与之对应的活动、关于能力和对能力的运用，即（b）（c）两组例子，以及根据能力—活动来理解的质料—形式关系（1050a15–16），由此支持活动在实体上的优先性。换言之，根据A和B以及隐含的前提，亚氏通过这些例子来支持活动在生成上在后且是能力的目的，即**小前提C**。我们或许可以认为，亚氏在提出这一论证大纲之后只需说明在所有具体情况下，尤其是（b）（c）这两组例子，活动都是优先于能力的。从而，他的主要工作在“大纲”中都已经完成，剩下的只是**具体举证**。这种通行的理解尽管并非错误，但有误导性。因为它忽略了一个关键点：对于小前提C为

1 注意这里同时在事物的形式（*eidos*）和目的之间建立了联系（即隐含的前提 cf. *Phys*. II.7）。对这部分论证的重构，比较 M. Peramatzis, *Priority in Aristotle's Metaphysics*, ch.13 提供的另一种重构版本。

2 关于目的论在这部分论证中扮演的角色的更充分的讨论，参见 David Charles, “*Metaphysics* Θ.7 and 8: Some Issues Concerning Actuality and Potentiality”, in J. Lennox and R. Bolton (eds.), *Being, Nature, and Life in Aristotle: Essays in Honor of Allan Gotthelf* (Cambridge: Cambridge University Press, 2010), pp. 168–197。

何成立，亚氏接下来所做的不仅是提供举证来支持，还提供了一个重要的说明。事实上，ETE 关系（1050a20–23）提供了活动为何是目的（*cf.* 1050a9）的进一步说明，即**作为目的的功能与活动之间的紧密关系**。[1] 因此，他在（2.1）提出论证大纲后不仅是借助不同类型的具体例示来支持这个论证，还提供了关于活动是目的（**小前提 C**）所需的关键说明。而在论证纲要中，亚氏并未说明活动和目的或功能的联系，因为这正是在他对 ETE 关系的讨论中揭示的。此外，一些研究者认为 ETE 关系提供的前提十分抽象，甚至被称为“学院形而上学”（School Metaphysics）。[2] 与此观点不同，我将结合这段文本的语境（特别是较少被讨论的教师例子的段落）提供一种更具实质内容的解读。

接下来，我将讨论亚氏如何提供了支持活动是目的或与目的之紧密关系的进一步说明，这也构成本文对 ETE 关系区别于已有解释的新解读。

三、功能、目的与活动：对 ETE 关系的新解读

前两节的讨论为我们更好地理解 ETE 关系做了概念分析的准备，并从 T3 的论证重构上获得指引，即亚氏接下来将提供小前提 C 何以成立的关键说明，这就体现在 ETE 关系上。在 1050a21–23 这里，亚氏说明了活动这一由他所创的术语和功能、目的以及另一个由他所创的概念“完全 / 完满”（*entelecheia*）之间的关系：

［T4］因为（*gar*）［事物的］功能（*to ergon*）是目的，而活动是功能，因此“活

1 我的理解**在形式上**可以得到其他研究者的支持（比如 Peramatzis, *Priority in Aristotle's Metaphysics*, p. 280，他对这部分论证大纲提供的重构），但本文为这种理解进一步提供了**实质的**解释，即 ETE 关系的具体内涵（第三、第四节）。

2 持此看法的学者，参见 M. Peramatzis, *Priority in Aristotle's Metaphysics*, p. 280；“学院形而上学”这个说法来自 R. M. Dancy, “Aristotle and the Priority of Actuality”, p. 92。

动”这个术语也是依据功能而言的，也就是朝向完全或完满（*entelecheian*）。[1]

在T4中，亚氏首先将事物的功能和它们的目的联系起来，接着他将活动和功能直接放在一起，并且给出对“活动”这一术语（*onoma*）的某种理解，即“依据功能”（*kata to ergon*），由此“指向完全/完满”。

如何理解这段被学者广泛引用的讨论呢？一种常见的解读，我将其称为“词源学的”（etymological）读法，认为：亚氏在这段仅仅说明了“功能”“活动”以及“完全”这几个古希腊语名词或概念之间的词源学联系，亦即：“活动”（en-*erg*-eia）在词源上和功能有关，而“完全”（en-*tele*-cheia）在词源上和目的有关。由于亚氏将功能和目的联系在一起，可以说明为何“活动”和“完全”相关并体现出活动在目的论上的位置。[2] 该读法虽然看上去简单明了，却存在缺陷。首先，该解读虽被命名为“词源学的”，奇怪之处在于，既然“*energeia*”和“*entelecheia*”都是亚氏所创造的新词（neologisms），何谈其“词源”呢？麦金（S. Makin）本人也意识到了这一点。[3] 更重要的是，该解读无法令人满意地解释这段讨论对上下文论证起什么作用：如果亚氏只是通过诉诸这些概念的词源学关联（尽管这会令人感到奇怪）说明活动与其目的概念之间的联系，从而**一般性地**支持他诉诸目的论来论证活动的优先性这一策略，并对论证大纲中的小前提C提供某种支持（这是很弱的）。但我们依然会疑惑：亚氏加入这段说明**有何实质意义**？特别是，如何说明这段与它之前的讨论（教师的例子）之间的具体关系？这也

---

1 对比麦金接受词源学读法的英译文：“For (*gar*) the functioning (*ergon*) is the end (*telos*), and the actuality (*energeia*) the functioning (*ergon*), and that is why the name (*onoma*) ‘actuality’ (*energeia*) is employed with respect to the functioning (*kata to ergon*) and points towards (*sunteinō*) the fufilment (*entelecheia*).”

2 许多研究者都持该解读，比如：W. D. Ross, *Aristotle's Metaphysics*, Vol. ii, p. 264; Dancy, “Aristotle and the Priority of Actuality”, p. 93; J. Cleary, *Aristotle on the Many Senses of Priority*, The Journal of the History of Philosophy, Inc. (Southern Illinois University Press, 1988), p. 60; S. Makin, *Metaphysics Book Θ*, pp. 199–200; M. Gonzalez, *Priority in Aristotle's Metaphysics*, p. 161, n.78。毕瑞（J. Beere）强调这段通过 *ergon* 来建立 *energeia* 和 *entelecheia* 之间的联系（一般地 *energeia* 和目的论之间的联系），但他也部分地接受词源学解读（J. Beere, *Doing and Being*, esp. p. 162f., pp. 218–219）。伯尼茨（H. Bonitz）在其 *Index* 的相应条目中同样将这段视为对 *energeia* 这个概念的解释。

3 参见 S. Makin, *Metaphysics Book Θ*, p. 199。

恰恰是在上一节结尾提到有些学者会认为ETE关系提供的前提过于抽象甚至空洞的原因。但T4开头的“**因为**”(*gar*, 1050a21)表明，亚氏显然要对前面的论证尤其是关于教师的讨论提供更实质的说明，而不仅是给出一段词源学的一般性评论。

先来分析一下他关于教师例子的讨论(1050a16–19):

> [T5]而同样地在其他情形中也是如此，在目的在于运动的事物那里亦然，这也是为什么(*dio*)正如教师，当他们表明了[学生[1]]在活动(*energounta*)时，就认为他们达到了目的，自然(*hē phusis*)也是如此。

T5紧接着前面的讨论(1050a15–16)即:“质料(*hulē*)是以能力的方式，因为**它可以进入形式之中**(*elthoi an eis to eidos*)。”也就是说，质料可被赋予形式，由此以能力的方式所是的质料“进入”以活动的方式所是的形式。亚氏接下来对另一类情况——那些最终产生的是某种运动而不是某种实体或质—形复合物的例子进行讨论。他以教师为例来说明这类情况，还提示了不同于主动者(如教师)作用于**另一个**接受者(如学生)的能力，这就是自然(*phusis*)，即变化的本原在自身中的情况。[2]教师的目的(粗略地说)是教会学生运用某种知识或技艺。正如形式之于质料而言是目的，这里“*kinēsis*”即对习得技艺的运用之于能力(习得的技艺)而言是目的。[3]

T5这里可能面临的一个问题是：教学的目的似乎是让学生获取某种**能力**(如唱歌、演奏里拉琴的技艺或造房技艺)，那么能力而非活动是目的，从而优先(*cf.*

1 根据W. D. Ross, ἐνεργοῦντα sc. τὸν μαθητήν(分词ἐνεργοῦντα省略了作为主语的“学生”)以及S. Makin, *Metaphysics Book Θ*, pp. 11, 198。

2 关于“自然”和亚氏在Θ.1中讨论的严格意义上的能力之间的区别，参见J. Beere, *Doing and Being*, pp. 58–60。

3 在这里亚氏重申了Θ.6基于类比的论断(1048b8–9)，参见F. Gonzalez, “Bing as Activity”, p. 170。这些运动(在学生这里)既可能是自身就是目的的活动，比如唱歌、进行几何学证明等；也可能是目的在活动之外的活动，比如治病、造房子等。而教师(主动者)作用于学生(受动者)的教学活动也是目的在活动之外的活动。在Θ.6的“著名段落”(1048b18–35)，亚氏也已经区分了不包含目的于自身的活动(即*kinēsis*或不完全的*energeia*)和包含目的于自身的活动即(不加任何限定的)*energeia*。

1049b13）。但是亚氏强调，教师认为达到了其作为教师的目的，当且仅当学生们“**在活动**”（*energounta*, 1050a18）即**在运用**这一能力（如演奏里拉琴的活动）。因为这样才表明（cf. *epideixantes*, a18）学生真正习得了该能力。而学生习得某种能力是**为了**（***heneka***）运用它，运用或活动而非习得或具有才是目的（1049b10–14）。[1]同时，当教师达到其作为教师的目的，教师所拥有的知识（如演奏里拉琴的技艺）也得到了更完全的体现。与之类似，自然或那些在自身之为自身（*qua* itself）中引起运动或静止的本原的事物，如具有视觉能力（天生具有的能力，*cf.* Θ.5, 1047b31–35）的动物是**为了**进行看这个活动，或者说，看的活动是动物具有视觉能力的目的或功能。

亚氏进一步指出（1050a19–21），如果不是这样，即学生对所学能力的运用或活动并不表明教师达成了其目的，那么技艺或知识是“外在的”还是已经“内化了”（internalized）就是不清楚的。[2]一方面，对于（比如里拉琴的）学生来说，只有当他/她按照该技艺的特定方式在演奏里拉琴时，才展示出或才能辨认出该技艺是内化于学习者，还是外在于学习者；另一方面，对于教师，其教学活动的目的只有当学生在运用教授给他/她们的技艺时才得以完成。正是在学生那里（在教师之外）的这些活动，让教师辨认出是否达成了其目的或功能，即：教师所教授的知识或技艺依然外在于学生（仅内在于已经掌握该知识的教师自己），还是同样内在于学生或由学生掌握并运用。[3]通过**进行教学活动**，教师作为具有知识者之所是也得以完全，因为真正掌握了一门知识的标志在于能够（成功地）教授它，而真正掌握技艺或知识者同时也是这门技艺适合的教师（cf. *DA* II.5, 417b10ff., *Met.* A.2, 982a12–14）。从而，通过进行教学活

1 对这一段落的讨论，另见 J. Beere, *Doing and Being*, ch. 13。

2 亚氏将此情况与古希腊画家帕松（Pauson）的赫尔墨斯（Hermes）画像类比。这一令人费解的例子，参见 W. D. Ross, *Aristotle's Metaphysics*, Vol. ii, pp. 263–264. Cf. *Met.* Δ. 29 那里“伴有阴影的画作”（σκιαγραφία, shadow painting）的例子（参见 C. D. C. Reeve, *Aristotle Metaphysics, Translated with Introduction and Notes* [Indianapolis: Hackett Publishing, 2016], n. 613）。

3 注意内在—外在并不是在位置（position）的意义上理解的，即便实际上学生的活动发生在教师之外；而是在教师作为教师作为目的的功能达成与否的意义上讲的。另见 W. D. Ross, *Aristotle's Metaphysics*, Vol. ii, p. 264; Burnyeat *et al.* (Londinienses), *Notes on Eta and Theta of Aristotle's Metaphysics*, Study Aids Monograph Series (Oxford: Sub-faculty of Philosophy, 1984), p. 143。

动，教师在更充分的意义上达成了其作为知识者的目的或功能。换言之，从本体论上的依赖关系来看（根据模型 II），学生作为习得技能者，其所是或本质通过运用该技能的活动来解释（而不是反过来），因为后者是前者所为的目的或功能。同样，教师作为具有知识者，其所是或本质通过在学生那里运用其知识即进行教学活动来解释，反之则不然。

关于教师例子的讨论对理解 ETE 关系（1050a21–23）十分重要。因为这段讨论揭示出，功能或作为目的的功能与说明活动的优先性有着紧密联系。而亚氏在其他地方指出，**功能有两种用法**，或指活动或指结果。比如，对于自然能力的运用如看的活动，其功能**就是**活动，在造房活动那里功能则是某种结果（房子）。他在《欧德谟伦理学》（*Eudemian Ethics=EE*）的一个著名段落（II.11219a13–17）指出：

> ［T6］功能是以两种方式使用的（*legetai dichōs*）：（1）某些事物的功能不同于运用（*para tēn chrēsin*）。比如，建筑师的技艺的功能并不是建造活动而是房子［结果］，医术的功能并不是治疗活动，而是健康［结果］。（2）另一些事物，它们的使用就是功能。比如，视觉的功能就是看［活动］，并且数学知识的功能就是沉思［活动］。

这两种用法和作为目的的功能的关系暂且搁置（第四节讨论）。更紧迫的问题是：功能特别是作为目的的功能和活动的关系如何理解？亚氏对 ETE 关系的讨论提供了关键线索：根据我的解读，亚氏在 1050a21–23 是要通过作为目的的功能说明活动这个术语**在当前论证中的恰当理解**，即“**依据功能**”的活动，也就是在作为目的的功能意义上的活动。这样，亚氏在作为目的的功能和作为“存在或所是方式”的活动之间建立了紧密联系。这不仅说明了教师的例子中教学活动的恰当理解，也提供了论证大纲（T3）中**小前提 C** 即活动和目的的关联（1050a9：*telos d'hē energeia*）所需的关键说明：因为作为存在或所是方式的活动就是“依据功能”的活动，它和**作为目的的功能**紧密联系在一起。在这个意义上，活动就是生成的事物所为的目的，也就是有生灭事物的形式和本质（或本原）。[1]因而，亚氏在1050a21–23这里并不是说明活动和功能的词源学关系[2]，而是要指引读者应当如何理解在当前论证中活动这个术语：在教师的例子这里，是教学活动和作为目的的功能（教师之所是）的紧密联系；在更大的语境中是作为存在或所是方式的活动和作为目的的功能之联系。由此亚氏提供了小前提C得以成立的关键说明，最终支持了活动在实体上优先于能力的论证。

四、作为目的的功能与“依据功能”的活动

亚氏在1050a22–23还指出，在作为目的的功能意义上理解的活动“**朝向**完全”（*sunteinei entelecheia*）。先不论所谓“朝向”指的是什么（下文将会说明），完全也是“依据功能”或在作为目的的功能的意义上说的。在《形而上学》Θ卷开始，亚氏就已经指明了完全和功能之间的联系：

> ［T7］然而，由于存在或所是者（*to on*）一方面是说是什么（*tōi ti*）或怎样的（*poion*）或多少（*poson*），另一方面是说依据能力（*kata dunamin*）和完全（*entelecheian*），亦即（*kai*）依据功能，让我们对能力及完全（*entelecheia*）进行区分。（Θ.1, 1045b32–35）

T7是整个《形而上学》Θ卷中为数不多的地方亚氏用“完全”这个术语而不是更常见的活动和能力相对。[3]他对“完全”做了进一步说明：“亦即依据功能”（*kai kata to ergon*）或在作为目的的功能意义上来理解。另一处与1050a21–23平行的段落，亚氏说明了活动这个术语和完全的关系（Θ.3, 1047a30–1）：

1 根据第二节重构的论证大纲中隐含的前提。

2 最先强调了这一点的学者是门恩，参见S. Menn, “The Origins of Aristotle’s Concept of ἐνέργεια”。

3 另两处文本，参见*Met.* Θ.3, 1047b1–2; 7, 1049a5–6。

[T8] 该术语(*tounoma*)“活动”，它与完全(*entelecheia*)联系在一起(*pros ... suntithemenē*)，也从那些尤其是关于运动的情况扩展到其他情况。

在 T8 这里，他提醒正在读前五章(Θ.1–5)的读者，活动并不是只有和运动相关的使用，当在和“完全”相联系的意义上理解时，它还有超出目前情况的另一种理解。最终在 Θ.8 亚氏以**“依据功能”的活动**来刻画超出与运动相关的理解，也是对当下探究最有用的(*cf. chrēsimōtatē*, 1045b36)，因为这一理解表明活动何以在本体论上优先于能力。正如他在 T7 指出的，“完全”也是依据功能(作为目的的功能)来理解的，那么，当活动这个术语依据功能来理解时，也就是超出涉及运动的另一种理解：作为某种“存在或所是方式”。因此，结合 T7 和 T8 这两段文本，可以看出亚氏在 1050a21–23 并不是诉诸活动和功能以及完全和目的之间的词源学关系来支持他的论证，而是强调“活动”这个术语在此处(从 Θ.1 开始直到这里)讨论中的恰当理解，亦即**“依据功能”的活动**。

那么，亚氏如何说明“依据功能”这个短语呢？1050a21–23 这段文本提供了回答：“因为功能是目的”，亦即在作为目的的功能意义上。其中论述“因为功能是目的，而活动是功能”(简称为 P)[1] 有四种可能的解读，这取决于解释者将 P 的前半和后半部分看作同一性论断抑或是包含“如果”的条件句。[2] 出于“同情原则”(Principle of Charity)，应当认为亚氏并没有将事物的功能和目的相等同，对活动和功能，以及活动

1 1050a21–22: τὸ γὰρ ἔργον τέλος, ἡ δὲ ἐνέργεια τὸ ἔργον.

2 论述 P 的四种可能情况及其后果分别是：(1)如果 P 是 Q 的功能，那么 P 是 Q 的目的；Q 的活动是 / 等同于 Q 的功能；因此如果 P 是 Q 的活动，那么 P 是 Q 的目的。(2)Q 的功能是 / 等同于 Q 的目的；如果 P 是 Q 的活动，那么 P 是 Q 的功能；因此如果 P 是 Q 的活动，那么 P 是 Q 的目的。(3)如果 P 是 Q 的功能，那么 P 是 Q 的目的；如果 P 是 Q 的活动，那么 P 是 Q 的功能；因此如果 P 是 Q 的活动，那么 P 是 Q 的目的。(4)Q 的功能是 / 等同于 Q 的目的；Q 的活动是 / 等同于 Q 的功能；因此 Q 的活动是 / 等同于 Q 的目的。其中(1)和(2)分别面临一些困难。比如，亚氏并不认为在所有情况下事物的活动都等同于其功能，典型的例子是造房活动；而他是否将事物的功能等同于目的取决于这一点能否成立：如果二者是等同的，那么在所有方面二者都不可分辨(根据同一性的不可分辨原则，即莱布尼茨律)；但目的在亚氏通常指事物已经完成的状态，而功能并不一定如此，因此二者至少在某些特征上是可分辨的。而(4)同时面临着(1)和(2)的困难，(3)可以避免这些困难。因此，根据“同情原则”应当采取(3)。

和目的亦如此，他只是主张三者具有紧密的联系（ETE 关系）。

无论采取何种解释，重要的问题是该如何理解**作为目的的功能**。我认为，亚氏并没有提供一种“新的”关于功能的用法或与之相应的实在。而是要表明，正如在上一节 T6 那里，功能已有的两种用法（即**行动 / 结果**）还可以另一种方式理解，即：尽管（比如）眼睛或视觉能力的功能是某种活动（看），而医生或医术的功能是某种结果（健康）；但这两种用法及其关涉之实在还可以通过另一种方式理解，即：它们都是和这些能力或**能力的持有者**各自的目的关联在一起的，即能力是为了作为目的的功能。对于功能的另一种理解方式，可以借助**“纯（mere）行动”**和**“作为能力持有者的活动”**这个区分来说明[1]：纯行动自身不包含能力或能力持有者的目的（尽管在一些情况下行动就是目的），作为能力持有者的活动则包含相应的目的在自身之中。因此，在作为能力持有者的活动的意义上，看这个活动可以说**就是**视觉（自然能力）或持有这种感觉能力者（某类动物）的作为目的的功能；同样地，作为医术持有者（医生）的治疗活动也可以说**就是**医术或医生的作为目的的功能。[2] 这样，根据作为目的的功能就在这两种不同用法间建立起某种基于类比的关联，从而我们可以**无歧义地**用同一个功能概念意指两类不同的东西（活动 / 结果）。以上说明了作为目的的功能以及它和功能的两种不同方式间的关系。

进一步，亚氏将这另一种理解方式的功能（即作为目的的功能）和活动联系起来，强调活动这个术语在论证中应当是“依据功能”即在作为目的的功能的意义上理解，也就是超出涉及运动的活动：作为存在或所是的方式的活动。从以上讨论出发，活动（无论是目的在自身的活动、涉及运动还是作为实体），就其作为存在或所是的方式，是依据作为目的的功能来理解的，也就是在**作为能力持有者或活动者的活动**的意义

---

1 对比科斯嘉（C. Korsgaard）在不同的语境中（亚氏伦理学）引入的关于“行动 / 行为整体”（act/action）的区分，参见 C. Korsgaard, *The Constitution of Agency* (Oxford: Oxford University Press, 2008), ch. 5。这里的讨论受此启发。

2 医术作为理性能力，存在对它的相反的（不规范的）使用，比如用医术来害人。对理性能力和非理性能力的讨论，参见 *Met.* Θ.2。

上。[1]除了前面讨论过的教师例子，这一点也可以得到《形而上学》Θ.6的支持。亚氏在Θ.6通过本体论范畴上不同的事物（能力/运用、质料/实体或形式、无限以及在行动中不完全的运动/目的在自身的活动[2]）之间的类比关系说明活动—能力这对基础概念。例如，正如造房活动之于造房的技艺或造房者，类比于已经具有赫耳墨斯像的形式者（即已完成的雕像）之于它的质料，这里类比的关系就是对这些种类的活动和能力的另一种理解方式：作为存在方式的能力和活动。由上述类比关系显明的这种理解方式也就是**“依据作为目的的功能”的活动**，而这种活动包含目的于自身之中，即“朝向完全或完满”（***sunteinei*** *pros tēn entelecheian*, 1050a23）。

根据我的理解，“朝向”在这里是指**构成内在于自身的目的**。注意在亚氏给出的具体例子中，他实际上并没有这样说，比如：“造房活动之于造房技艺（能力）”“醒来这一活动之于睡眠”“看的活动之于视觉”。而是说“在造房者之于能够造房者”“醒来者之于睡眠者”“在看者之于闭眼却拥有视觉能力者”（1048a35–1048b6）。这表明亚氏关心的并非**纯行动**或由能力引起的运动[3]，而是**进行活动者或持有能力者**。更准确地说，他关注的是它们的某种存在或所是方式以及本体论上的优先性。以造房技艺为例，造房活动不仅是对造房技艺的运用或纯行动，我们也称正在运用该技艺进行造房

---

1 通常对*energeia*的翻译体现出活动和结果的歧义：活动（activity），与之相应地是作为能力——最首要的是在其他事物那里引起运动的能力——的*dunamis*（Θ.1-5主要讨论的）；现实性（actuality）可以指某种实际状态或结果（如已经造成的房子或已经持有或习得的知识或技艺），相应地是作为潜在性（potentiality）的*dunamis*。但如果本文的解读成立，那么这种做法既有误导性也不必要。对这种做法的质疑，还可参见A. Kosman, *The Activity of Being* (Cambridge, Massachusetts: Harvard University Press, 2013), ch. 3; J. Beere, *Doing and Being*, ch. 8; F. Gonzalez, “Bing as Activity”, pp. 123–191。

2 参见1048a35–1048b6。无限以及行动中的不完全的运动/目的在自身的活动的例子是在Θ.6剩下的部分讨论的（包括“著名段落”，1048b9–36）。关于这个段落是否属于Θ.6，参见M. Burnyeat, “*Kinēsis* vs. *Energeia*: A much-read passage in (but not of) Aristotle’s *Metaphysics*”, *Oxford Studies in Ancient Philosophy*, 34, 2008, pp. 219–292；对伯恩耶特（M. Burnyeat）观点全面的批判，参见F. Gonzalez, “Bing as Activity”, pp. 123–191。我接受贡扎茨（F. Gonzalez）哲学上的主张，即1048b18–35对于理解Θ卷整体论证特别是Θ.8中的论证不可或缺的。

3 类似另外两组例子，亚氏用完成时分词 τὸ ἀποκεκριμένον, τὸ ἀπειργασμένον（1048b3–4）强调的并不是变化，前三组关于能力—活动的例子也不是强调某个状态向另一种状态的转变，而是针对持有这一能力者和进行活动者。这也说明了这五组例子之间的类似性。更充分的讨论，参见T. Johansen, “Capacity and Potentiality: Aristotle’s *Metaphysics* Θ. 6–7 from the Perspective of the *De Anima*”, *Topoi* 31, 2012, pp. 209–220。

活动者为“造房匠”。因为对于造房匠而言，进行造房活动并不是一个单纯的运动[1]，而是**构成**他/她作为造房匠之所是的某种本质性的方式，即作为能力持有者或活动者的造房活动解释了造房匠（作为能够造房者）之所是或本质，反之则不然。因为前者是后者所为的目的或功能。从而造房活动还可以另一种方式理解即“依据作为目的的功能”的活动：**以活动的方式**作为造房匠之所是。

以上讨论说明了作为目的的功能与作为存在或所是方式的活动之间的关系。所谓“依据功能”即在作为目的的功能意义上的活动正是作为存在或所是方式的活动（1050a22-23），在这个意义上，活动构成内在于自身的目的，即“朝向完全”。由此，以存在或所是方式来理解的活动，无论有外在于活动的结果抑或活动就是目的，在本体论上（或在实体上）优先于能力。换言之，在作为目的的功能这个意义上的活动（无论何种类型）是有生灭事物的生成所为的目的，即该事物的形式和实体或本质，并最终指向一种最高的**目的在自身中的活动**（不动的推动者）。就具体的某类事物而言，则指向这类事物的作为目的的功能的**完全**。这就是功能—目的—活动的关系即ETE关系，下面尝试为此提供一个界定：

［ETE关系］当活动是在作为某种能力的持有者或（不依赖能力）进行活动者的活动意义上说时，它就是依据作为目的的功能来理解的，亦即作为存在或所是方式的活动，并朝向作为目的的功能的完全（*entelecheia*）。

通过ETE关系，可为亚氏这里作为哲学术语的功能，即作为目的的功能提供一个界定：

［作为目的的功能］对于任何具有功能的事物X，其作为目的的功能是对X如何以其作为存在或所是方式的活动达到完全（*entelecheia*）的说明（无论最终达成的结果就是活动抑或是不同于活动的结果）。

考虑到ETE关系所在的更大语境，我的新解读还揭示出ETE关系在（2.1）这部分的论证大纲及目的论论证策略中所起的作用，即通过ETE关系说明并建立作为存

1 因为造房者已经持有造房技艺（知识），可以在他/她想要的任何时候运用该技艺，在这里并没有运动。相关讨论参见 *Phys.* III.3; *DA* II.5。

在或所是方式的活动和作为目的的功能之间的紧密联系，进一步提供支持**小前提 C** 即活动是或者和目的紧密联系（1050a9）得以成立的关键说明。这也构成该解读的另一个优势。同时，ETE 关系并非像有的学者那样认为是抽象或空洞的（基于词源学的传统解读），相反，“作为目的的功能”这一理解更实质地说明了亚氏如何成功论证了活动是目的，从而在本体论上或在实体上优先于能力（依据论证大纲**隐含的前提**，见第二节）。这样本文的论证目标得到完成，即重新解读 ETE 关系尤其是作为目的的功能和作为存在或所是方式的活动的关系及其在活动优先性论证中的作用。

暂时的结论

本文围绕的核心问题，即亚氏关于功能，目的和活动关系（ETE 关系，Θ. 8, 1050a21–23）讨论之要点和重要性，获得了不同于通常“词源学”解读的一种全新理解。本文讨论了两个相关的具体问题：一是作为目的的功能和功能的两种使用即活动和结果之间的关系；二是作为存在或所是方式的活动和作为目的的功能之间的关系。特别是，我通过对作为目的的功能以及它和作为存在或所是方式的活动关系的说明，提供了对 ETE 关系的全新刻画。文本的解读有别于对（在有生灭事物那里）活动优先性论证的有误导性的理解，即亚氏在论证的“大纲”部分（1050a4–10）已经完成了所有必要的证明工作，接下来的讨论只是表明在不同情况下都能适用该结论。相反，我们看到他在下文为论证大纲提供了进一步的“补充条款”，即 ETE 关系的讨论。区别于“词源学”的解读，我认为正是在这段讨论中亚氏提供了论证大纲里小前提 C，即活动是目的得以成立的关键说明。由此也说明了 ETE 关系在亚氏证明其哲学史上影响深远的论点，即活动在实体上优先于能力的论证中所起的实质作用。最后，以引出一些值得继续探讨的问题作结：根据我对 ETE 关系的解读，亚氏在回应“柏拉图主义立场”（第一节）上诉诸了对本质和本体论依赖关系的**非**模态理解（即模型 II），如何根据 ETE 关系反过来促进对本质的非模态模型的理解？这不仅是一个解释性问题，也是一个有趣的哲学话题。[1] 此外，ETE关系如何确保这样一类目的**在活动之外**的活动，即所谓传递性活动（transitive activity），如制作鞋子的活动自身也是目的[2]（从而亚氏在这类活动上如何证明活动在实体上优先于能力），也是一个值得继续讨论的问题。

（本文作者为浙江财经大学副教授）

1 当代形而上学已有的基于亚里士多德主义或“新亚里士多德主义”立场的相关讨论，除上文提及的法恩（K. Fine）的讨论外，还可参见 K. Koslicki, “Essence, Necessity, and Explanation”；以及她最近的专著 *Form, Matter, Substance* (Oxford: Oxford University Press, 2018), ch. 4。

2 本文的核心问题与这个问题可以独立。与传递性活动相对的是目的就是活动自身的这类活动。可以称这类活动为“非传递性活动”。在亚氏那里前一类的“范例”是生产性的技艺活动，比如造房活动；后一类典型例子是看的活动或理论沉思活动（如 *EN* I.1; *EE* II.1; *Met.* Θ.8, 1050a23–b2）。

亚里士多德论“理性的想象表征”与实践思考

杨婧仪

一、引 论

当我们谈论“思考”时，我们直觉上会认为这是一种抽象的、理性的认知活动。在日常生活中，我们不仅常常面对关于理论知识的“是什么”和“为什么”的思考，也无时无刻不在进行着关于一些具体的事情“怎么做”的思考。“实践思考”即是这种认知活动与实践行动之间的桥梁，是一种以行动为导向的理性思考。

关于实践思考如何进行，古希腊哲学家亚里士多德在《尼各马可伦理学》第七卷第三章提出了著名的“实践三段论”，用以刻画这类思考所遵循的基本范式：

> 举例而言，如果所有甜的东西都必须被品尝，而这是一个甜的东西，那么必然地，一个有能力且不受外在阻碍的人就会这么做（品尝这个甜的东西）。[1]

从这个例子中我们可以看出，一个由理性推动的实践行动需要经过两步骤的思考，且这种思考是围绕行动的对象展开的：第一步，即三段论的大前提，刻画的是某一

1 《尼各马可伦理学》第七卷第三章，1147a29-31。若无特别说明，本文引用的亚里士多德原作选段均为笔者从古希腊语直译，主要参考文本为 W. D. Ross, *Aristotelis De Anima, the Oxford Classical Texts* (OCT) (Oxford University Press, 1956)。部分术语的中译参考陈玮译亚里士多德《论灵魂》，北京大学出版社 2021 年。

类对象和针对这类对象必须采取的行动之间的普遍关系。[1] 第二步，即三段论的小前提，则聚焦某个特定的对象，将其识别为从属于上述类型的个体。由这一大一小两个前提演绎推导出的结论，也就是关于这一特定对象必须采取的行动。

在亚里士多德的哲学体系中，这一模型面临两个问题。首先，“实践三段论”的结论是一个人在具有能力且不受阻碍的情况下做出的行动，那么理性思考如何过渡到实际行动就成为第一个问题。亚里士多德在其写作中反复提到，人的理性能力就其自身而言无法推动行动：

> 理性考量（τὸ λογιστικόν）和被我们称为努斯（νοῦς）的能力都不是推动者。[2]
>
> 思考（διάνοια）自身不推动任何东西，但是实践性的和为了某一对象的思考能够推动行动。[3]

可见，要使得“实践三段论”的结论转化为行动的起点，需要一种不同于单纯的理性思考的心理能力，这一能力必须能够参与实践思考，并将三段论的推理过程有效地连接到指向某一特定对象的行动。

“实践三段论”所面临的第二个问题涉及这一推理的两个前提所对应的思考能力与各自对象之间的关系。在我们引用的例子中，大前提是一个普遍命题：“所有甜的东西都必须被品尝。”其中作为对象的是一类事物的集合，即所有“甜的东西”。而小前提则是一个单称命题，聚焦一个具体的对象，突出其与大前提中的对象集之间的所属关系：“这是一个甜的东西。”在《尼各马可伦理学》第六卷第八章，亚里士多德将实

---

1 本文重点关注的实践行动，即亚里士多德的 πρᾶξις 概念的一般解读，特指由理性行动者主动做出的指向特定目的的行动，区别于无意向性的肢体运动、不自制状态下的非自愿行动和非理性主体出于本能冲动或知觉条件反射而做出的运动。

2 《论灵魂》第三卷第九章，432b26-27。亚里士多德哲学中的“努斯”概念含义十分复杂多变，有时泛指理性能力，有时专指更高阶的思辨和理解的能力，因此本文保留这一古希腊语词的音译，必要时就具体语境中这一概念的意义进行标注。

3 《尼各马可伦理学》第六卷第二章，1139a35-36。

践智慧（φρόνησις）的对象与以努斯为首的思辨理性的对象区分开来：

> 努斯是关于不可推论的（普遍）事物的，而实践智慧是关于个别事物的。后者不是知识（ἐπιστήμη）的对象，而是知觉（αἴσθησις）的对象。[1]

与此同时，尽管实践智慧的对象与知觉对象重合，实践思考并不像知觉活动那样被动，前者作为一种思考活动与其他理性主导的活动一样具有自主性：

> 知觉活动是关于个别事物的，而知识是关于普遍事物的——这些普遍事物某种意义上在灵魂自身之中。因为思想（νοῆσαι）具有自主性，无论何时都能凭意愿进行，而知觉不具有自主性，因为知觉对象必须在场。[2]

由此可见，为了给实践三段论提供一个作为行动目标的对象，就需要有一种心智能力，能够识认出某一个别事物作为小前提的对象。这一能力必须区别于努斯或单纯的思辨理性，因为以理论知识为目的的思辨理性仅关乎灵魂自身之中的普遍对象，而不能直接指向存在于世界之中的个别对象。与此同时，虽然知觉是关于个别事物的，但知觉活动的运作并不由我们做主，而依赖于知觉对象的在场。因此，如果在实践三段论中起作用的能力是知觉，那么任何实践思考都将无法涉及我们当下的知觉所及范围之外的事物或任何尚不存在的事物——父母将无法规划几点接孩子放学，工程师将无法设计建造一座新建筑——这显然是说不通的。所以，我们寻找的这种心智能力还必须具有自主性，能够为实践思考主动提供对象。

---

1 《尼各马可伦理学》第六卷第八章，1142a25–26。这句话翻译的困难在于如何理解关于努斯对象的说明 ὧνοὐκ ἔστιλόγος: Irwin（1999）将其译为［those］that have no account of them；Reeve（2014）译为 of which there is no reason。本文采纳后者的解读，即认为努斯的对象是无法被进一步推论（而不是无法被定义或描述）的理论科学的出发点，也就是亚里士多德意义上的普遍的事物。Terence Irwin, *Aristotle Nicomachean Ethics* (Hackett, 1999). C. D. C. Reeve, *Nicomachean Ethics/Aristotle* (Hackett, 2014).

2 《论灵魂》第二卷第五章，417b22–26。

本文试图论证，在亚里士多德的哲学体系中，有一种心智能力可以同时满足这两个要求：“想象表征”（φαντασία），尤其是理性主体所特有的“理性的想象表征”（φαντασία λογιστική），在理论思考和实践思考中都发挥着重要作用。在接下来的小节中，笔者将详细讨论亚里士多德对理性主体的想象表征能力的刻画，重点关注这种基于知觉的表征能力如何与理性认知相结合，从而在实践思考中起到连接个别事物与普遍前提的作用。

二、“理性的想象表征”概念在亚里士多德心理学中的模糊性

古希腊语的“想象表征”一词在英文中常常被翻译成“想象”（imagination, Shields, 2016; Hicks, 1907）、“印象”（impression, Long & Sedley, 1987）、“表象”（appearance, Irwin & Fine, 1995）、“表现”（presentation, Beare, 1908），或“表征”（representation, Caston, 2004）。[1] 本文取“想象”和“表征”的结合，意在同时保留前者作为一种心理能力的自主性和后者依赖于知觉经验的特点。在亚里士多德的心理学哲学中，“想象表征”作为一种基于知觉但又区别于知觉的表征能力，可以脱离于质料地在心灵中产生“像”（φάντασμα）。[2] 需要注意的是，正如中文语境下“知觉”“想象”“思想”等词既可以表示对应的心理官能及其运作，也可以表示由这种心智活动所产生的心理内容，

1 Christopher Shields, *Aristotle De Anima* (Oxford, 2016). Robert Drew Hicks, *Aristotle De Anima* (Cambridge, 1907). Terrence Irwin and Gail Fine, *Aristotle Selections* (Hackett, 1995). J.I. Beare and G. R. T. Ross, *Aristotle The Parva Naturalia* (Oxford, 1908). Victor Caston, “The Spirit and the Letter: Aristotle on Perception”, in Ricardo Salles (ed.), *Metaphysics, Soul, and Ethics: Themes from the work of Richard Sorabji* (Oxford, 2004), pp. 245–320.

2 《论灵魂》第三卷第八章，432a9–10。“想象表征”（φαντασία）和“像”（φάντασμα）在古希腊语中是同源词，词根来自“光”（φῶς），但是要注意无论是“想象表征”还是“像”都不局限于视觉对象，因此本文避免用英译常用的“图像”（image）来翻译 φάντασμα。关于脱离于质料地在心灵中产生“像”，亚里士多德认为知觉是对质料与形式复合而成的事物的形式的接受（《论灵魂》第二卷第十二章，424a17–19），而“像”的产生恰恰不依赖对象本身具有质料性的存在。

古希腊语的“想象表征”一词也既可以指代上述的心理能力，又可以和“像”混用来指代这种能力的产物。

亚里士多德最集中的关于“想象表征”的探讨出现在《论灵魂》第三卷第三章，其中区分了“想象表征”、知觉和思考三个概念：“‘想象表征’与知觉和思考都不同，并且没有知觉就不会产生‘想象表征’，且没有‘想象表征’就没有断定（ὑπόληψις）。”[1]在《论记忆》第一章中也有类似的表述：“没有‘想象表征’就不可能有思想（νοεῖν），因为在思想中产生的是一种和在作图（διαγράφειν）中一样的感受（πάθος）。”[2]除了是所有理性认知活动的必要条件，“想象表征”之所以对实践思考至关重要，还在于它在动物的运动中起到关键作用：

> 似乎这两样东西可以推动运动：欲求或努斯，如果我们把“想象表征”也视为某种思想（νόησις）。因为很多人依据与知识背道而驰的“想象表征”行事，并且在其他动物中既没有思想也没有理性考量（λογισμός），而只有“想象表征”。因此，努斯和欲求两者都能推动空间中的运动，其中，努斯是为了某一对象的理性考量，且是实践性的，而在目的上区别于理论性的思考。[3]

这段话引人注目的是，“想象表征”被纳入广义的“思想”范畴中，作为和欲求并列的推动运动的因素。在同一章的末尾，亚里士多德点明了这两者之间的关系：

> 只要一个动物具有欲求，它就能够自我推动，而如果没有“想象表征”就不会有欲求。一切“想象表征”都要么是理性的（λογιστική），要么是知觉性的

1 《论灵魂》第三卷第三章，427b14–16。

2 《论记忆》第一章，449b30–450a2。这两处文本中“想象表征”都应当作“产物”解。感受（πάθος）一词在其他语境下可能表示情感或情绪，但此处仅是一种一般意义上的经历活动。

3 《论灵魂》第三卷第十章，433a9–15。注意这段话开头的连接词是互相兼容的“或”，即欲求和努斯都是运动的推动者，但是并未说明二者中的哪一项或两项是运动的必要条件。

（αἰσθητική），而后者是其他动物也具有的。[1]

这段话表明，“想象表征”有两种不同类型，其中“知觉性的想象表征”可以推动一切具有知觉能力的动物的运动，而“理性的想象表征”则为有理性的人类所独有。亚里士多德在下一章换了一种对同一概念的表述：

尽管其他动物也拥有知觉性的“想象表征”，思虑性的（βουλευτική）“想象表征”则仅属于理性的动物，因为（思考）要做这件事还是那件事已经属于理性能力的运作。[2]

研究者一般认为这两处文本中分别提到的“思虑性的”想象表征和“理性的”想象表征之间的区别仅仅是措辞上的，因为这两个形容词的动词词根“λογίζεσθαι”和“βουλέυεσθαι”都可以泛指一种实践性的理性思考，其中包含了考虑方案、制订计划等导向具体行动的步骤。[3] 因此，在下文中我将主要使用“理性的想象表征”这一表述来指代这类有理性的动物所特有的、与实践行动相关的“想象表征”。

关于如何理解“理性的想象表征”这一概念，我们需要回顾亚里士多德关于“想象表征”和知觉的对比。亚里士多德在《论梦》第一卷提到：

“想象表征”的官能（τὸ φανταστικόν）和知觉官能是（在数量上）相同的，但是在本质上不同。[4]

---

1 《论灵魂》第三卷第十章，433b27–30。从这两段引文可见，亚里士多德关于动物运动的心理机制的讨论离不开他关于欲求的讨论，但由于主题和篇幅所限，本文将略过详细探讨欲求的部分，而专注于“想象表征”和实践思考之间的关系。

2 《论灵魂》第三卷第十一章，434a5–7。

3 相关讨论参考 Hendrik Lorenz, *The Brute Within* (Oxford, 2006), p. 178。

4 《论梦》459a15–17。

这句话表明，“想象表征”并不是独立于知觉和理性的第三种心理官能，而是知觉官能本身的另一种功能，例如做梦就是知觉官能在睡眠中（没有知觉对象的质料的情况下）凭借“想象表征”这一功能产生的类似知觉的心理活动。[1] 那么，“想象表征”是否仅仅是附属于知觉的一种类似幻灯片式的放映功能？做梦的例子似乎把我们引向这样的图景，即“想象表征”的过程虽然不依赖于质料性的对象，但在运作时和知觉一样缺乏自主性，更难有理性介入的余地。不仅如此，绝大多数亚里士多德的文本在提到不加限定的“想象表征”时似乎都应作“知觉性的想象表征”解，这就使“思虑性的”想象表征和“理性的”想象表征这两个仅在《论灵魂》第三卷各出现过一次的表述显得更加孤立难解。如果我们将记忆和梦境场景下的“想象表征”理解为类似视觉暂留现象中的对知觉印象的简单复现，那就很难解释这样的心理功能为何可以被“理性”所谓述，以及为何这一能力会对实践思考和行动有帮助。也正是因此，一部分学者将亚里士多德的“想象表征”看作一个涵盖了所有非典型感知觉经验的非常松散的概念集合。[2]

然而，对亚里士多德而言，人的知觉也并不是一种完全被动、接受性的官能，而是有理性参与的空间。[3] 在《尼各马可伦理学》第六卷第十一章有如下刻画：

> 因为普遍的事物是从个别的事物中得到的，我们必须具有对这些（个别的事物）的知觉，而这种知觉就是一种努斯。[4]

这里古希腊语的努斯（νοῦς）一词在英译中一般被翻译成“理解”（understanding）[5]，

1 《论梦》459a18–22。

2 相关讨论见 Malcolm Schofield, “Aristotle on the Imagination”, in Jonathan Barnes et al. (eds.), *Articles on Aristotle, Vol. 4: Aesthetics and Psychology* (London: Duckworth, 1979), pp. 103–132, 112。

3 关于亚里士多德“理性知觉”这一问题的最新详尽讨论，参考 Marc Gasser-Wingate, “Aristotle on the Perception of Universals”, in *British Journal for the History of Philosophy* 27. 3 (2019), pp. 446–467。

4 《尼各马可伦理学》第六卷第十一章，1143b4–5。

5 Terence Irwin, *Aristotle Nicomachean Ethics* (Hackett, 1999). C. D. C. Reeve, *Nicomachean Ethics/Aristotle* (Hackett, 2014).

而这种知觉性的努斯应当就是一种基于理解的表征，正如“想象表征”在《论灵魂》第三卷第十章中也被宽泛地视为一种思想。[1] 这种知觉性的努斯可以被当作一种“理性的想象表征”，我们能对知觉的对象即个体事物产生半知觉性的表征内容，而这种可以由我们自主产生和复现的半知觉内容就包含了我们对于个体事物的理解性把握。

然而，无论是“理性的想象表征”还是“知觉性的努斯”，理解这类概念的最大困难都在于如何将知觉和理性这两种看似分立的心理官能相提并论，糅合进“想象表征”这一特殊的心理功能之中。如果“想象表征”和知觉同属于一种心理官能，我们就必须辨析清楚它和一般意义上仅仅是被动接受的知觉有何不同，以及它在什么意义上能成为“理性的”。对于上述引用的《论灵魂》中提到“思虑性的想象表征”的段落，Hankinson 提供了一种有帮助的解释：“这种发达的想象能力，即思虑性的‘想象表征’包含了评估、比较、测量等能力。这段话也表明了在什么意义上这一能力是由我们自己主导的。”[2] 这一解读强调了“理性的想象表征”的两个特点：在知觉表征的复现之外它可以执行实践思考所需要的超出知觉本身的理智功能，并且这种能力的运用是由我们自主控制的。也就是说，“理性的想象表征”可以满足我们一开始提出的对承担“实践三段论”小前提的心理能力的要求，即这种能力必须能够任由我们自愿地为思考提供对象——这一要求是简单的知觉复现无法做到的。另一方面，评估、比较和组合的功能即是“想象表征”中的理性所在。在这一方面，“想象表征”的概念最接近我们今天所说的想象和直觉。一团明亮温暖的色彩被识别为橙色，一瓶透明的液体被认作水，家乡的民谣被谱写为新的音乐作品——这些心理活动都有“想象表征”的参与，而它们同时也是理性活动：通过归纳推理我们判断超市货架上售卖的透明瓶装液体是水；艺术家依据独特的审美情趣组合听过的旋律创造音乐而非随机的噪音；建筑师凭借物理知识将一砖一石砌成拔地而起的大厦——从这些例子中可见，与“理性的想象

1 《论灵魂》第三卷第十章，433a9–10。注意努斯（νοῦς）和思想（νόησις）在古希腊语中是同源词，一般而言后者是前者运作的产物。

2 R. J. Hankinson, “Perception and Evaluation: Aristotle on the Moral Imagination”, in *Dialogue* 29 (1990), pp. 18–39.

表征”相关的人类认知功能是在简单的知觉反应和纯粹的理性思辨之间的、在理性指导下对感知觉内容的再次处理和运用。

三、“理性的想象表征”、思考和信念

至此，我们看到“理性的想象表征”和知觉的区别在于，前者和理性能力一样具有自主性，并且可以承担实践思考中初步的评估和比较。我们需要进一步考察它和其他从属于理性的心理能力之间的关系：“理性的想象表征”如何与我们的思考、信念和判断互动——它是否算作一种包含判断的信念，还是先于任何判断？在和知觉做出区分之后，它又应当如何区别于简单的思想？这些是亚里士多德在《论灵魂》第三卷第三章提出的问题：

> 它（“想象表征”）是否是从属于以下几种我们借以分辨、判断真与假的能力或状态？这样的（能力或状态）有知觉、信念、知识和努斯。[1]
>
> 剩下的就是看它（“想象表征”）是否是信念，因为信念也是既有真也有假的。但是信服（πίστις）随信念而至，（因为人不可能相信一些他认为没有说服力的事，）但是对任何动物来说都不存在信服，然而很多动物都有“想象表征”。进一步，所有信念都伴随着信服，而信服伴随着被说服的状态，而说服伴随着理性（λόγος）。而在一些动物中间有“想象表征”，但没有理性。[2]

我们注意到，在《论灵魂》第三卷第三章中并没有关于人类的“想象表征”和理性

1 《论灵魂》第三卷第三章，428a3–5。

2 《论灵魂》第三卷第三章，428a18–24。Ross 在文本评注中提到，尽管所有抄本中都有 a22–24 行这句话（引文的“进一步……但没有理性”），但 Biehl 建议将此句删除，因为仅仅是对前一句 a19–22 换了一种说法。笔者认为这句话在对“想象表征”与信念之间关系的解释上是有推进的，因此保留作为论据。

之间关系的正面表述，而上述引用的文本仅仅否认了动物所具有的这种“想象表征”是信念，因为信念必然以理性为前提，但是没有否认人类可以有先于信服和信念、但同样以理性为前提且具有真值的“理性的想象表征”。

关于“想象表征”和思想之间的关系，在《论灵魂》第三卷第八章的最后，一处残缺非常严重（也因此很有争议）的文本中可以找到一个线索：

> “想象表征”也与肯定和否定不同，因为真和假的东西是思想的交织。那么在什么方面最初的思想（πρῶτα νοήματα）和“像”（φαντάσματα）有所不同呢？这另一些东西（最初的思想）不是“像”，但它们也不能脱离于“像”。[1]

这里亚里士多德首先澄清了“想象表征”和信念与判断的区别，即前者不包含肯定和否定，而正是这两种态度使得“思想的交织”成为真的和假的。但要注意，这一描述并不排除一种可能性，即运用“想象表征”可以产生一种初步的、尚未被肯定或否定的思想，比如试探性的设想或者所谓的“冒出来”的念头。它们可以以半知觉的“像”的形式呈现，例如对某一未来场景（如过年与家人团聚）的想象，这种想象包含概念内容（如时间、地点、人物等），但是在产生的一刻并不会被我们判断为是真的或假的。这种可能性推动了后文关于“想象表征”的产物，即“像”与“最初的思想”之间的比较。Shields 在评注中将后者解释成“未被‘交织’的，次于命题但是可用以互相谓述以产生具有真值的命题的概念”，同时，他提议将这里的“最初的”（πρῶτα）一词理解为“最接近感知觉的”，这就使这种“最初的思想”

1 《论灵魂》第三卷第八章，432a10–14。此处有一个文本差异：Ross 的文本写作 τὰ δὲ πρῶτα νοήματα τί διοίσει τοῦ μὴ φαντάσματα εἶναι; Siwek 和 Hicks 的 文 本 均 作 τὰ δὲ πρῶτα νοήματα τίνι διοίσει τοῦ μὴ φαντάσματα εἶναι; Shields 的英译取前者，本文翻译取后者，但表达的含义相似。关于后一句话中“这另一些东西”（τἆλλα）的指称对象也存在争议：Hicks 的英译将其当作“最初的思想”之外的其他概念（neither these nor the rest of our notions are images），而 Siwek 的拉丁语翻译将其作为“最初的思想”的同位语（ita neque reliqui conceptus sunt phantasmata），Shields 则做了模糊处理（even the others are not images）。本文取第二种理解，即认为这里说的“另一些东西”就是“最初的思想”。Paweł Siwek, *Aristotelis de anima libri tres* (Universitatis Gregorianae, 1954).

与“像”的近似性更为凸显。[1]事实上，我们和一个单纯只是“被想到”的思想之间的关系和我们脑海中浮现出的一个画面是非常类似的：区别于信念和知识，仅仅是“被想到”的思想只在我们想到它的当下与我们产生联系，而只有经过肯定和否定，我们才会形成与之相关的命题态度。遗憾的是，在抛出了这个问题后，由于这一章后文残缺严重，我们并不能从文本中得到更多如何区分二者的线索，而只得到一个间接的刻画：这另一些东西（即“最初的思想”）不是‘像’，但它们也不能脱离于“像”。

事实上，在亚里士多德的认知哲学中，不仅实践思考，就连理论思考也不能脱离于“像”。这就意味着，我们每时每刻的所思所想，无论是关于普遍对象还是关于个别对象的，都有“想象表征”的参与。这一命题在《论灵魂》第三卷第八章中得到论证：

> 因为在可被知觉的量之外似乎并没有东西独立存在，而可被思考的东西正是存在于可被知觉的形式之中的，包括我们经由抽象所说的（普遍概念）和那些关于可知觉对象的状态和感受。且正因如此，不能知觉的人既不能学习也不能理解，而当我们进行理论思考（θεωρεῖν）的时候，我们必然同时在思考一种“像”。[2]

这一论述在亚里士多德的文本中并不是孤例，而在《论记忆》第一卷有直接的呼应，其中给出了详细的关于伴随“像”的思考如何进行的刻画：

> 因为关于“想象表征”我们之前已在《论灵魂》中讨论过，并且思考是不能脱离“像”的——因为在思想中发生的感受就恰如在作图中的一样。因为在后一种情形下，尽管我们不是为了证明或以任何方式利用（我们所画出的）三角形的量

1 Christopher Shields, *Aristotle De Anima* (Oxford, 2016), p. 347.

2 《论灵魂》第三卷第八章，432a3–9。

（如边长、面积）是确定的这一事实，我们仍然将其画成具有确定量的。一个人在思考的时候也是同样，即使不思考量（不以某种量为思考对象），还是会在眼前假定一个量，虽然并不将它作为量去思考。而如果（被思考对象的）自然（φύσις）是具有量的，但这个量是不确定的，那么一方面他会假定一个确定的量，另一方面会仅仅将它作为（不加限定的）量来思考。[1]

这段话详细解释了“想象表征”为何在关于抽象的和不确定的对象的思考中也不可或缺。[2]由此可见，“理性的想象表征”和努斯的关系比我们一开始设想的更紧密：即便是在思考抽象和普遍的对象的时候，我们都必须借助具有确定的可见量的表征来思考——如果我们这时候回顾“实践三段论”的框架，就会发现即使是大前提都必须在“想象表征”的辅助下被思考。例如，当我们想到“所有人类都是有理性的”这一命题时，我们不可避免地需要在脑海中表征出某个个别的人和他/她所表现出来的理性的具体方面，而无法通过纯粹抽象的方式来思考这一普遍命题。

这里有必要澄清，本文讨论至此的结论仅仅是所有形式的思考，无论是关于普遍对象的还是关于个别对象的，都包含“理性的想象表征”的运作。我们还没有解决的问题是，“理性的想象表征”的运作本身是否就构成了一种思考，而它的产物是否可以是一种思想。注意在前面引用的《论灵魂》第三卷第八章最后的段落中，亚里士多德并没有说“最初的思想”不能是“想象表征”的产物——这里措辞上的细微差异非常重要，为方便讨论我们在此重复引用：

“想象表征”也与肯定和否定不同，因为真和假的东西是思想的交织。那么在什么方面最初的思想和“像”有所不同呢？这另一些东西（最初的思想）不是

1 《论记忆》449b30–450a7。引文括号内的解释性文字为笔者所加。

2 虽然在《论记忆》中基于知觉的“像”的必要性从实践思考扩大到关于抽象和普遍事物的理论思考，《论灵魂》第三卷第五章刻画的独立的、不受影响的、纯粹的、作为现实性实体的“主动努斯”仍然可能是一个例外。由于本文重点关注的是实践性的思考，在此暂时搁置这一备受争议的主题。

> “像”，但它们也不能脱离于“像”。[1]

注意原文在前一句中使用的是可以指称一种心理能力及其运用的“想象表征”一词，而后一句否定的是“最初的思想”和“像”这一心理产物之间的等价关系。这就并未排除一种可能性，即“最初的思想”是“理性的想象表征”运作的另一种产物，这种产物不同于以图像为代表的知觉性的“像”，但与之紧密结合，作为从知觉表征到概念思考的过渡中介。我们因此可以推测，无论是在理论性的还是实践性的认知活动中，“理性的想象表征”都为进一步的思考提供了那些先于判断的关于个体对象的“最初的思想”。

这一推论的困难在于，如何理解经由“想象表征”思考——如果“想象表征”就其本身而言是一种半知觉性的心理能力，而理性思考的出发点是关于个体的、不能脱离于知觉性的“像”的“最初的思想”，是否我们最初的思考过程就是一种对“像”的排列组合，而最初的推理就是从经验提供的作为前提的“像”中组合增减出新的作为结论的“像”？这或许正是亚里士多德的想法。除了上述引用自《论记忆》的片段，我们在《论灵魂》中也能找到对这一猜想的支持：

> 理性能力（τὸ νοητικόν）通过“像”思考一些形式，并且正如在这些东西（“像”）中，可追求的和应回避的东西被它（理性能力）区分，即使在知觉之外，无论何时“像”呈现在一个人面前，他 / 她都会被推动。[2]

这段话刻画了实践性的思考如何从对作为素材的“像”的处理出发，经过区分和价值评估得到作为结论的包含价值判断的“像”，从而推动行动。需要注意的是，这种经由“想象表征”做出的价值判断并不能保证是正确的：

1 《论灵魂》第三卷第八章，432a10–14。

2 《论灵魂》第三卷第七章，431b2–5。

努斯是完全正确的；欲求和“想象表征”则既有正确的也有不正确的。[1]

在《论灵魂》第三卷第十章的开头，亚里士多德谈到许多人会依据和知识相反的“想象表征”行事，就像其他没有知识和理性的动物那样。这表明，即使“想象表征”有时在文本中被和努斯混用（见《论灵魂》第三卷第十章，433a9–10），大部分情况下前者指涉的是一种在规范意义上比努斯更弱的思考能力，这种能力可以在人们相对不完善的理性行动中作为主导。这与我们的生活经验是相符的：即便人类作为有理性的动物具有正确的努斯，很多人在实践中仍然并非是完全理性的，而是像其他动物一样任由随时可能犯错的“想象表征”来指导行动。由此我们可以推论，当亚里士多德说人类有“理性的想象表征”时，他并未在强规范性的意义上使用“理性的”这一形容词，也就是说，这里的“理性的”这一谓述并不像努斯及其对象所被规定的那样蕴含了正确性，而仅仅在一种较弱的意义上说“想象表征”在人类灵魂中是受到理性的指导，并可以以理性的方式运作的。[2]

四、“理性的想象表征”在实践思考中的作用

至此，我们可以回到实践领域并试图解决在第一节中抛出的问题：（1）在亚里士多德的“实践三段论”中，理性思考如何过渡到作为结论的行动；（2）在“实践三段论”中，某个特定的个体如何进入小前提而被认作行动的对象。我们已经通过对“理性的想象表征”的剖析大致对（2）给出了回应：正因为人类具有结合了知觉与理性能力的“理性的想象表征”，这一认知功能使得我们可以从对个体事物的感知中产生包含价值评估的“最初的思想”，从而形成关于这一事物的可作为“实践三段论”小前提

1 《论灵魂》第三卷第十章，433a26–27。

2 关于这种较弱意义上的理性，参考《尼各马可伦理学》第一卷第十三章末尾对于灵魂中能够“听从理性”的部分也在某种程度上具有理性的刻画。

的认识内容。我们还没有深入考察过（1）的问题，即实践思考如何能以行动作为结论。关于这一问题，亚里士多德在《论灵魂》第三卷第十章提供了如下线索：

> 行动的推动者在形式上是单一的，即欲求的能力，就其作为欲求的能力而言——但在所有之中最初的（行动推动者）是被欲求的对象；因为它经由被思考（νοηθῆναι）或被表征（φαντασθῆναι）而推动行动，但是自身不被推动——而在数量上，行动的推动者是多于一个的。[1]

这段话提到了一个重要的论点，即行动最初的推动者是自身不被推动的被欲求的对象，而我们的灵魂经由思考或“想象表征”与这些对象建立联系，这一联系的结果是关于个别事物和它们的特征的思想，也即是我们在上一节谈到的作为“理性的想象表征”的产物的“最初的思想”。值得注意的是，在原文“经由被思考或被表征而推动行动”的表述中，“或”这一连接词有两种解释空间。我们可以将“被思考”和“被表征”读成两种互不兼容的情形，前一种对欲求对象的认知途径，即思考，是仅限于人类的，而后一种，即“想象表征”，是仅限于其他不具有理性能力的动物的。然而基于我们之前的关于思考和“理性的想象表征”之间关系的讨论，这里的“或”更可能指涉的是一种两者兼容的关系，即泛指行动主体用以把握具体的欲求对象的方式，既可以是思想，也可以是“想象表征”：这两个概念在人类身上指向同一种认知能力，即包含理性和知觉性两种面相的“理性的想象表征”，而在没有理性的动物身上，被欲求对象推动只存在后一种情况，即通过（知觉性的）“想象表征”。这种兼容性的读法在《论灵魂》第三卷第十章的前文中可以找到支持：

> 因为很多人依据与知识背道而驰的“想象表征”行事，并且在其他动物中既没有思想也没有理性考量，而只有“想象表征”。因此，努斯和欲求两者都能推

1 《论灵魂》第三卷第十章，433b10-13。

> 动空间中的运动，其中，（这里所说的）努斯是为了某一对象的理性考量，且是实践性的，而在目的上区别于理论性的思考。并且，所有的欲求也是为了某一对象的：那个（作为欲求的对象的东西）就是实践性的努斯的出发点（ἀρχὴ τοῦ πρακτικοῦ νοῦ），而那个最后的东西（实践思考的终点）就是实践行动的出发点。[1]

从这段话中我们可以分析出两个重要论点：首先，动物运动的推动者可以大体上被分为两类，努斯和欲求，而广义的努斯包含了思想、理性考量和一般意义上的“想象表征”。其次，在不遵从知识和强规范意义上的理性的人类和其他动物那里，“想象表征”承担了理性考量的角色，与欲求一起推动为了某一对象的行动。我们仍需进一步追问的是，是否在遵从理性的人那里，和欲求共同推动运动的努斯也是一种“想象表征”，即“理性的想象表征”。

紧随其后的段落为这一推论提供了关键证据——在行动领域中，“理性的想象表征”和“实践性的努斯 / 思考”是在外延上重叠的：

> 因此，似乎说此二者是运动的推动者是有道理的：欲求和实践性的思考（διάνοια πρακτική）；因为被欲求的东西是推动者，并且思考经由它推动行动，因为思考的出发点是被欲求的东西。并且，无论何时“想象表征”推动行动，它都不能脱离于欲求而推动。[2]

这段话传递的另一个重要信息是（正如文本随后论证的那样），欲求是从经由“理性的想象表征”运作的实践思考转换到作为结论的行动中间的关键因素。亚里士多德在这里和其他伦理学文本中将两种推动行动的功能诉诸欲求：一种是与“实践三段论”的理性模型相平行的、由知觉性的“想象表征”直接调动的对被表征对象的欲

1 《论灵魂》第三卷第十章，433a10-17。古希腊语的 ἀρχή 一词既有“原则”也有“开始”的含义，此处取两者的折中，译为“出发点”。

2 《论灵魂》第三卷第十章，433a17-21。

求，作为一种基础的、非理性的推动力，在一些鲁莽的人和不具有理性的动物中作为行动的主导。另一种则是在理性考量下产生的，也就是亚里士多德所说的“选择”（προαίρεσις），而这种形式的欲求的产生标志着导向实践的理性思考的完成，以及在理性推动下做出行动的开始。由此可见，在第一种意义上，欲求推动运动；在第二种意义上，欲求的对象推动运动；而在第三种也是本文主要关注的意义上，“理性的想象表征”通过搭建行动的目标和以之为对象的欲求之间的理性关系来推动运动。

然而亚里士多德还提出了第四种意义上的推动者，即构成“实践三段论”小前提的信念（δόξα）：

> 既然一个断定（ὑπόληψις）和命题（λόγος）是普遍的，而另一个是关于个别事物的（因为一个说这样的人必须做这样的事，而另一个说这是这样的事，而我是这样的人），那么这个（个别的）信念就是推动者，而不是那个普遍的信念，或者说两者都是，但是一者（普遍的信念）更加静态，而另一者不然。[1]

我们之前提到，“理性的想象表征”在实践推论中的运作是先于小前提的确立的，因为借由“理性的想象表征”产生的“最初的思想”是先于判断的，而实践三段论的前提是一种经过判断而形成的信念。推动行动的信念以“实践三段论”的小前提为主导：正如引文中所述，区别于更加静态的大前提，小前提所包含的信念是具有意向性和朝向意向对象的推动力的，而这种推动力正是来自先于这一信念的、连接行动主体和特定事物的“想象表征”。由此，我们可以总结出推动人的行动的四种认知要素之间的顺序：欲求的对象、“理性的想象表征”、信念和欲求。打个比方，在我吃包子的行动中，我面前的包子是自身不动的第一推动者；推动行动的第二个环节是我关于这个包子形成的“理性的想象表征”——“这个是可以吃的，所以我应该吃掉它”；第三个环节是我对这一“理性的想象表征”给予肯定，并由此形成相关的

1 《论灵魂》第三卷第十一章，434a17-20。

信念；最后就是这一信念触发了我将对包子的欲望转变为吃包子的行动，这种欲望在第二个环节中就试探性地将我引向包子，而信念的形成扫除了我的犹疑，准许了这一欲望被执行。

如此一来，从实践推论到行动开始之间的过渡就几乎完成了：“理性的想象表征”在整个实践思考的过程中都发挥作用，通过表征产生关于个别对象的“最初的思想”，从而将世界之中的对象伴随初步的评估引入主体的心灵之中——将某物表征为甜的，但是并不直接肯定或否定这一表象。同时，这种表征可以关乎虚构的、预期中的或记忆中的对象，因为这些心理活动都由“想象表征”承担。然而，理性灵魂需要进一步对这一对象是否真的是甜的做出判断，并由此形成一个信念，成为“实践三段论”的小前提，从而以理性的方式发动欲求并直接引起朝向这一对象的行动。

至此，我们为“实践三段论”的后两段如何运作勾勒出了较为清晰的图景，其中，“理性的想象表征”在小前提及其向作为结论的行动的过渡中起到了关键作用。就三段论的大前提而言，本文并没有详细讨论，一方面是因为大前提包含的是对普遍的事物的认识，而这属于努斯的对象，值得另作一篇独立深入的研究。另一方面，即使如《论灵魂》第三卷第八章末尾所言，任何思考都离不开“像”，对于普遍信念的形成中“想象表征”如何发挥作用，亚里士多德并没有提供除了本文已经引用的段落之外的更多直接线索，而本文第三节对这一问题也已经在解释相关文本的基础上做了一定的哲学展开，在此不加赘述。

五、结　论

本文具体剖析了亚里士多德的“理性的想象表征”概念及其在实践思考中的作用：“理性的想象表征”同时具有概念内容和半知觉的特征，它充当的是我们所谓的“识认”和“设想”的心理功能。这一心理功能之所以是理性的，在于它能够承担评估、比较和组合的工作，将个体事物视为其所属的普遍类中的一个范例，而另一方面，借助这一基于知觉官能的能力，世界之中的个体得以作为对象显现在主体的心灵之内。这种能把某物表征为一个普遍类中的个别体的能力的重要性，或许无法在吃包子或糖果的简单范例中充分体现，但是当我们需要借助更为复杂的概念对特定对象进行归类并制定与之相关的行动决策时——例如医生诊断某一症状是由糖尿病引起、法官裁定某一案件的被告有罪等——这种对个别事物的理性分辨能力就显得至关重要。

在实践思考中，"理性的想象表征"因其具备知觉性和理性的双重面相而承担了双重角色——连接个别事物与普遍概念，以及将理性推论过渡到实践行动。在"实践三段论"的小前提中，我们依赖于"理性的想象表征"将个别事物归入普遍的类，并在理性的指导下借助"想象表征"对欲求的对象进行理性的选择，将"我们是谁"以及"我们所追求的东西是什么"这样的重要问题纳入实践思考。这就使得亚里士多德的"实践三段论"不仅仅是一组抽象命题的演绎组合，而成为关乎世界之中的个别事物如何呈现于主体的心灵世界、如何被当作应该追求或回避的对象的复杂的认知活动。

（本文作者为得克萨斯大学奥斯汀分校哲学系在读博士生）

对亚里士多德《物理学》中关于连续统的“潜在性学说”的辩护

房道怡

一、“潜在性学说”遇到的挑战

在《物理学》8.8 中，亚里士多德在论证“直线上不可能有永恒的连续运动”时，建立了雅各布·罗森（Jacob Rosen）所谓的关于连续统的“潜在性学说”（Potentiality Doctrine）：一个连续的事物，比如一个运动、一段时间、一条线仅仅潜在地（in potentiality）拥有部分和中间点（middle point），而不是现实地（in actuality）拥有部分和中间点。[1]“潜在性学说”的建立与亚里士多德的宇宙论相关，因为亚里士多德的宇宙是有限的，那么沿直线的运动必然在某处折返。亚里士多德认为，在折返处运动者必须停留。因此，沿直线的往复运动不连续。由于亚里士多德已经预设了位移运动的轨迹不外乎是圆周形、直线形或两者的混合，且如果圆周和直线之一不是连续的，两者的混合运动就不是连续的。由此，亚里士多德证明只有圆周运动是永恒连续的。

尽管亚里士多德《物理学》8.8 的主要目的是为了论证只有圆周运动是永恒连续的，学者们通常认为 8.8 的一个重要子话题是对于芝诺二分法悖论（the dichotomy）的

1 在这里，“中间点”针对的是一维的连续统。而对于三维的物体来说，将其分为部分的“限”（boundary）是二维的面，二维的面的“限”是线，因此更准确地说，连续的物体仅仅是潜在地拥有其中间的面，连续的面仅仅潜在地拥有其中间的线。“潜在性学说”的提法，见 J. Rosen, “Physics V–VI versus VIII: Unity of Change and Disunity in the Physics”, in M. Leunissen (ed.), *Aristotle's Physics, a Critical Guide* (Cambridge University Press, 2015), p. 207。

解决。亚里士多德认为，二分法悖论的困难在于要求运动者走过无限多段路程：走过任意长度的一段路程，我们都要先到达这段路程的一半，由于连续的路程无限可分，这些“半程”在数上是无限的，而在数目上无限多的路程不可能被走过。根据“潜在性学说”，一个完整的运动只是潜在地无限可分，而不是现实地被分成了无限多的部分。[1] 一个连续的运动并不由无限多的子运动构成。并且，在一个连续的运动中并不存在现实的“中间点”，仅仅经过（pass through）中间点是不能将其现实化[2]（actualize）的，如果要将中间点现实化，运动者必须在此点停留。二分法悖论中运动者并未在一段路程中的任何一个点停留。因此，运动者并未将全程的任一部分现实化，运动者只完成了一个运动，而不是无限多个运动，二分法悖论得以解决。

关于连续统的“潜在性学说”之所以重要，是因为它可以刻画连续的位移运动的统一性。正是因为二分法悖论预设了“一个连续运动的任一部分都可以被视为一个运动”这个前提，才导致“一个运动可以包含无限多个运动”的后果。在《物理学》8.8中，通过引入潜能—现实的区分，亚里士多德修正了第五卷中运动“是一个”的条件：在第五卷（228b1–3）中，运动无条件地是一个，当且仅当运动的种（εἶδος）是一个，运动所经的时间是一个，以及运动者是一个。而这种对“一个运动”的刻画并不能避免二分法悖论的疑难，因为228b1–3的条件并不能避免一个连续运动的部分仍然是一个运动。在8.8提出“连续的运动不包含现实的中间点”和“将某点现实化的条件是在该点停留”后，亚里士多德在这里隐含地加入了一个刻画运动统一性的条件：一个连续的运动必须被两段静止所“包围”，即运动开始前和运动结束后运动者必须静止。这样一来，连续运动的部分就不可以是“一个运动”，因为它们并不被静止所“包围”。[3]

---

1 注意，亚里士多德在206a18–21中强调，这里“潜在地无限可分”中“潜在”的含义并不是像青铜潜在地会成为雕塑的潜在，而是指一个不能完全地被实现的潜能。更多讨论见 U. Coope, “Aristotle on the infinite”, in C. Shields (ed.), *Oxford Handbook of Aristotle* (Oxford University Press, 2012), p. 267。

2 将中间点“现实化”意味着把从起点到中间点的部分和从中间点到终点的部分看作“给定的”(given)、已经存在的，这两个部分因此可以被计数为“两个”。与此相对，将中间点视为“潜在的”意味着上述两个部分“尚未存在”，因此不能被计数。

3 参见 M. J. White, *The Continuous and the Discrete: Ancient Physical Theories from a Contemporary Perspective* (Oxford, 1992), p. 105。

以下是《物理学》8.8 中建立“潜在性学说”的核心段落：

【T1】我们从这里开始：存在三个点，起点、中间点和终点，由于和另外两点的关系，中间点既作为起点又作为终点，因而在数上虽是一个，在定义上却是两个。【T2】此外，潜能和现实不同。因此，在直线两端之间的任意一点在潜能上是中间点，但在现实的意义上不是，除非运动事物在这个点上停下来再开始运动，从而将线分为两部分。【T3】由此中间点变成了起点和终点，即后一段的起点和前一段的终点（我的意思是，例如 A 在做位移运动时在 B 处停下来然后向 C 移动）。【T4】但是，如果 A 的位移运动是连续的，那么 A 既不能“到达了 B”（γεγονέναι）也不能“离开了 B”（ἀπογεγονέναι），而只能在某一“现在”里在 B 处，A 也不能在任何一段时间里在 B 点上，除非这“现在”作为划分点包括在运动所经的整个时段中。【T5】如果有人认为 A “到达了 B”和“离开了 B”，那么将意味着 A 不断地在连续的位移运动中停留（στήσεται）。【T6】因为“A 到达了 B”和“A 离开了 B”这两件事不可能同时发生。因此，这两件事发生在不同的时间点上。因此，这两点之间会有一段时间。所以 A 将在 B 处静止，在别的点上情况也一样，因为同样的论证适用于任何的点。【T7】当位移运动的物体 A 把中间点 B 既作为起点又作为终点时，它必然在 B 点停留，因为它将 B 当作了两个点，正如人们也能够在思维中做出这样的区分。【T8】但是 E 是运动者作为起点已经离开的点，C 是运动者完成运动和停下时，已经到达的点。（262a19–b8）[1]

然而，不少学者对“潜在性学说”的理论效力提出了质疑。一方面，理查德·索拉比基（Richard Sorabji）、大卫·波斯托克（David Bostock）等人认为，亚里士多德

1 本文亚里士多德文本的引用都使用贝克尔编号，不单独标注著作版本的具体页码。本文中译文均由作者从希腊语自译，希腊语原文出自 W. D. Ross, *Aristotelis Physica* (Oxford: Clarendon Press, 1967)。为方便后文引用，T1–8 为作者自己添加。T8 原文中起点被命名为“A”，同时亚里士多德也将运动者命名为“A”，为在下文的重构中避免混淆，作者将原文中的起点改为“E”。

在建立“潜在性学说”的论证中，在当代物理学的意义上犯了一个“错误”。[1] 他们认为亚里士多德在《物理学》8.8 中预设了“存在运动者离开了现实中间点的第一瞬间”，而基于当代物理学对连续运动的理解，根本不存在这样一个瞬间，因为对于每一个我们可以说“运动者已经离开了现实中间点 B”的瞬间 t，都存在一个更早的瞬间 t'，运动者在 t' 已经离开了 B。[2] 另一方面，雅各布 · 罗森、丹尼尔 · 格雷厄姆（Daniel Graham）等人指出，“存在运动者离开了现实中间点的第一瞬间”这个隐含前提与《物理学》6.5 中关于连续运动的理论相冲突，因为 6.5（236a13–27）明确地否认了“存在变化开始的第一瞬间”。学者们由此质疑，亚里士多德是否在《物理学》5、6、8 卷提供了一个融贯的关于连续统的理论。[3]

问题的关键在于如何理解学者们所谓的“隐含前提”——“存在运动者离开了现实中间点的第一瞬间”。凯莱布 · M. 科霍（Caleb M. Cohoe）根据亚里士多德的文本提出“运动开区间，静止闭区间规则”，他认为亚里士多德将运动者从静止到运动（或从运动到静止）的边界瞬间（boundary instant/limit）划归到运动开始前（或运动结束后）的静止时间区间，运动的时间区间不包含这两个边界瞬间，因此运动者在边界瞬间静止。[4]

1 R. Sorabji, *Time, Creation, and the Continuum: Theories in Antiquity and the Early Middle Ages* (Gerald Duckworth & Co. Ltd., London, 1983), p. 324; M. J. White, *The Continuous and the Discrete: Ancient Physical Theories from a Contemporary Perspective*, pp. 54–58; D. Bostock, *Space, Time, Matter, and Form: Essays on Aristotle's Physics* (Oxford, 2006), p. 120; W. Charlton, “Aristotle's potential infinites”, in L. Judson, (ed.), *Aristotle's Physics: a collection of essays* (Oxford, 1995), p. 139.

2 当代数学物理学用康托式的连续统（实数）刻画运动、时间和空间：根据连续统的稠密性，任意两个位置中间都有无限多的空间点，任意两个瞬间之间都有无限多个瞬间，运动又仅仅通过时间点和其对应的空间点被定义。因此，既不存在起点之后的第一个点，也不存在终点之前的最后一个点，相应地，既不存在运动者已经离开了起点的第一个瞬间（因为在起点处不能说运动者“已经离开”，而在起点之后的任意一点处，运动者已经离开起点），也不存在运动者到达终点前的最后一个瞬间。参见 R. Sorabji, *Time, Creation, and the Continuum: Theories in Antiquity and the Early Middle Ages*, p. 405。

3 由于在 5.3 中亚里士多德定义了“连续”“顺接”和“接续”，第 6 卷在提到这些概念时直接提及第 5 卷，所以当第 6 卷和第 8 卷是否融贯的问题被提出时，第 5 卷和第 6、8 卷是否融贯的问题也会被涉及。J. Rosen, “Physics V–VI versus VIII: Unity of Change and Disunity in the Physics”, p. 222; R. Sorabji “Aristotle on the Instant of Change”, *Proceedings of the Aristotelian Society*, Supplementary Volume 50, 1976, p. 85; D. W. Graham (trans. and comm.), *Aristotle: Physics Book VIII [Physics VIII]* (Oxford, 1999), pp. 141–143.

4 根据当代数学的定义，闭区间包含其端点，开区间不包含其端点。

根据"规则"，科霍指出亚里士多德并未预设"运动者离开了现实中间点的第一瞬间"，而是将（运动开始之前）静止闭区间的外限当作运动者离开现实中间点的起始时刻，在起始时刻之后运动者向终点运动，但是起始时刻不被包含在运动区间之内。同时，科霍将 8.8 和 6.5 的理论结合，构造了一个归谬论证，从而证明"潜在性学说"与 6.5 中关于连续统的理论的融贯性。[1]

本文将索拉比基和罗森的两种解读统称为"错误论解读"，因为他们都认为是"隐含前提"出了问题——不论是在当代物理学的意义上错了，还是在亚里士多德体系内部不融贯的意义上错了。本文将科霍的解读称为"融贯论解读"。[2]

本文旨在为"潜在性学说"辩护。"潜在性学说"恰恰是亚里士多德运动学说的核心，通过区分潜在的和现实的中间点，亚里士多德使得解释连续位移运动的统一性成为可能。[3] 科霍的方案有其不足：虽然他的重构避免了亚里士多德预设"隐含前提"的错误，但是"规则"中的区间概念奠基于康托的集合论，集合论承认实无限，而亚里士多德在《物理学》3.6（206a16–21）中明确反对实无限。因此科霍的重构与亚里士多德的形而上学不相容。本文将在形而上学上改进其重构，将其中运用区间概念的部分替代为亚里士多德的文本，从而使得改进后的重构忠实于亚里士多德的形而上学。同时，采取科霍的方案也意味着亚里士多德根本没有预设"变化开始的第一个瞬间"，因而无从"犯错"。改进后的"融贯论解读"将有助于我们从形而上学的视角更深入地理

1 C. Cohoe, "Why Continuous Motions Cannot Be Composed of Sub-motions: Aristotle on Change, Rest, and Actual and Potential Middles", *Apeiron 51 (1)*, 2018, pp. 37–71.

2 当然，持"融贯论解读"的不仅仅是科霍，约翰·博温（John Bowin）也试图将 6.5 和 8.8 结合成一个融贯的理论。然而，博温对【T5】——如果有人认为 A"到达了 B"和"离开了 B"，那么将意味着 A 不断地在连续的位移运动中停留（στήσεται）——的理解有问题。他将【T5】解释为从（a）到（b）的推导：（a）A"到达了 B"且"离开了 B"，但并未在 B 点停留（rest）；（b）可推知 A 在其位移运动中会不断地停下来（come to a stop）。（a）中已预设 A"并未在 B 停留"，但是（b）中却说 A 在运动中的每一个点"停下来"。除非他对"停留"和"停下来"有不同的解释。但是亚里士多德没有在原文中对"停留"和"停下来"进行这样的区分。本文中并未试图对博温的重构做改进，因为他的解释和亚里士多德的文本相去甚远。J. Bowin, "Aristotle on the Unity of Change: Five Reductio Arguments in Physics viii", *Ancient Philosophy 30*, 2010, pp. 319–345.

3 潜能—现实区分使得刻画连续位移运动的统一性成为可能，因为亚里士多德的连续统的部分是潜在的，不是现实的，连续统作为一个统一的整体在存在论上先于部分。更详细的讨论参见 B. M. Sattler, *The Conception of Motion in Ancient Greek Thought* (Cambridge University Press, 2020), p. 303。

解亚里士多德关于连续统的"潜在性学说"，从而理解其在解决二分法悖论和刻画连续位移运动的统一性上的作用。

二、对《物理学》8.8 的"错误论解读"

索拉比基、波斯托克、罗森等人认为亚里士多德在《物理学》8.8（262a19–b8）的论证中预设了"离开了现实中间点 B 的第一瞬间"，因此犯了一个错误，因为根据当代的连续性概念，不存在离开 B 点的第一瞬间。他们对这段文本的分析如下：

由【T1–3】可知，如果中间点不是潜在的而是现实的，那么运动者需要在中间点停留从而将其定义为两个，即后一段运动的起点和前一段运动的终点。因此，亚里士多德在建立"潜在性学说"时其中一个前提是：如果 B 是一段连续运动 EC 中现实的中间点，那么 B 既是 EB 现实的终点，也是 BC 现实的起点。

由【T8】可知，亚里士多德会认为如果一个点是现实的起点，那么运动者在某时刻"离开了"（ἀπογέγονε）这个点。并且，如果一个点是现实的终点，那么运动者在某时刻"到达了"（γέγονεν）这个点。

从上述分析可以推知，如果 B 是连续运动 EC 现实的中间点，那么运动者会在某一时刻"到达了"B，并且在某一时刻"离开了"B。

再结合【T4–7】的文本，索拉比基等人将【T1–8】重构如下：

（1）在 t_1 时刻，A"到达了"现实的中间点 B，A 在 t_1 时刻在 B 点；

（2）在 t_2 时刻，A"离开了"现实的中间点 B，A 在 t_2 时刻不在 B 点；

（3）A 不能同时在且不在 B 点，因为这两个谓词不能同时对 A 成立；［无矛盾律］

（4）t_1 和 t_2 不是同一个时刻，它们中间有一段时间间隔；［由（1）（2）（3）］

（5）A 在 t_1 和 t_2 的时间间隔中，在 B 点停留；［由（4）］

（6）A 从起点 E 到 C 的运动不连续。［"连续"的定义］

注意这里"到达了"和"离开了"所运用的完成时，格雷厄姆等人强调这里希腊语完成时的应用在体态上表示“一个已经实现的持续状态”。[1] 因此，我们应该将（1）和（2）分别理解为“在 t_1 时刻 A 已经到达了 B”和“在 t_2 时刻 A 已经离开了 B”。在这种理解下，t_1 和 t_2 是同一个时刻才会导致“A 同时在且不在 B”的矛盾。

一方面，“错误论解读”认为前提（2）与 6.5 的理论相冲突，因为 6.5 论证了“不存在变化开始的第一瞬间”：

> 但是与变化的起点相关的第一时间部分是根本不存在的，因为既不存在变化的起点，也不存在变化所经的第一时间部分。假定有这样一个第一时间部分 AD。那么 AD 当然不能是不可分的，否则两个现在就会相连在一起了。再者，如果运动者在[处于 AD 之前的]整段时间 CA 中静止（让我们假设它静止），那么它在 A 处也静止。因此，如果 AD 没有部分，那么运动者将会在同一时刻既静止又已经变成：因为它在 A 处静止，在 D 处已经变成。然而，因为 AD 不是没有部分，所以它必然可分，并且运动者必然在它的任一部分中已经变成：因为假定把 AD 分成两部分，如果运动者在任意一部分中都没有变成的话，那么它在 AD 中也没有变成；如果它在两部分中都在变化着，那么它在整个 AD 中也在变化着；如果是在其中一个部分已经变成，那么变成的“第一时间部分”就不是整个 AD 了。因此运动者必然在 AD 的任一部分都已经变成。因此，显然没有运动者变成的第一时间部分，因为 AD 可以无限地被分成部分。（236a13–27）[2]

根据上面的论证，无论取距离起点多近的瞬间作为变化经过的“第一时间部分”AD，由于 AD 无限可分，我们始终可以找到比 AD 更短的时间作为变化经过的“第一时间部分”。如果我们允许“瞬间”作为时间的部分，那么亚里士多德的论证说明

1 D. W. Graham (trans. and comm.), *Aristotle: Physics Book VIII [Physics VIII]*, p. 139; M. J. White, “Aristotle’s Concept of ‘Theoria’ and the ‘Energeia-Kinesis’ Distinction”, *Journal of the History of Philosophy 18 (3)*, 1980, p. 255; C. Cohoe, “Why Continuous Motions Cannot Be Composed of Sub-motions: Aristotle on Change, Rest, and Actual and Potential Middles”, p. 57.

2 中括号中的内容为作者自己补充。

“不存在变化开始的第一瞬间”。[1] 罗森等人认为，根据 6.5 的说法，对于每一个我们可以说“在这个瞬间运动者已经离开了 B 点”的瞬间，都有一个更早的瞬间，运动者在这个瞬间“已经离开了 B 点”。因此前提（2）和 6.5 相冲突。[2]

另一方面，索拉比基、波斯托克等人认为 8.8 在当代物理学的视角下犯了一个错误。[3] 他们认为做抛物运动的物体将最高点现实化了[4]，但是不存在物体“离开最高点的第一个瞬间”，因为根据当代物理学所使用的连续性概念及（康托式）连续统的稠密性，物体到达最高点的瞬间和其之后的任一瞬间之间，都存在无限多的瞬间。[5]

不论是哪种“错误论解读”，学者们都认为是“潜在性学说”预设的“隐含前提”——“存在运动者离开了现实中间点 B 的第一瞬间”——出了问题，它不仅与 6.5 的理论不融贯，而且在当代物理学的视角下是错误的。要辩护“潜在性学说”的合法性，我们需要重新刻画前提（2）中运动者离开 B 的起始时刻 t_2。离开 B 的起始时刻可以存在，但不一定被解读为“离开了 B 的第一瞬间”。笔者将在第三节展示科霍对起始时刻的解读及其对“潜在性学说”的重构，并说明其重构在形而上学方面的问题。在第四节中，笔者将改进科霍的重构，从而构造出一个符合亚里士多德形而上学，并与 6.5 的理论相融贯的“潜在性学说”。

三、科霍的“融贯论解读”及其问题

科霍认为，亚里士多德并未犯索拉比基、波斯托克等人所谓的“错误”，而是重新

---

1 尽管在 239b29–33 中，亚里士多德在解决飞矢不动悖论时否认了时间由瞬间组成，但是单就 236a13–27 的论证而言，不应排除时间由瞬间构成的可能性。

2 同第 105 页脚注 2。

3 同上。

4 波斯托克将“把某个点现实化（actualize）”理解为在这个点上进行某种操作，使得我们可以区分它和周围的点。做抛物运动的物体在最高点处运动方向发生改变，由此我们可以区分最高点和其周围的点。

5 R. Sorabji, *Time, Creation, and the Continuum: Theories in Antiquity and the Early Middle Ages*, p. 405. 见第 105 页脚注 2。

解读运动者离开 B 的起始时刻，并将 8.8 与 6.5 的理论构造了一个归谬论证，从而将“潜在性学说”解读为一个融贯的理论。

通过引入当代数学中开闭区间的概念，科霍指出，亚里士多德提出了“运动开区间，静止闭区间规则”(Changes are Open, Rests are Closed Rule)：

> 谓述运动者在变化的边界瞬间(boundary instant)的谓词应当与运动者在其静止的时间段中的谓词相同，不论静止的时段是在运动的时段之前还是之后。不能用运动时段对运动者进行谓述的谓词来谓述处于边界瞬间的运动者。[1]

首先，科霍根据 3.1(201a11-12)中对运动的定义，将运动到达终点的瞬间划归到运动完成之后的时段，而不是运动者运动的时段。科霍认为，亚里士多德将运动定义成“潜能的事物作为潜能者的实现”，这意味着只要运动还没有结束，潜能就尚未实现。比如当房子建成时，砖块和泥土就不再具备成为房子的潜能，砖块和泥土只有在开始建房子且尚未建成房子的过程中处于变化中。运动者在开始运动后和到达终点前在运动，到达终点的瞬间，就已经不能说运动者在运动了。因此，科霍认为，亚里士多德将作为运动变化终点的边界瞬间划归到运动者运动的时段之后的时段，也就是说，运动时间区间右侧的外限应属于运动结束后的时间区间。

其次，科霍声称，虽然亚里士多德没有做出明确的论断，但是根据 6.5 的理论，“不存在运动开始的第一瞬间”，因此运动的起点也不应被包含在运动者运动的时间段中。科霍认同怀特(M. J. White)的观点，他认为运动区间左侧的外限(即起点)应被划归到运动之前的静止区间，是运动者静止区间右侧的外限。[2]

根据以上两点，运动时段左右两侧的外限均被包含在运动时段左右两侧的静止区

1 C. Cohoe, “Why Continuous Motions Cannot Be Composed of Sub-motions: Aristotle on Change, Rest, and Actual and Potential Middles”, p. 53.

2 Ibid., p. 52; M. J. White, *The Continuous and the Discrete: Ancient Physical Theories from a Contemporary Perspective*, p. 57.

间中。科霍认为运动者运动的时段不包含两侧的端点，因此是“开区间”，而运动者静止的时间区间包含边界瞬间，因此是“闭区间”。接下来，科霍利用“运动开区间，静止闭区间规则”和6.5的理论对8.8“潜在性学说”的归谬论证进行了重构。他假设苏格拉底从比雷埃夫斯运动到雅典，其路线的中间点莫斯卡托[1]是现实的：

（1）存在苏格拉底到达了莫斯卡托的第一个瞬间，设其为 t_1。[2][假设]

（2）设AB是从比雷埃夫斯运动到莫斯卡托的时间段，根据“运动开区间，静止闭区间规则”，运动者到达莫斯卡托的时刻不被包含在运动的时间区间内，因此 t_1 不被包含在AB中，而是被包含在其后面的时段中。

（3）假设苏格拉底的运动是连续的，并且在中间点B没有停留。设BC是苏格拉底连续地从莫斯卡托运动到雅典所用的时间段，紧接于AB之后。

（4）t_1 被包含在BC中。因此 t_1 属于一个苏格拉底正在从莫斯卡托运动到雅典的时段。[由（2）（3）]

（5）根据6.5–6（236a13–27，236b33–34）的理论，不存在变化的第一瞬间，正在运动的事物已经运动。在 t_1 时刻，苏格拉底正在从莫斯卡托运动到雅典，因此他已经离开了莫斯卡托。[由（3）（4）]

（6）t_1 时刻，苏格拉底既在又不在莫斯卡托。[由（1）（5），“到达了”和“离开了”的含义]

（7）（6）违反矛盾律，因此（3）是错的：BC不是紧接着AB之后的时间段。

（8）t_1 不在AB中，也不在BC中，那么它在AB之后且在BC之前，这只能说明BC之前有一段苏格拉底“静止”的时间包含 t_1。[3]

（9）由“运动开区间，静止闭区间规则”，BC是开区间，在BC时段的运动应该有一个起始时刻作为其外限且不被包含在BC之内，设此瞬间为 t_2，t_2 是苏格拉底在

1　虽然莫斯卡托是一个城市，但是我们也可以在城市中取一个足够小的地标性的位置，作为中间点。

2　莫斯卡托是现实的中间点意味着存在苏格拉底“到达了”（has arrived at）莫斯卡托的瞬间。

3　因为BC是运动的区间，如果仍将AB之后的区间设定为“苏格拉底正在运动的区间”，依旧会得到（6）的矛盾，所以AB之后只能是一个静止的区间。

莫斯卡托静止的最后一个瞬间，并且在 t_2 之后的 BC 区间内，苏格拉底做从莫斯卡托去往雅典的运动。

（10）t_1 作为从运动到静止的边界瞬间被包含在 AB 之后的苏格拉底静止的时间段里，而 t_2 作为从静止到运动的边界瞬间被包含在 BC 之前的静止的时间段里。BC 在 t_2 之后，而 t_1 之后是静止时段，t_1 和 t_2 被不同的时段所接续，因此 t_1 和 t_2 不是同一个时刻。

（11）每个"现在"与另一个"现在"之间都有一段时间。[6.1, 231b9]

（12）可推知苏格拉底在闭区间 [t_1, t_2] 静止。[由（11)（12）]

（13）因此，苏格拉底从比雷埃夫斯到雅典的运动不连续。["连续运动"的定义]

（14）由于（14）是由最一开始的假设（1)"莫斯卡托为现实的中间点"推出，可反推知，连续的运动不包含现实化的中间点。

科霍的贡献在于，在前提（9）中，将运动者从现实中间点运动的起始时刻解释为"运动者离开现实中间点前静止闭区间的外限"，而不是像索拉比基等人那样，将其解释为"运动者离开了现实中间点的第一瞬间"。这样一来，亚里士多德就没有在 8.8 的归谬论证中预设"变化开始的第一瞬间"，从而无从"犯错"。

然而，必须指出的是，科霍在其"运动开区间，静止闭区间规则"中预设了由集合论发展的、康托式的连续性概念，而这和亚里士多德"潜在性学说"中所预设的连续性概念在形而上学上完全不同，这导致他在对亚里士多德关于连续统的潜在性学说的重构中，运用了一个在形而上学上与其相冲突的（康托的）连续性概念。

首先，开闭区间的概念奠基于集合论，并且科霍在这里用到了康托式的连续统，也就是实数。[1] 对任意实数 a, b 且 $a < b$，开区间（a, b）被定义为（a, b）: $=\{t \in \mathbb{R}$,

1 虽然在有理数集和自然数集上也可以定义区间，但是科霍明确引用了魏斯斯坦（Weisstein）对于开闭区间的定义，而魏斯斯坦指的是实数。参见 E. W. Weisstein, "Closed Interval" From MathWorld—A Wolfram Web Resource, http://mathworld.wolfram.com/ClosedInterval.html; E. W. Weisstein, "Open Interval" From MathWorld—A Wolfram Web Resource, http://mathworld.wolfram.com/OpenInterval.html; https://mathworld.wolfram.com/Interval.html; C. Cohoe, "Why Continuous Motions Cannot Be Composed of Sub-motions: Aristotle on Change, Rest, and Actual and Potential Middles", p. 50, n. 20。

$a < t < b\}$，闭区间$[a, b]: =\{t \in \mathbb{R}, a \leqslant t \leqslant b\}$。可以看出，区间是由集合定义的。

其次，康托式的连续统在形而上学方面与亚里士多德的连续统完全不同。一方面，康托式的连续统（实数）在本体论上承认实无限，而亚里士多德反对实无限，他认为无限只能是潜在的，而不是现实的。安妮·纽斯特德（Anne Newstead）等人指出，康托的连续统有这样一种本体论承诺，即在人类的数学活动之前，就业已现实地存在包含不可数无限多的点的集合——实无限。[1] 而亚里士多德在《物理学》中明确反对“实无限”：

> 但是，正如我们所说过的，量并非在现实的意义上是无限的，尽管在划分的意义上它是无限的。（因为我们不难驳斥关于“不可分的线”的理论）因此只剩下“无限是潜在地存在的”这种可能性。但是我们绝对不能将这里的“潜在地”做这样的理解——如果这个潜在地是一个雕塑，那么它将会是一个雕塑，从而便认为无限将会现实地存在了。（206a16–21）

问题的关键是如何理解“无限潜在地存在”。乌苏拉·库珀（Ursula Coope）将这里的“潜在”解释为“不完全的实现”（incomplete fulfillment），就好比一个过程的本质就在于它是未完成的（incomplete）那样。[2] 库珀区分了“活动”（activity）和“过程”（process），例如，在“看”（seeing）和“运用理智”（exercise one’s understanding）这样的活动中，某人“正在做 φ（φ-ing）”的同时也“已经完成了 φ（having φ-ed）”；然而，在某个过程中，当某事物“正在做 φ”时，它没有“已经完成了 φ”，当它“已经完成了 φ”时，它便不再“正在做 φ”。比如在“橡子变成橡树”这样的过程中，当橡子“正在长成橡树”时，它尚未长成橡树，而当它已经长成橡树时，生长成橡树的过程便停止

1 A longer version of A. Newstead, “Aristotle and Modern Mathematical Theories of the Continuum”, in *Aristotle and Contemporary Science*, D. Sfendoni-Mentzou, J. Hattiangadi, and D. M. Johnson, eds., Frankfurt: Peter Lang, 2001, p. 23; B. M. Sattler, *The Conception of Motion in Ancient Greek Thought*, p. 295.

2 U. Coope, “Aristotle on the infinite”, pp. 281–282.

了。库珀认为，这个区分说明了“活动”和“过程”在“实现潜能”的意义上有所不同：“过程”的本质在于有一个“尚未实现的潜能”，而“活动”并不在本质上要求这样一个潜能。库珀将“潜无限”中的“潜能”类比于“过程”而非“活动”，将其刻画为某种“本质上无法完全实现的潜能”。这样一来，我们就可以理解为什么“潜无限”的潜能不是青铜成为雕塑的潜能了，因为它在本质上就是无法完全被实现的。

库珀对“潜无限”中“潜在”的理解，使得我们能够将“某个量潜在地无限可分”理解为“划分的过程是不可能完成的”，这种解释符合亚里士多德在下文中对“无限”的描述：

> 然而，结果是“无限”和人们所说的相反。因为“无限”不是没有事物在它外面，而是在“无限”外面总是还有事物存在。（206b33–207a2）

亚里士多德声称“无限”不是一个整体，也就是说，无限不能作为一个整体存在，因为“无限”外面总有事物存在。同样地，“过程”总是“尚未完成的”，“过程”不会是一个“业已完成的整体”。因此，库珀把“潜无限”类比于“过程”是合理的。

康托式的连续统已经被现实地划分为无限多的点，而亚里士多德连续统的划分过程在本质上是无法完成的，因此，科霍的“规则”中的区间概念预设的“连续性”和他整个归谬论证中所刻画的亚里士多德的连续性概念不一致，他的重构采用了不忠于亚里士多德的形而上学承诺。

四、对科霍“融贯论解读”的改进

其实，科霍的“规则”在其论证中是冗余的。因为“规则”仅仅是对《物理学》3.1中的运动定义和6.5的“不存在运动开始的一瞬间”的理论的一个在形而上学方面不准确的总结。我们只需要把科霍的重构中用到“规则”的地方直接替换为亚里士多德的文本内容和相应的理论，避免引入开闭区间的概念，就能在保留科霍重构的逻辑有效性的同时，避免不恰当的形而上学承诺。

在上一节的重构中，有三处用到了"规则"和"区间"的概念：

（2）设AB是从比雷埃夫斯运动到莫斯卡托的时间段，根据"运动开区间，静止闭区间规则"，运动者到达莫斯卡托的时刻不被包含在运动的时间区间内，因此 t_1 不被包含在AB中，而是被包含在其后面的时段中。

（9）由"运动开区间，静止闭区间规则"，BC是开区间，在BC时段的运动应该有一个起始时刻作为其外限且不被包含在BC之内，设此瞬间为 t_2，t_2 是苏格拉底在莫斯卡托静止的最后一个瞬间，并且在 t_2 之后的BC区间内，苏格拉底做从莫斯卡托去往雅典的运动。

（12）可推知苏格拉底在闭区间 $[t_1, t_2]$ 静止。

我们可以把其中的"规则"和区间概念去掉，改成如下的前提（2′）、（9′）和（12′）：

（2′）设AB是从比雷埃夫斯运动到莫斯卡托的时间段，由3.1（201a11-12）运动的定义，运动者到达莫斯卡托（现实中间点）的时刻不被包含在运动的时间区间内，因此 t_1 不被包含在AB中，而是被包含在其后面的时段中。（因为运动的定义是"潜能的事物作为潜能者的实现"，在 t_1 时刻，潜能已经被实现，所以运动的过程AB不能包含其到达终点的时刻 t_1）

（9′）BC时段的运动应该有一个起始时刻，设为 t_2，根据6.5（236a13-27）的理论，不存在变化开始的第一瞬间，因此，t_2 作为BC的外限应被划归为苏格拉底从莫斯卡托离开前静止时段的外限，并且在 t_2 之后苏格拉底做从莫斯卡托去往雅典的运动。将 t_2 定义为"苏格拉底离开莫斯卡托的点"。

（12′）可推知苏格拉底在以 t_1 和 t_2 为外限的时间段中静止，且 t_1 和 t_2 被划归于这个时间段。

值得注意的是，这里提到的作为外限的 t_1 和 t_2 并不是作为闭区间的端点，而是作为整个苏格拉底静止的时间段的外限。在亚里士多德"潜在性学说"刻画的形而上学中，时间段（而不是区间）作为一个连续的量，其整体的存在先于“瞬间”，t_1 和 t_2 作为外限（瞬间）的存在，依赖于整个静止时间段的存在。约翰·M. 彭伯顿（John M. Pemberton）将亚里士多德的这种形而上学称为“时间整体论”（temporal holism），他将时间连续统在存在论上的优先性称为“lasting”，具有 lasting 性质的时间连续统是一个统一体，只是潜在地拥有部分，这符合“潜在性学说”的形而上学。苏格拉底静止的整个时间段具有 lasting 的性质，作为整体在存在论上在先，除了 t_1 和 t_2，整个静止的时间段中，其他不作为外限的瞬间都只是潜在地存在于这个时段中。相反，区间不具有 lasting 的性质，因为区间中的点的存在先于整个时间段，且是现实的。因此，在改进后的重构中，“时间段”不能再通过开闭区间的概念来理解，而是应当被理解为具有 lasting 性质的连续统。[1]

五、结 语

本文一方面采取“融贯论”立场中科霍把静止 / 运动的边界瞬间（boundary instant）划归到静止时间段的方案，将运动者离开现实中间点的起始时刻解读为“运动者离开现实中间点前静止时间段的外限”。根据这种解读，亚里士多德根本没有预设学者们所谓的与 6.5 相冲突的隐含前提——“存在运动者离开现实中间点的第一瞬间”，也没有在当代物理学视角下犯错。另一方面，本文说明了科霍的“运动开区间，静止闭区间规则”中的区间概念奠基于康托的集合论，并且在应用了实数的意义上应用了康托式的连续统，因此科霍的重构在形而上学方面不忠实于亚里士多德——康托式的连续统预设了亚里士多德所反对的实无限。本文在形而上学上改进了科霍的重构，将其运用“规则”的前提替换为亚里士多德的文本，从而在其基础上重构了一个

1 彭伯顿关于“lasting”的说法，参见 J. M. Pemberton, “Aristotle’s Alternative to Enduring and Perduring: Lasting”, *Ancient Philosophy Today* 4 (2), 2022, pp. 217–236; J. M. Pemberton, “Aristotle’s Solution to Zeno’s Arrow Paradox and its Implications”, *Ancient Philosophy Today* 4 (1), 2022, pp. 73–95。

和 6.5 的理论融贯的、忠于亚里士多德形而上学的关于连续统的“潜在性学说”。

对科霍的重构做出形而上学的改进是必要的，这不仅是在论证形式上将“规则”替换为亚里士多德的文本，而且使得我们从形而上学的视角对亚里士多德的“潜能—现实”区分和其对“潜无限”和“实无限”的刻画有了更深入的理解。本文采取了库珀对“潜无限”的解读，即在“尚未完成”的意义上理解“潜无限”中的潜在性，并在“业已完成”的意义上理解“实无限”中的现实性。这为阐释亚里士多德关于一般连续统的“潜在性学说”提供了一个形而上学的视角：连续统仅仅在“潜在的意义上无限可分”，意味着对连续统进行“划分”的过程总是处于一“尚未完成”的状态，而不是“业已完成”的状态。由此可以推知，亚里士多德的连续统总是可以被分成部分，其部分又可以持续地被分成部分，而不会“到达”一个已经被分成了无限多的“不可分的部分”的状态。因此，亚里士多德的连续统只能被划分成连续统，而不能最终被分为“不可分的点”。

“潜在性学说”的成功辩护，意味着我们可以从形而上学的视角解决芝诺二分法悖论的疑难：一个连续运动的任意一部分也可以被视作“一个运动”，从而一个运动可以包含无限多个运动。亚里士多德通过将连续运动的部分刻画为“潜在的而不是现实的”，解决了这个疑难——因为一个运动仅仅潜在地拥有无限多的部分，而不是现实地拥有无限多的部分，所以一个运动并不现实地包含无限多个运动，二分法悖论中运动者只需完成一个运动，而不是无限多个。因此，“潜在性学说”使得亚里士多德对运动统一性的刻画成为可能。

（本文作者为北京大学哲学系宗教学系博士候选人）

重整政教：论奥古斯丁对古典戏剧的批判*

花　威

在古代晚期的思想交锋中，如何应对古希腊罗马社会的所谓“异教”文化，包括诗歌、修辞、戏剧和哲学等，是断然否认“耶路撒冷与雅典有何相关”[1]，还是在批判的同时大量吸收其中的丰富养料，这是新兴的基督教会所面临的迫切问题。虽然有德尔图良所代表的比较极端的个案口号，但以奥古斯丁为代表的绝大多数教父们都采取了后一种路径，以“向埃及人要金器银器和衣裳”(《出埃及记》12:35)的方式，对古希腊罗马社会的各类思想资源进行批判、改造与吸收并举，最终建构起了基督教的整个教义体系。

在古希腊罗马时期，戏剧大多是基于神话而创作，或包含神话中的情节，即奥林匹斯神系的故事和半神半人的英雄的故事成为戏剧等文艺创作的素材来源，例如古希腊戏剧家欧里庇得斯的《特洛伊妇女》；而在主要表现世俗生活的戏剧中，神话情节也成为其中故事发展的推进因素，例如古罗马戏剧家特伦斯的《阉奴》。少年时在文法学校读书，奥古斯丁就读到《阉奴》，其中描述了朱庇特化身黄金雨引诱达那厄的神话故事；青年时，他一度热衷于观看戏剧表演，特别是悲剧，体会其中仅仅由好奇所

* 本文系 2021 年度国家社科基金一般项目“奥古斯丁书信全集翻译与研究”(21BZJ009)的阶段性成果。

1 德尔图良:《论异端的行迹》(*De praescriptione haereticorium*)7；在其中，这一“基督反对文化”(Christ-against-culture)的立场的整全表述是：“雅典与耶路撒冷到底有什么关系？学园和教会有什么一致的地方？异端与基督徒有什么相同的地方？我们的教诲来自所罗门的殿堂，他自己教导我们说‘简洁的心灵才能寻求主。’让那些创造所谓斯多亚学派的基督教、柏拉图学派的基督教、辩证法的基督教的企图统统见鬼去吧！”参见德尔图良:《护教篇》，涂世华译，商务印书馆 2012 年，第 xi 页。

引发的虚伪的道德“净化”；而直到壮年撰写书信和晚年撰写《上帝之城》时，他频繁以朱庇特化身黄金雨为案例，来批判古希腊罗马戏剧所展现出来的神话神学和剧场神学，并以之为突破口来批判古希腊罗马社会的城邦神学。

除了《论教师》和《论基督教教导》中简要提及，剧场所代表的符号体系不足以展示基督教的实事（res），奥古斯丁分析和批判古典戏剧的主要文本是《忏悔录》和《上帝之城》，还包括部分书信、布道和释经作品。[1] 在当前的研究中，这一主题要么作为插曲散落于对《忏悔录》文本的绵密分析[2]，要么仅从爱欲的角度来批判奥古斯丁青年时观看戏剧的经历[3]，要么仅作为古典戏剧发展史和建筑史中的一个断代环节[4]，并没有在古希腊罗马道德哲学与政治哲学双重演变的视野下，以朱庇特化身黄金雨作为典型案例，单独且系统地研究奥古斯丁对古典戏剧的持续批判及其理论意义。

有鉴于此，本文就试图以朱庇特化身黄金雨作为典型案例来探讨，在从古代到中世纪的思想史转折中，建基于奥林匹斯多神论神话的古典戏剧如何遭受到基督教一神论的批判，从而使得古典世界的宇宙论、神论、道德哲学和政治哲学发生了显著且关键的变化。具体来说，我们将首先梳理奥古斯丁及其同伴热衷于观看戏剧表演的年少往事，检索他在著作中多次援引朱庇特引诱达那厄的故事，并延承苏格拉底式的追问来反思由奥林匹斯神话所塑造的古希腊罗马剧场神学和神话神学，即不道德的神是否能够赐予人类幸福和保卫国家；之后考察从柏拉图、西塞罗到德尔图良等对古典戏剧

1 对于其中的关系，多纳里·道克斯（Donnalee Dox）评论说，“如果《忏悔录》把戏剧看作破解奥古斯丁的灵魂的密码，那么戏剧不能与上帝的天上之城相兼容这一看法就是他在《上帝之城》中的诸多论证的神学核心”。参见 Donnalee Dox, *The Idea of the Theater in Latin Christian Thought: Augustine to the Fourteenth Century* (Ann Arbor: The University of Michigan Press, 2004), pp. 19, 12。

2 例如 Colin Starnes, *Augustine's Conversion: A Guide to the Argument of Confessions I–IX* (Waterloo: Wilfrid Laurier University Press, 1991), pp. 56–57; John O'Meara, *The Young Augustine: The Growth of St. Augustine's Mind Up to His Conversion* (New York: Alba House, 2001), pp. 52–55; Carl G. Vaught, *The Journey Toward God in Augustine's Confessions: Books I–VI* (Albany: State University of New York Press, 2003), pp. 70–73。

3 陈斯一：《欲爱与缺乏：奥古斯丁对悲剧的批判》，载《基督宗教研究》2019 年第 25 辑，第 166—178 页。

4 Donnalee Dox, *The Idea of the Theater in Latin Christian Thought: Augustine to the Fourteenth Century*, pp. 12–30; Karen E. Ros, "The Roman Theater at Carthage", in *American Journal of Archaeology*, Vol. 100, No. 3 (Jul., 1996), pp. 449–489.

的批判，即无论异教哲学家，还是基督教护教士，都看到其中所塑造的不道德的神既不能给城邦或国家提供道德榜样，也将危害为城邦或国家提供神圣基础的城邦神学；最后集中分析奥古斯丁在道德层面和神学层面上对古典戏剧的双重批判，即只有信仰有道德的独一上帝才能生发出真正的德性，从而带来国家的繁盛和来生的幸福，而基督教的圣经神学以尘世之城与上帝之城的划分颠覆了古希腊罗马社会的城邦神学，同时以国家与教会、皇帝与主教的适度分离为尘世国家预备了新的神学基础，并为古代世界在波折和震荡中过渡到中世纪做好了理论铺垫。

一、年少往事：热衷观看戏剧表演

从童年、少年到青年时代，奥古斯丁一直热衷于观看戏剧表演。在《忏悔录》前三卷中，他多次提及自己的这一经历。奥古斯丁先是在塔格斯特附近的马都拉的文法学校读书，之后 17 岁时前往迦太基攻读修辞学，阅读了荷马和维吉尔的史诗，也读到特伦斯的戏剧。

尚在读文法学校时，奥古斯丁就开始“喜听虚构的故事，越听耳朵越痒心越热，逐渐我的眼睛对大人们看的公共表演（public shows, spectacula）也发出同样的好奇心了”[1]。一般来说，当时的公共表演（spectaculum）主要包括赛马赛车、角斗、戏剧（包括喜剧、悲剧和哑剧）和音乐四种表演[2]；也可以包括体育比赛、竞技场或圆形露头剧场中的处决和战事演练[3]。而显然，公共表演一词起源于动词“观看”（specto, spectare,

1 《忏悔录》选用周士良的译文，个别译法有改动，具体页码不再标出。参见奥古斯丁：《忏悔录》，周士良译，商务印书馆 2015 年。

2 奥古斯丁：《忏悔录》1.10.16；Augustine, *Confessions*, Henry Chadwick trans. (Oxford: Oxford University Press, 2009), p. 13, note 18；相关研究参见 Richard C. Beacham, *The Roman Theatre and Its Audience* (Cambridge: Harvard University Press, 1992), pp. 191–194。

3 Elizabeth Castelli, *Martyrdom and Memory: Early Christian Culture Making* (New York: Columbia University Press, 2004), p. 107.

spectavi, spectatus），从属于《约翰一书》2∶16中所列出的三种欲望中的“眼目的情欲”（concupiscentia oculorum），并表现为一种好奇（curiositas）。在罗列自己的喜好时，奥古斯丁明确把戏剧与诗歌、修辞、演说或音乐等区分开来，也不同于竞赛和角斗，而看作一种综合但又独立的艺术形式。

初到迦太基时，奥古斯丁明确回忆说，自己开始热衷于观看戏剧表演，“我被……燃炽我欲火的炉灶一般的戏剧表演（theatrical shows, spectacula theatrica）所攫取了”[1]，之后着重批评了悲剧表演，即观看悲剧只会引发虚妄的、自欺欺人的道德情感，而根本不能起到灵魂净化（katharsis）的功用。[2]

在迦太基学习和教书期间，奥古斯丁一边阅读哲学作品，钻研星象学，并加入了摩尼教团体，成为听教者长达“九年之久”[3]；一边“追求群众的渺茫名誉，甚至剧场中的喝彩（theatricos plausus）、诗歌竞赛中柴草般的花冠、无聊的戏剧（spectaculorum nugas）和猖狂的情欲”[4]。具体来说，他曾经“去到剧场里（theatrici）参加诗歌比赛”[5]。

对于同时代人来说，观看戏剧等公共表演是日常生活中的重要部分，异教徒和大多数基督徒都热衷于此，并无明显的区分。[6]奥古斯丁将之都归于“由于好奇的毛病，舞台上便演出种种离奇怪诞的戏剧（in spectaculis）”[7]，而直到皈依之后，他才摒弃这一习惯，即“戏剧现在不再攫取我了”（me iam theatra non rapiunt）[8]。而在接近晚年才写作的《上帝之城》2.4中，奥古斯丁仍然回忆说：“当我年轻的时候，我曾经常常前去

1 奥古斯丁：《忏悔录》3.2.2。

2 奥古斯丁：《忏悔录》3.2.2–4；相关具体研究，参见陈斯一：《欲爱与缺乏：奥古斯丁对悲剧的批判》，载《基督宗教研究》2019年第25辑，第166—178页；陈斯一：《存在与试探：奥古斯丁的〈忏悔录〉》，台湾基督教文艺出版社2021年，第45—48页。

3 相关研究参见花威：《九年、星象学与宇宙论神话：论奥古斯丁的摩尼教迷途》，载《古典与中世纪研究》第三辑，商务印书馆2022年，第130—147页。

4 奥古斯丁：《忏悔录》4.1.1。

5 奥古斯丁：《忏悔录》4.2.3。

6 奥古斯丁：《忏悔录》8.10.23–24；《论基督教教导》1.29.30、2.18.28、2.25.38。

7 奥古斯丁：《忏悔录》10.35.55。

8 奥古斯丁：《忏悔录》10.35.56。

看那渎神的场面和表演（ad spectacula ludibriaque sacrilegiorum）。”[1]

与奥古斯丁相比，阿利比在迦太基求学时不仅沉迷于戏剧，还沉迷于赛车类的竞技表演，“但迦太基风行着轻浮的戏剧（nugatoria spectacula），这种风气的巨浪吞噬他，使他沉湎于竞技游戏（insania circensium）中”[2]。经过奥古斯丁的委婉教导，阿利比随后就坚决抛弃了这一不良嗜好。然而，当来到罗马攻读法律时，他却从极力拒斥转到热衷观看角斗表演。“在那里，（他）又不可思议地、怀着一股不可思议的热情被角斗表演（gladiatorii spectaculi）所攫取了。”[3] 显然，要等到随同奥古斯丁一起来到米兰，阿利比才彻底摆脱了这些欲望，转而专心磨砺自己的德性。[4]

对于帝国各地学生前往罗马城和君士坦丁堡城求学事宜，皇帝们在 370 年 3 月 12 日发布敕令给两城的城尹大臣，其中明确规定，除了行为不端，学生热衷于观看公共表演也将受到相应的惩戒：

> 学生不应当过于频繁地观看表演，也不应当时常参加不合时宜的酒宴。我们进一步赋予你们作为城尹大臣的权威，即如果城中有任何学生达不到博雅教育所要求的得体行为，那么他将被公开鞭笞，并被立即送上船，逐出本城，责令回乡。[5]

虽然有如此禁令和惩戒，但它们显然没有被严格实施，以致迦太基和罗马的青年学生们依然对公共表演趋之若鹜，甚至被其中展现的不道德行为所引诱而陷入歧途。

---

1 《上帝之城》中译文选用吴飞的译文，具体页码不再标出。参见奥古斯丁：《上帝之城》（上、下），吴飞译，上海三联书店 2022 年。

2 奥古斯丁：《忏悔录》6.7.11。

3 奥古斯丁：《忏悔录》6.8.13。

4 相关研究参见花威：《德性与信仰：论奥古斯丁〈忏悔录〉中的阿利比》，《伦理学研究》2016 年第 2 期，第 35—39 页。

5 参见《狄奥多西法典》14.9.1；Clyde Parr trans., *The Theodosian Code and Novels and the Sirmondian Constitutions* (Union, New Jersey: The Lawbook Exchange, Ltd., 2001), p. 414。

二、“肉体的情欲”：朱庇特化身黄金雨引诱达那厄

在《忏悔录》第1卷中，奥古斯丁回忆自己童年读文法学校时不仅读到维吉尔史诗《埃涅阿斯纪》中的女王狄多殉情，也读到特伦斯戏剧《阉奴》中的主神朱庇特化身黄金雨引诱达那厄。前者属于罗马自身的历史传说，而后者属于来自古希腊的神话故事，都成为学习初级拉丁语的阅读教材。

其中，《埃涅阿斯纪》代表着罗马国家试图将自身的神圣起源追溯到主神朱庇特，展示他对罗马国家从蕞尔小邦扩张为地中海霸主的持续护佑，从而在政治上构建起从朱庇特到朱利乌斯·凯撒（Julius Caesar）的神圣谱系。[1]奥古斯丁早年痴迷于阅读《埃涅阿斯纪》，不仅童年时为狄多的殉情之死而潸然泪下[2]，甚至在386年皈依大公信仰之后退居加西齐亚根，还每日颂咏半卷诗句[3]，直到出任圣职之后才逐渐有所放弃[4]。

与之相较，《阉奴》是特伦斯的喜剧作品，围绕着爱情、财富、欲望、欺骗、算计而展开，是罗马社会凡俗而喧嚣的市井生活的写照。在阅读中，青春期初萌的奥古斯丁特别关注到，一个青年以朱庇特化身黄金雨来引诱达那厄为榜样，内心里也蠢蠢欲动，试图以凡人之身去模仿众神之父的作为。可以知道，朱庇特引诱达那厄的故事来源于古希腊神话。其中讲到，阿尔戈国王阿克瑞希乌斯听德尔斐神谕说，自己的独女达那厄将生一个儿子杀死自己并夺取王位，就将她囚禁在一座铜塔里，而朱庇特倾慕于少女的美色，就化身黄金雨落到她身上，使之怀孕生下了英雄铂尔修斯；铂尔修斯长大后果然误杀自己的祖父，从而实现了神谕。显然，与《俄狄浦斯王》中杀父娶母

1 对于《埃涅阿斯纪》的写作主旨，研究界有两派争论，可以称为“颂赞帝国派”和“批判帝国派”。相关争论参见王承教选编：《〈埃涅阿斯纪〉章义》，王承教、黄芙蓉等译，华夏出版社2009年；阿德勒：《维吉尔的帝国：〈埃涅阿斯纪〉中的政治思想》，王承教、朱战炜译，华夏出版社2012年；高峰枫：《维吉尔史诗中的历史与政治》，北京大学出版社2021年。

2 奥古斯丁：《忏悔录》1.13.21。

3 奥古斯丁：《驳学园派》1.5.15。

4 参见高峰枫：《奥古斯丁与维吉尔》，《外国文学评论》2003年第3期，第81—91页；Sabine MacCormack, *The Shadows of Poetry: Vergil in the Mind of Augustine* (Berkeley: University of California Press, 1998); Michael C. McCarthy, “Augustine’s Mixed Feelings: Vergil’s *Aeneid* and the Psalms of David in the *Confessions*”, in *The Harvard Theological Review*, Vol. 102, No. 4 (Oct., 2009), pp. 453–479。

这一人类个体无法逃避的悲剧性命运相比，“化身黄金雨”的通奸故事增添了众神之父神通广大的香艳元素，大大冲淡了命运的必然性，以至于仅仅沦为《阉奴》中用以推进情节发展的小小道具。

从学习拉丁语时热爱阅读戏剧文本，到日常生活中热衷观看戏剧演出，从童年到青年时代的奥古斯丁就更为《阉奴》所吸引，以至于如何控制“肉体的情欲”（concupiscentia carnis），特别是性欲求，成为他在皈依大公信仰过程中的最大障碍。从在《阉奴》中读到朱庇特通奸故事的童年开始，直至386年已是中年时皈依大公信仰，奥古斯丁一直深受性欲求的辖制。而这使得，他不仅在《忏悔录》中反复回忆自己在性道德上的不堪经历，也在后续的书信和《上帝之城》中不断批判罗马戏剧对人类德性的败坏。

首先让我们来看看，特伦斯在《阉奴》中如何描述这一故事，如何使包括奥古斯丁在内的青少年学生们在学习拉丁语时被迅速引入歧途。这一故事出现在《阉奴》的第584—591行：

> 那幅画画着这样的情景：传说朱庇特怎样化作黄金雨，降进达那厄的胸怀里。这时我也开始欣赏起那幅画来。我看到从前朱庇特便已经耍过这样的把戏，我心里更加感到高兴起来。神灵都让自己化作凡人的形象，偷偷地潜进别人的屋子里，以虚假的形象，化作雨水去欺骗凡间女子。况且他是怎样的神啊！他能用震耳的雷鸣动摇苍穹。我作为凡人为什么不能那样？我也很乐意能那样做。[1]

显然，在《阉奴》里，朱庇特引诱达那厄的故事被画成了一幅画，而这位青年人在欣赏时就立即萌生了效仿的强烈意愿，以众神之父的作为为自己辩护，以致“肉体的情欲”把任何德性都抛之脑后。在读到这一情节时，奥古斯丁也马上忘记了其中的拉丁语词汇、句法和修辞，而被这个香艳故事吸引住，就像这位罗马青年一样。这种情

1　泰伦提乌斯：《古罗马戏剧全集·泰伦提乌斯》，王焕生译，吉林出版集团2015年，第254—255页。

欲是如此旺盛，如此普遍，以至于在少年时，“这是我所欢喜的，不过是爱与被爱”[1]，而少年玩伴们在一起时会吹嘘自己并没实际做出过的劣迹。[2]在这种情欲的鼓动下，奥古斯丁开始了自己一波三折的人生道路选择，直到皈依大公信仰时才下定新的意志决断。

> 假如不是特伦斯描写一个浪漫青年看见一幅绘着“朱庇特把金雨落在达那厄怀中，迷惑这妇人”的壁画，便奉朱庇特为奸淫的榜样，我们不会知道诗中所用：金雨、怀中、迷惑、天宫等词句。瞧，这青年好像在神的诱掖之下，鼓励自己干放诞风流的勾当：“这是哪一路神道啊？他说。竟能发出雷霆震撼天宫。我一个凡夫，不这样做吗？我已经干了，真觉自豪。”这些词句并非通过淫亵的描写而更易记忆，这些词句不过更使人荒淫无度。[3]

显然，如同特伦斯《阉奴》中的青年看到展示了香艳场景的这幅画，奥古斯丁仅仅阅读到《阉奴》中对此的文字描写，即“金雨、怀中、迷惑、天宫等词句”，而深刻的记忆和丰富的想象就足以激发起青春少年的蓬勃情欲。这使得，母亲莫妮卡不得不私下告诫他，“不要犯奸淫，特别是不要私通有夫之妇”[4]，但也不愿意他过早结婚而因妻室之累妨碍了前途。[5]在16岁停学在家的一年里，“情欲的荆棘便长得高出我的头顶，没有一人来拔掉它。相反，我的父亲在浴室中看见我发育成熟，已经穿上青春的苦闷”[6]。

而到了371年，一旦离家来到迦太基继续求学，远离了母亲那些“妇人的唠叨”[7]，

---

1 奥古斯丁：《忏悔录》2.2.2。
2 奥古斯丁：《忏悔录》2.3.7。
3 奥古斯丁：《忏悔录》1.16.26。
4 奥古斯丁：《忏悔录》2.3.7。
5 奥古斯丁：《忏悔录》2.3.8。
6 奥古斯丁：《忏悔录》2.3.6。
7 奥古斯丁：《忏悔录》2.3.7。

17 岁的奥古斯丁就立即放飞自我，把蓬勃的情欲化身为追求的行动。“我追求恋爱的对象，只想恋爱；我恨生活的平凡，恨没有陷阱的道路。”[1] 这使得，他在来到迦太基的第二年就开始与一名女子非婚同居[2]，并在约 373 年生下了儿子阿迪奥达图斯（Adeodatus）[3]。在 384 年秋天到达米兰，见了主教安布罗斯之后，奥古斯丁仅仅感叹，“唯独他的独身不娶，我认为我是办不到”[4]；在肯定自己无法不结婚的同时，他还引诱之前坚决反对结婚的阿利比开始出于好奇而想结婚[5]。而在 385 年春到达米兰之后，莫妮卡就开始为奥古斯丁物色正式的婚姻，并得到一位姑娘的同意，使得同居女子被遣送回北非，而在这一段等待正式结婚的空窗期，他竟然“还比不上一个女子，不能等待两年后才能娶妻，我何尝爱婚姻，不过是受肉情（amator libidinis）的驱使，我又去找寻另一个对象，一个情妇……直至正式结婚”[6]。这种自我内省始终折磨着奥古斯丁，而唯有等到 386 年夏天完成了米兰花园皈依，他才完全摆脱性欲的诱惑，最终选择了独身隐修的生活。

总而言之，朱庇特引诱达那厄的神话故事与戏剧描写给奥古斯丁留下了如此深刻的印象，以至于他从少年读书时开始热衷效仿，直到中年皈依后才得以完全拒斥，并作为案例来不断批判这一剧场神学对罗马社会的世俗道德的败坏，并论证借此建立起的罗马国家的城邦神学也已经岌岌可危。

三、最好的案例：批判朱庇特引诱事件

在后续著作中，奥古斯丁至少两次援引特伦斯《阉奴》中的情节，其一是《书信》

1 奥古斯丁：《忏悔录》3.1.1。
2 奥古斯丁：《忏悔录》4.2.2。
3 奥古斯丁：《忏悔录》9.6.14。
4 奥古斯丁：《忏悔录》6.3.3。
5 奥古斯丁：《忏悔录》6.12.21–22。
6 奥古斯丁：《忏悔录》6.15.25。

91 中反驳异教徒官员内卡塔瑞（Nectarius），其二是《上帝之城》2.7 中批评这对罗马德性的败坏。

在 408 年 6 月初，卡拉马城的异教徒三次暴力袭击了当地的大公教堂，酿成神职人员被杀和教堂被焚的犯罪案件。卡拉马大公教会主教波斯都（Possidus）援引 407 年 11 月 15 日颁布的反异教敕令，即《狄奥多西法典》16.10.19，试图以司法手段保护自己，并很快来到希波与奥古斯丁和北非大公教会商讨应对事宜，随后在 8 月启程前往拉文纳上告于皇帝霍诺里（Honorius）。

在暴乱发生之后，卡拉马的退休官员内卡塔瑞先后撰写两封书信给奥古斯丁，为异教徒袭击者求情，收录为《书信》90 和 103；而奥古斯丁也回信两封，收录为《书信》91 和 104。在《书信》90 中，内卡塔瑞承认暴乱行为应当被依法惩罚，但自己的求情是遵从西塞罗的教导，即出于一个公民对母城的爱和感恩。“人对其母城的爱和感恩是与日俱增的，生命越接近其终点，人就越想让他的国家变得繁荣和安全。”[1] 在《书信》91 中，奥古斯丁就针锋相对地进行了反驳。

（4）那么，当我们的有识之士讨论共和国和地上之城，讨论他们认为应当怎样时，（且时常在私人讨论中探究它，也的确描述了它，但并不以公共活动来实际地建构和形塑它），他们并不把众神作为榜样来塑造青年人的品格。相反，他们推荐自己认为是卓越的和值得赞许的人。当然，在特伦斯笔下，一个年轻人看到墙上画着众神之王沉溺于通奸，之后就发现，过去已经战胜了自己的欲望，现在被如此权威的榜样所鼓舞，以至于变得愈发强烈。如果他选择摹仿加图而非朱庇特，他就不会滑进这场试探，或做出令人震惊的行为！但当在神庙中，他被强迫去崇拜朱庇特而非加图，那么他怎么能够避免了呢？

也许我们不应当从喜剧中摘取这样的例子，使得不敬虔者陷入过度的放纵和渎神的迷信。阅读或提醒自己，这些书卷如何明智地论证，喜剧的台词和情节只

1 奥古斯丁：《书信》90。

会受到与之臭味相投的人欢迎。因此，当辩论共和国时，这些在公共生活中表现卓越的有识之士就秉有权威去宣布，堕落的人们在摹仿那些众神时会变得更坏，后者当然不是真实的，而是虚假的和虚构的。

（5）你也许会反驳说，“不过，聪明的读者应当以相当不同的方式来理解和解释所有描述众神的生平和品格的古代书写传统”。的确如此；就在昨天或前天，我们听闻，这一类的整套解释还在各个神庙中被读给聚会的人听。我问你：人类对真理是如此盲目，以至于不能抓住如此清晰和明显的事实吗？朱庇特在任何地方都被庆祝做了通奸的行为：在绘画中、在（浇铸、捶打或雕刻的）塑像中、在书写中、在公共阅读中、在舞台上、在诗歌中、在舞蹈中。为什么他没有被描绘为禁绝这一行为，至少在其卡皮托利山上？如果这一邪恶的、完全无耻的和不敬虔的行为被允许完全无碍地在民众中展现；如果这一行为在神庙中被崇拜，在剧场中被笑弄；如果甚至穷人的牲畜被杀光，作为献给这一行为的祭品；如果富人的遗产被浪费在演员身上，以在戏剧和舞蹈中摹仿这一行为，那么你怎么能够说，这些城市是“繁荣的”呢？[1]

对于内卡塔瑞援引西塞罗的话来论证，一个公民以德性来服务自己的城邦或国家，并由此获得死后真正的荣耀和幸福[2]，奥古斯丁反驳说，共和国不过是地上之城，远远比不上天上之城或上帝之城，即使在西塞罗那里，城邦或国家的真正繁荣也只是建基于各种德性，而不是像卡拉马异教徒那样作恶却不受惩罚[3]；更何况，西塞罗不仅借以西庇欧之口反对戏剧表演对在世的人进行称赞或抨击[4]，也多次批评说，罗马的德性早已经被对金钱和权力的欲望所败坏，从而导致罗马共和国晚期的内战和道德危机[5]。

1　奥古斯丁：《书信》91.4–5。

2　西塞罗：《论共和国》6.16、6.23、6.24 和 6.26；《论义务》1.5.57；相关研究参见刘训练：《在荣耀与德性之间：西塞罗对罗马政治伦理的再造》，《学海》2017 年第 4 期，第 68—76 页。

3　西塞罗：《论共和国》4.7.7。

4　西塞罗：《论共和国》4.10.10–12。

5　奥古斯丁：《上帝之城》2.21.3。

在奥古斯丁看来，这种道德危机的原因之一就是，罗马为自己建构的神圣起源被其神话本身所侵蚀甚至摧毁。具体表现为，在罗马的社会生活中，朱庇特呈现出两种截然不同的形象。他既是高居奥林匹斯山的至高无上、主持正义且充满威严的神，在神庙之中被罗马民众所崇拜；又是神话、诗歌、雕塑、剧场中的做出通奸行为、道德下流且充满滑稽的神，在神庙之外被罗马民众所笑弄。在共和国晚期，作为人的加图成为德性的代表，作为神的朱庇特成为欲望的代表，但德性委地，欲望盈天，加图没有进入神庙成为民众崇拜和摹仿的对象，而朱庇特却离开神庙干起了通奸的勾当，引得民众更加效法起来。对于这样的主神和他所代表的奥林匹斯神系，罗马民众如何在笑弄的同时还能够崇拜他们，并将之作为罗马的血脉之源和立国之基呢？

从413年起，奥古斯丁持续撰写《上帝之城》，其中前五卷旨在反驳“那些认为要追求人事的繁荣，就必须服侍异教徒习惯服侍的诸神的人”[1]，即反驳异教神祇可以带来现世的幸福。在《上帝之城》2.7中，奥古斯丁就援引特伦斯《阉奴》再次批判，戏剧表演所呈现的朱庇特通奸行为败坏了罗马民众的道德：

> 所有这些神的服侍者，那些更渴望朱庇特的事迹，而非柏拉图的教诲和加图的批评的人，很快他们的欲望会推动他们，就像波西乌斯所说的，被“燃烧着的欲望毒药”沾染。在特伦斯的诗篇中，有一个堕落的年轻人看到这样一幅壁画：“那里有一幅画，画的是朱庇特，下了一阵黄金的雨，落到达那厄膝头。”（《阉奴》584—585）那个青年在这里看到了对他的下流行径的如此权威的支持，于是说他所做的就是模仿神。“那神，”他说，“从最高的天上用惊雷震撼了神殿。我这个小小的人，为什么不能这么做呢？我真的做了，而且充满快乐。”（《阉奴》590-591）[2]

紧接着，奥古斯丁甚至说，这些戏剧表演中的下流形象并非来自诗人们的编造，

1 奥古斯丁：《回顾篇》2.43.1，吴飞译文。

2 奥古斯丁：《上帝之城》2.7。

也非比神话中的描写更下流，因为“在这些表演中，诗人创造的形象占支配地位，这并不是罗马人在他们的诸神圣礼中因为无经验的奉承而虚构的，而是那些神自己确定了这些，来堂而皇之地宣扬他们的光荣，是通过严格的命令甚至索取而完成的”[1]。在此稍前，奥古斯丁已经确认说：“你们注意：那些舞台表演，那下流的场面和虚荣的放纵，并不是来自人的罪过，而是你们的神命令在罗马设立的。”[2]

对于戏剧表演在罗马的流传，奥古斯丁援引李维《自建城以来》和阿庇安《内战记》说，小西庇欧不仅反对灭亡迦太基，以使得罗马失去外部敌人就肯定会陷入贪婪和奢侈，还特别说服元老院不要修建可以坐着观看戏剧表演的舞台，但并没有先知一般地“把罗马的戏剧表演都要从罗马城取消”[3]。果不其然，正如他所担心的，也正如西塞罗和撒鲁斯特所批判的，在迦太基毁灭之后，罗马人失去了强敌，“他们道德腐化，劫掠悲惨的市民，让下流的演员挥霍”[4]，其之前仅有的德性不过是欲望，即“对自由的爱”（amore libertatis）和“对称霸的爱”（amore dominationis）或霸欲（libido dominandi）[5]，但现在也被贪婪和奢侈所腐蚀，最终导致了共和国后期的连绵内战。[6]

显然，对于罗马公民德性的堕落历史，奥古斯丁在《书信》91 和《上帝之城》第 5 卷中的分析与批判主要发扬了西塞罗和撒鲁斯特的传统，旨在以罗马人来回应罗马人。[7] 与此同时，对于德性堕落的真正原因，奥古斯丁表面上将之归咎于以特伦斯《阉奴》为代表的戏剧表演，但深层次上是，取材于古希腊罗马神话的戏剧表演一直摇动着希腊城邦和罗马国家的政治神学，从而在直面基督教哲学和教会的挑战时再也无法有效应对其巨大的神学危机。

1 奥古斯丁：《上帝之城》2.8。

2 奥古斯丁：《上帝之城》1.32。

3 奥古斯丁：《上帝之城》1.31。

4 奥古斯丁：《上帝之城》5.12.3。

5 奥古斯丁：《上帝之城》5.12.2。

6 奥古斯丁：《上帝之城》5.12.1–6；撒鲁斯特：《喀提林阴谋》5219–54.6。

7 Brian Harding, *Augustine and Roman Virtue*, London: Continuum, 2008, pp. 36–102; Veronica Roberts Ogle, “Augustine’s Ciceronian Response to the Ciceronian Patriot”, in *Perspectives on Political Science* 45.2, 2016, pp. 113–124.

四、批判古典戏剧：从柏拉图、西塞罗到德尔图良

古希腊罗马神话并没有单一的、确定的或正统的经典文本，更多借助口传故事、史诗和戏剧等来表达。“有直接证据证明的最早的神话传说出现在荷马与赫西俄德的诗中，一般可追溯到公元前8或前7世纪。”[1]这使得建基于松散文本、多元叙事的古希腊罗马神话就缺乏一以贯之的理论体系，而由此产生的古希腊罗马宗教也缺乏严密的教义体系[2]，更多借助祭祀仪式、赛诗会和戏剧表演等来表达。这些活动出现在各个家庭、各个城镇或整个帝国的日常生活中，也特别出现在各个节日里，发挥着塑造神圣的道德共同体和政治共同体的功用。[3]

在古希腊罗马神话中，大多数神都具有神性的一面和人性的一面。从起源、进程到结局，特洛伊战争不过是奥林匹斯众神分裂成两派所主导的战争，雅典娜或密涅瓦为一派，由赫拉即朱诺辅助，而阿芙洛狄忒或维纳斯为一派，由宙斯即朱庇特辅助。作为主神，朱庇特的神性表现为，他试图以公义行事，保证特洛伊人在战败之后仍然能找寻到立足之地，重新建立起国家，并称霸地中海地区；其人性表现为，他有着好色下流的欲望，不停地追求所看上的人间女子，例如达那厄、欧罗巴和丽达，不惜化身为黄金雨、公牛和天鹅等。与此不相上下，美神维纳斯亦有与战神马尔斯通奸之事，甚至被其丈夫火神伏尔甘设计捉奸在床。

既然史诗和戏剧中的众神形象是好坏参半的，特别是朱庇特的神性形象受到其人性形象的挑战，那么我们就必须追问，一个不停追求好色欲望的神如何能够是主持正义的神，同时如何能够被作为榜样来培养城邦或帝国民众以达到道德上的善好？从柏拉图、西塞罗等古希腊罗马哲学家，到德尔图良、奥古斯丁等基督教教父，他们都努力批判上述目的与手段之间的冲突。

1 理查德·巴克斯顿：《希腊神话的完整世界：神的传说、人的生活》，徐艳译，九州出版社2022年，第16页。

2 奥古斯丁：《上帝之城》4.8。

3 吴飞：《心灵秩序与世界历史：奥古斯丁对西方古典文明的终结（增订本）》，生活·读书·新知三联书店2019年，第329—331页。

在《上帝之城》8.13中，奥古斯丁就援引柏拉图对神的重新定义和对诗人与戏剧的批评，讨论什么样的神才是神并值得崇拜：

> 他们认为应该对哪些神顶礼膜拜，是好的呢，是坏的呢，还是好坏兼顾？我们这里有柏拉图的观念，即诸神都是好的，没有一个神是坏的。由此就可以推论认为，应该对好神顶礼膜拜，因为不是好的就不是神。……凡做坏事的，都不是神，而他们说，仪式中的荣耀是应该敬献给好神的。那么，究竟是谁热爱戏剧表演，要求把这当作圣事，用这种方式展现自己的荣耀呢？他们的力量表明他们不是不存在的，他们对这些的极度欣赏表明他们是坏的。柏拉图怎么看待戏剧表演，也是众所周知的。诗人们吟诗作赋，所写的却根本不配诸神的威仪和善好，柏拉图说应把他们赶出城邦。那么，究竟是哪些神和柏拉图争夺这种戏剧表演呢？当然，柏拉图不能容忍诸神被虚假的罪行污蔑，而诸神却认为应该用那些罪行赞美自己。他们早先设置了这些表演，不仅耽于下流，甚至传播邪恶。……柏拉图认为不该惧怕这些坏神，而他的观点是极为一贯和强硬的，认为，诗人们所有那些渎神的胡说，只能取悦一群龌龊之徒，所以无疑要从人民建造好的城邦中去除。[1]

在这里，奥古斯丁完全同意柏拉图对神的重新定义，即神在德性上必须是善好的，神话、史诗或戏剧中所描述的那些德性上善恶参半的都不是神，而因为错误描述了神的作为且误导了民众，它们不仅不能培养德性，反而教唆堕落，其作者即诗人们应当被赶出城邦。早在《游叙弗伦》中，苏格拉底追问的焦点就是，我们的敬虔应当指向什么样的神，是彼此纷争的神[2]，是有所缺乏而要与人类交易的神[3]，还是始终秉持德性的神。这一问题贯穿于早期的《申辩》、中期的《理想国》，甚至直到

1　奥古斯丁：《上帝之城》8.13。

2　柏拉图：《游叙弗伦》7A–8E。

3　柏拉图：《游叙弗伦》14C–15A。

晚期的《蒂迈欧》。[1]

在《理想国》中，柏拉图首先反对赫西俄德《神谱》和荷马史诗，认为不过是“为人类编造了很多虚假的故事（muthous），这些故事过去一直在，现在也还在讲述着”[2]，其中描述众神、英雄之间的各种争斗与恶行丑化了他们的形象，其中特别是宙斯或朱庇特不能节制自己的情欲：

> 或是，说到宙斯，说他，在别的诸神和凡人都一齐入睡了的时候，独自醒着，竟无端地就把所谋划的一切事都忘掉了，为的是一时燃起的炽烈的情欲，说他竟忘乎所以到这样的地步，当他一眼看到赫拉，以至于不愿进入房间，当地就在地上就要交配，并且说他如此强烈地被欲望所支配，甚至于胜过他们第一次互相交往时，双双地瞒过了他们亲爱的双亲；或是关于阿瑞斯（马尔斯）和阿芙洛狄忒（维纳斯）被海法斯特（伏尔甘）捆绑起来的事，也是为了同一类的事。[3]

众神代际之间的争斗、主神的情欲难遏与英雄们的淫掠成性，这些在荷马史诗中被津津乐道，“似乎神是作恶多端的，而英雄并不比凡人好多少”[4]；柏拉图反对这样的描述，认为是不真实的且渎神的，因为“我们已经证明了，从神要产生出恶来，这乃是不可能的”[5]。而当这些不道德的“谎言”成为家庭教育和城邦教育的素材，就会在父母或教师的讲述中误导年轻一代，不仅不能熏陶他们生发出德性，反而误导他们是非不分[6]，不仅模仿起众神的各种恶行，甚至效法宙斯来反抗父亲，并以之为自己开脱罪

1 在《蒂迈欧》中，柏拉图一直强调，创造宇宙的匠神（demiurge）是善的，甚至是至善的，其与众神都不是宇宙中的恶的原因；宇宙灵魂和身体都是完美的，而人类灵魂和身体却各有缺陷，是自身所遭受的恶的原因。参见柏拉图：《蒂迈欧》29a、29e、42.d–e、43a、86e 和 87a–b。

2 柏拉图：《理想国》377D，相关译文选用柏拉图：《理想国》，顾寿观译，吴天岳校注，岳麓书社 2010 年，不再注出具体页码。

3 柏拉图：《理想国》390B–390C。

4 柏拉图：《理想国》391D。

5 同上。

6 柏拉图：《理想国》378D–378E。

责，即“这样人人就都要原谅自己的恶行，持着一种见解，似乎以为这样的事既是屡见不鲜，并且更是习以为常，古已有之的”[1]。这对应着《蒂迈欧》论述城邦中坏的政制和言论，也将之追究到父母和教师：

> 当具有这些缺陷的人所依附的政制是坏的，城邦中的言论——无论是公共的还是私人的——也是坏的，而且人们自小就根本不去学习能够救治他们的教导时，我们中的所有坏人都由于两种极非自愿的原因而变坏了。应受责备的，总是父母而非其子女，教师而非其学生。[2]

对此，柏拉图要求，要将这些作品束之高阁或者以很高的门槛来私下秘传，使之不能危害城邦中的年轻人或没头脑的人[3]；与此同时，相对于哲学所探讨的理念与德性，诗歌或戏剧只能模仿影子的影子，无关乎真理和真实，悲剧诗行也只不过激发起各种情感波动，搅扰了理性的平静判断，使得这样的诗歌和诗人应当被赶出理想城邦[4]。

柏拉图严厉批判史诗和戏剧，要求只保留正确地歌颂神和德性的部分。与之相比，亚里士多德特别肯定，悲剧可以“借引起怜悯和恐惧来使这种情感得到陶冶（或译净化，katharsis）”[5]。在城邦生活中，古希腊戏剧得到极大的欢迎，观看戏剧、举办戏剧竞赛和庆祝获奖成为其重要组成部分。《理想国》一开头就说，苏格拉底去参加向色雷斯的猎神蓬蒂斯的献祭，并观看赛会表演[6]；阿里斯托芬的喜剧《云》讽刺在台下观看戏剧表演的苏格拉底[7]；而《会饮》就缘起于庆祝阿伽通的第一部悲剧获了奖[8]。在这

---

1 柏拉图：《理想国》391E。

2 柏拉图：《蒂迈欧》87B，相关译文选用柏拉图：《蒂迈欧篇》，宋继杰译，云南人民出版社 2023 年，不再注出具体页码。

3 柏拉图：《理想国》378A。

4 柏拉图：《理想国》600C-607A；奥古斯丁：《上帝之城》2.14。

5 亚里士多德：《诗学、修辞学》，罗念生译，上海人民出版社 2016 年，第 36 页。

6 柏拉图：《理想国》327A。

7 柏拉图：《申辩》19C。

8 柏拉图：《会饮》173A。

样的社会处境中，戏剧演员的政治权利没有受到影响，之后可以从政，甚至被城邦委以出访或媾和的国务重任。[1]

研究认为，罗马是在公元前392年引入了戏剧表演[2]，最初是杂戏（Satura），之后是阿特拉笑剧（Atellan或fabula Atellana），再之后是直接翻译和改编古希腊戏剧，并创作自己的民族戏剧。古罗马戏剧在格拉古时代达到繁荣，之后就走向衰落，在基督教兴起之后受到持续批判和打击，而西部帝国的最后一场古典戏剧演出发生在533年。[3]

虽然古罗马戏剧主要源于古希腊戏剧，但相较于后者涌现出大量璀璨的作品，例如《俄狄浦斯王》或《安提戈涅》，前者更贴近日常生活，使得许多作品用语粗俗，格调低下，甚至通奸是惯常的主题或推进情节的调味剂；在演出中，拟剧（mimeisthai）的演员可以是卖淫者，“表演结束时，表演者脱得一丝不挂”，或公众常常要求妇女演员脱衣服。[4]这就使得，戏剧和演员被罗马民众和统治者所轻视，在罗马社会中的地位一直非常低微，甚至被剥夺部分政治权利。对此，西塞罗就借西庇欧之口说：

> 由于他们认为整个娱乐表演和舞台艺术是一种不体面的行业，因此他们要求从事这种行业的人不仅应该丧失其他市民可能享受的荣誉，而且甚至应该根据监察官的审查，被逐出特里布斯。[5]

这里就要求，对于戏剧演员可以剥夺其从政、参军的权利，而监察官甚至有权将之驱逐出基层行政单位。这样的道德贬低、行业限制和行政处罚一直持续到4世纪。在罗马帝国基督教化的过程中，戏剧表演被认为与基督教的新信仰和新道德不相符，由此受到帝国新法律的更大限制。在380年2月27日，以狄奥多西一世为代表的罗

1 西塞罗：《论共和国》4.11.13；奥古斯丁：《上帝之城》2.11、2.13。

2 李维：《自建城以来》7.2。

3 江澜：《古罗马戏剧史》，华东师范大学出版社2019年，第20—31页。

4 同上，第452—456页。

5 西塞罗：《论共和国》4.10.10，亦参见德尔图良：《论戏剧》22；江澜：《古罗马戏剧史》，第22页。

马皇帝们以《帖撒罗尼迦敕令》把尼西亚基督教提升为国教，而同年 4 月 24 日颁布给罗马城尹大臣（Prefect of the City）的敕令则要求，女奴隶一旦成为基督徒，就不可以再从事戏剧表演的行当。

> 对于出身低微且有义务从事强制的舞台表演的女性，如果她寻求逃避这一强制义务，那么她应当被分派去做表演服务的工作，只要她对最神圣的宗教的沉思和对基督的律法的尊崇还没有把她固定为对之的信仰。如果一种更好的生活方式已经使她们摆脱其自然处境的各种束缚，我们禁止女性被拉回去。如果借助我们的仁慈所赐予的帝国特别恩惠，她们已经免除了这一强制的、不体面的公共服务，我们也指示，这样的女性应当摆脱任何偏见的卑下的束缚，而这一偏见就来自于舞台表演。[1]

在此，皇帝敕令区分了好的生活方式与坏的生活方式，而戏剧表演就从属于后者。低微的出身和行业带来的偏见使得这些女性很难摆脱自己的社会角色，而信仰基督教就成为她们自我拯救的唯一途径，并得到帝国法律的确认和支持。在 381 年 8 月 28 日，皇帝们颁布敕令给非洲执政总督（proconsul of Africa），其内容与上述敕令基本一致。[2] 而在同年 5 月 8 日，皇帝们同样颁布敕令给罗马城尹大臣，其中要求，如果借由信仰基督教而免除戏剧表演的女性私底下或内心里仍然从事这一行当，那么她们就应当被拉回舞台且终身不得赦免。[3]

不过，早在这些敕令发布之前，新兴基督教的护教士就已经开始批判古典戏剧，主要人物至少包括阿萨纳戈拉斯（Athenagoras）、塔提安（Tatian）、菲利克斯（Minucius Felix）、拉克坦修（Lactantius），还包括奥古斯丁的同时代人克里索斯托（John Chrysostom），而其中笔锋最为犀利的非德尔图良莫属。在《护教篇》中，他把

1 《狄奥多西法典》15.7.4；Clyde Parr trans., *The Theodosian Code and Novels and the Sirmondian Constitutions*, p. 434。

2 《狄奥多西法典》15.7.9。

3 《狄奥多西法典》15.7.8。

戏剧和各种公共表演并列，要求基督徒不去观看，并在197年专门为慕道者撰写《论戏剧》（*De spectaculis*）予以教导。

> 我们绝不看你们的戏剧，同时也坚决反对其形成素材，我们深知，这些东西都是些迷信虚构的产物，同时我们也摒绝作为其表现形式的基础的那些东西。我们从来不说、不看、不听与竞技场的疯狂、剧场的放荡、竞技场的残酷和搏斗场中的无谓较量等有关的事。[1]

《论戏剧》一共30小节，可以划分为历史部分和伦理部分。前者追溯了各种公共表演的起源、历史、名称、仪式和举办地，认为不过是偶像崇拜的一种形式；后者论述说，剧场表演只会激发观众的情感波动，以至于达到情欲冲动，是各种不端行为的策源地。[2]具体来说，虽然圣经中并未明确要求不可以观看戏剧，但“就戏剧的根源来说，每次演戏都是恶人的集会”（第3节）；戏剧起源于埃特鲁利亚，最初是献给异教神祇的，比如酒神节纪念酒神，大地神节纪念丰收神，赛马节纪念战神（第5节），此外还有庆祝君主寿辰、国家节日与胜利、城市节日或纪念亡者的神戏，在举办原因、地点、道具、装饰和台词上都属于偶像崇拜（第6—13节）；观看戏剧是“一种对享乐的贪欲”，因为戏剧中的情节跌宕会引发情感上的剧烈波动，比如狂乱、苦恼、愤怒与悲伤，与上帝所教导的宁静、从容、安详与和蔼相反，以至于无法自我节制，其中所展现的暴力、色情、虚伪和欺诈等更会引诱人自我堕落（第14—24节）；异教戏剧与基督教如同两个主，基督徒不能同时侍奉，而基督教的圣诗、警句、圣歌和箴言足以取代异教戏剧，而基督的再临也将战胜以朱庇特为代表的异教神祇和迫害基督徒的各省大员（第25—30节）。对于上述极端对立，德尔图良甚至说，“弃绝这种娱乐，是一个人接受了基督教信仰的主要标志”，否则“就犯了否认信仰的罪”（第24节）。[3]

1 德尔图良:《护教篇》，涂世华译，第87页。

2 同上，第vi页。

3 同上，第127—151页。

德尔图良把戏剧表演的本质确定为偶像崇拜，并批判其鼓动欲望和败坏德性，这一进路在教父时代得到了继承和发扬，特别是在奥古斯丁的作品中。即使到了4世纪晚期，基督教取代罗马异教成为帝国的国教，但基督徒仍然热衷于观看异教戏剧表演，甚至将之作为自己市民身份的标志，自豪于所在城镇的戏剧表演可以与大城市相媲美。

五、教唆堕落：奥古斯丁对古典戏剧的道德批判

从《游叙弗伦》到《蒂迈欧》，柏拉图在批判古希腊神话和戏剧时已经看到，要建立新城邦，就需要建立新道德和新神学。延续从柏拉图、西塞罗到德尔图良的基本思路，奥古斯丁对古典戏剧的批判可以划分为道德批判和神学批判。前者在于，批判古典戏剧流于庸俗，并教唆堕落，应当予以抵制和摒弃，以净化社会和重建道德；后者在于，批判古典戏剧暴露了神话神学、剧场神学与城邦神学之间的根本矛盾，应当在哲学神学的基础上建构神圣神学，以重造国家，为其提供新的神学基础，并调整政治与社会、国家与教会的结构性关系。正如多纳里·道克斯所评论的：

> 对于奥古斯丁的读者来说，罗马戏剧不仅是一种修辞手段，更是一种社会机构、一种呈现方式和一种普遍的娱乐形式，使得他严格区分开精神与物质、真实与虚假、身体与灵魂和基督教一神论与异教多神论。[1]

有鉴于古典戏剧如此关键的地位和作用，我们先行考察奥古斯丁对其的道德批判。

在397—401年写作《忏悔录》时，奥古斯丁回忆自己青少年时代的前尘影事，

1 Donnalee Dox, *The Idea of the Theater in Latin Christian Thought: Augustine to the Fourteenth Century*, p. 16.

其中就利用《约翰一书》2∶16中划分的三重罪来列举其间的种种不是。其中，热衷观看戏剧表演和阿利比热衷观看角斗表演从属于“眼目的情欲”(concupiscentia oculorum)；到达迦太基就找了情人从属于“肉体的情欲”(concupiscentia carnis)[1]；而初读圣经却厌恶其文辞粗陋，只相信所谓“真理”以至于加入摩尼教，则从属于“今生的骄傲”(superbia vitae quae)。[2]

对于荷马史诗及建基于其上的戏剧作品，奥古斯丁认为，其中存在的主要问题包括：这些神祇、人物和历史是虚构的，是某种形式的说谎，在理性上无法接受；戏剧表演有很大的色情成分，是某种形式的教唆，在道德上无法接受；宣扬偶像崇拜，但这些神既非全能也非全善，是某种形式的自相矛盾，在神学上无法接受。具体来说，对于朱庇特的通奸故事，奥古斯丁就明确说，这是出于荷马的编造，教唆人以神为榜样来干坏事，并为自己推脱责任。

> 我不是在你那里读到了驱策雷霆和荒唐淫乱的朱庇特吗？当然他不可能兼有这两方面；但这些故事却使人在虚幻的雷声勾引之下犯了真正的奸淫时有所借口。哪一个道貌岸然的夫子肯认真地听受一个和他们出于同一泥沼的人的呼喊：“荷马虚构这些故事，把凡人的种种移在神身上，我宁愿把神的种种移在我们身上？”[3]说得更确切一些：荷马编造这些故事，把神说成无恶不作的人，使罪恶不成为罪恶，使人犯罪作恶，不以为仿效坏人，而自以为取法于天上神灵。[4]

在这里，“驱策雷霆”代表朱庇特的全能，“荒唐淫乱”却否定了他的全善，而《埃涅阿斯纪》第1卷中他对罗马国家的预言并未持续恒久则否定了他的全知。奥古斯丁认为，全能与作恶这二者不可以集中于同一位神，反而只能是荷马编造或虚构了这些

1 奥古斯丁：《忏悔录》3.5.5。

2 奥古斯丁：《忏悔录》3.8.16。在《忏悔录》10.30.41–10.37.62中，奥古斯丁则长篇分析和批判了这三重罪，所针对的时期从自己的青少年时代一直延续到写作《忏悔录》的当下。

3 西塞罗：《图斯库兰论辩集》1.26.65。

4 奥古斯丁：《忏悔录》1.16.25。

故事，是把人所犯的罪恶转移到神身上，并让人找到模仿神才干了坏事的借口。[1]两相比较，这凸显了古希腊罗马神话与柏拉图和奥古斯丁所主张的神学的截然差异，即前者更多追求故事的新奇和情节的曲折，而后者则必须追求至善的道德标准和逻辑融贯的理论体系。

在《忏悔录》3.2.2–3.2.4 中，奥古斯丁特别反思了初到迦太基观看悲剧的经历，反思由悲剧体验所引发的悲伤情感，并批判这一情感的发生机制和现实果效：

> 我被充满着我的悲惨生活的写照和燃炽我欲火的炉灶一般的戏剧（spectacula theatrica）所攫取了。人们愿意看自己不愿遭遇的悲惨故事而悲伤（dolere），这究竟为了什么？观众愿意从看戏引起悲伤（dolorem），而这悲伤就是他的快乐（dolor ipse est voluptas eius）。这岂非一种可怜的变态？一个人越不能摆脱这些情感，越容易被它感动。一人自身受苦，人们说他不幸；如果同情别人的痛苦，便说这人仁慈。但对于虚构的戏剧，仁慈究竟是什么？戏剧并不鼓励观众帮助别人，不过引逗观众的悲伤（ad dolendum），观众越感到悲伤（dolet），演员越能受到赞赏。[2]

借助反思青年时代观看悲剧的心理体验，奥古斯丁剖析了其所引发的悲伤情感的虚假性和欺骗性。观看悲剧而为主人公的不幸遭遇感到悲伤，这是人类非常自然的情感表达。其中的原因是，人类以悲伤可以表达对别人遭遇不幸的怜悯，但同时获得快乐。这里不是说，观众在观看悲剧时会既感到悲伤，又感到快乐；而是说，他们乐于在他人的不幸中寻求使自己表达悲伤的机会，以怜悯他人获得道德感上的满足，以置身事外获得安全感上的满足，由此就获得了快乐。然而，在现世生活中，没有人愿意实际地去承受这些灾祸。因为这将是观众自己遭受的实实在在的不幸，其悲伤无法带来上述两种虚假满足，顾影自怜只会使悲伤更为加深一层，而无法置身事外则凸显了

1 奥古斯丁：《书信》91.3。

2 奥古斯丁：《忏悔录》3.2.2。

安全感上的极度匮乏。由此，奥古斯丁批判说，观看悲剧时的悲伤是廉价的，其怜悯也是虚假的，既不会指向现世生活中的具体对象，也不会外化为实际的道德行动，反而遮蔽了观众自身的真实的悲惨境况。[1]

在少年时学习《埃涅阿斯纪》中狄多之死的诗句时，奥古斯丁同样体验了虚假的悲伤，而虚假的满足让他忽略了真正的安全，甚至像狄多的身体之死一样经历着自己的灵魂之死。“当时我为狄多的死，为她的失恋而流泪；而同时，这可怜的我，对那些故事使我离弃你天主而死亡，却不曾流一滴泪。”[2]也就是说，像绝大多数人一样，奥古斯丁为狄多之死而悲伤恰恰在于没有认识到，自己的真实境况其实比狄多更为悲惨，即在阅读异教故事和观看异教戏剧中远离了真正的上帝。

对于戏剧表演在罗马的历史起源，奥古斯丁援引李维的说法，即因为遭遇身体上的瘟疫，神命令设立戏剧表演，但结果却是，罗马人从此染上了心灵上的瘟疫，特别表现在道德上。

> 戏剧并没有平息身体的疾病，因为一个本来好战而坚强的民族在被竞技场中的戏剧吸引之后，产生了对戏剧表演的疯狂喜爱；而是那些邪恶的精灵早已狡猾地预见到瘟疫即将结束，于是费心利用这个机会，让人们沾染了另外一种远为严重的疾病，不是在身体上，而是在道德上。[3]

无论是模仿朱庇特的通奸而作恶，还是观看悲剧而感受虚假的悲伤，戏剧表演不仅没有生发出道德，反而败坏了原来仅有的道德，不仅成为一种个体心灵的疾病，也成为一种城邦或国家的疾病，甚至最终败坏了罗马人、罗马民族和罗马国家。不过，这里存在三个需要奥古斯丁进一步回答的问题。其一，既然神命令设立戏剧表

1 相关分析，亦参见 Jeniffer Herdt, “The Theater of the Virtues: Augustine’s Critique of Pagan Mimesis”, in James Wetzel (ed.), *Augustine’s City of God: A Critical Guide* (Cambridge: Cambridge University Press, 2012), pp. 115–116。

2 奥古斯丁:《忏悔录》1.13.20。

3 奥古斯丁:《上帝之城》1.32。

演，且这个神自称是罗马的保护者，那么他为何以之败坏罗马人的心灵，引诱他们去作恶呢？其二，虽然有西塞罗和撒鲁斯特等道德学家的应和，即罗马人的道德日益堕落，但这与罗马正在从共和国转变到帝国的持续向外扩张并不吻合，即一个道德堕落的民族为何仍然武德充沛，表现出一贯的"好战而坚强"呢？其三，从共和国转变到帝国的这一历史进程，难道不是更凸显了朱庇特在《埃涅阿斯纪》第1卷第234—236和288—289行中对罗马兴起与扩张的预言呢？[1] 即"随着岁月的流逝，有一天他们将成为罗马人，将重新振兴特洛亚王朝的血统而成为领袖，他们的权力将遍布海陆"[2]，甚至"对他们，我不施加任何空间或时间方面的限制，我已经给了他们无限的统治权"[3]。

显然，要回答后两个问题，必须等到奥古斯丁在经历过410年罗马陷落之后写作《上帝之城》，而对于第一个问题，他早在《忏悔录》中就已经以基督教的新道德来显明其新神学。如果说，柏拉图和西塞罗所做的只是以哲学反思来批判和改造古希腊罗马戏剧，那么德尔图良和奥古斯丁则要求，不仅出于新神学，也出于新道德或真实的道德，基督徒就根本不应当去剧场观看这些异教戏剧。

即使罗马帝国在4世纪开始经历基督教化，但大多数基督徒仍然生活于异教氛围中，也热衷观看戏剧表演等，在生活方式上与异教徒并无明显区别。安德烈-让·费斯蒂吉埃（André-Jean Festugière）对此评论说：

> 获得拯救无疑是重要的；但同样重要的是，只要能当下充分享受现世的诸般善好。在瓦伦斯皇帝治下，正是这些基督徒民众把竞技场和剧场挤得水泄不通，也许还紧跟着酒神巴克斯（Bacchus）和地母神德墨忒尔（Demeter）的游行队伍。节日庆典是公共的，谁会错过呢？但真正的基督教与此不同，其核心是灵性的生

1 奥古斯丁：《上帝之城》5.12.2。
2 维吉尔：《埃涅阿斯纪》，杨周翰译，译林出版社1999年，第9页。
3 同上，第10页。

活，是渴求与上帝合一。[1]

显然，虽然基督教的教义教导和教会组织正在加强，但要深入到普通信众的日常生活之中还有待时日。在399年，奥古斯丁撰写《对初信者的教导》（*De catechizandis rudibus*），描述了几乎同样的情形，“你们也会不得不看到，有多少人在异教徒的节日庆典时涌入剧场，就会有多少人在基督徒的节日庆典时涌入教堂。而当看到这些时，你们也将被引诱去模仿他们”[2]。也就是说，从瓦伦斯皇帝直到霍诺里皇帝，虽然帝国开始颁布反异教法律，但包括基督徒在内的普通民众尚没有明显改变自己的生活方式，神庙摧毁运动要直到4世纪末期才刚刚开始。其中，狄奥多西皇帝在391年颁布反异教法，禁止罗马传统宗教的祭祀仪式；霍诺里皇帝则在396年取消异教祭司等的免税特权，在399年下令摧毁乡村的异教庙宇，去除其中的偶像崇拜，在408年下令把异教神庙征收公用。[3] 部分狂热的基督徒积极私下执行上述法律，引发了与异教徒的多次流血冲突。[4]

大约在同一年，奥古斯丁从迦太基返回希波，中途受邀在布拉城（Bulla Regia）发表《布道》301A特别批判这一行为。这篇布道是在纪念圣马加比家族的节日上作的，把纪念前者殉道与观看戏剧表演相对比，以显明后者是错误的生活方式。

我们刚刚观看了七位弟兄与他们的母亲的伟大竞赛。我的弟兄姊妹，如果唯

1 André-Jean Festugière, *Antioche païenne et chrétienne: Libanius, Chrysostome et les moines de Syrie* (Paris: E. de Boccard, 1959), p. 404，转引自 Ramsay MacMullen, *Christianizing the Roman Empire (A.D. 100–400)* (New Haven and London: Yale University Press, 1984), p. 8。

2 奥古斯丁:《对初信者的教导》25.48。

3 J. Stevenson (ed.), *Creeds, Councils and Controversies: Documents Illustrating the History of the Church, AD 337–461*, revised by W. H. C. Frend (Grand Rapids: BakerAcademic, 2012), pp. 174–179.

4 奥古斯丁:《书信》50、《布道》62；狄奥多莱:《教会史》5.22.3–6；索佐门:《教会史》7.15.11–15；同时参见 Michael Gaddis, *There Is No Crime for Those Who Have Christ: Religious Violence in the Christian Roman Empire* (Berkeley: University of California Press, 2005); David Frankfurter, “Christianity and Paganism, I: Egypt”, in Augustine Casiday and Frederick W. Norris (eds.), *The Cambridge History of Christianity: Volume 2, Constantine to C. 600* (Cambridge: Cambridge University Press, 2007), pp. 173–188。

> 独我们的内心知道如何去观看它，这是一场多么伟大的竞赛！把这一神圣的表演与剧场带来的快乐与高兴相比较，在那里，眼睛被亵渎了，而在这里，心被净化了；在这里，观众将得到赞美，如果他们成了模仿者；而在那里，观众是下流的，模仿者也是无耻的。不管怎样，我爱那些殉道者，我去观看他们的表演；而当殉道者的受难故事被朗读出来时，我是一个观众，观看着他们。对我说，"你应当如此"，而你就给了我赞美。而你，却跑去观看演员，观看下流的舞蹈；我会对你说，"你应当如此"，而你很生气，之后不是我的话，而是你的生气使你有罪。借着生气，你就对自己下了判断。就这样，你所爱的是你所害怕成为的。[1]

在这里，奥古斯丁使用了使徒们的说法，把圣马加比家族的殉道故事类比为戏剧表演，"我们成了一台戏，给世人和天使观看"(spectaculum facti sumus mundo et angelis et hominibus,《哥林多前书》4:9)，"一面被毁谤，遭患难，成了戏景，叫众人观看"(et in altero quidem obprobriis et tribulationibus spectaculum facti,《希伯来书》10:33)。虽然同为观看，但观看的对象决定了其性质和果效。观看圣徒殉道使心灵被净化，再模仿他们的作为将使自己得到上帝的称赞和拯救；而观看异教表演使眼睛被亵渎，再模仿他们的作为只能使自己被自己定罪。

像布拉的异教徒一样，布拉的基督徒也为自己城镇发达的戏剧表演而骄傲，甚至将之与迦太基一较高下，更不用提其周边的城镇。对此，奥古斯丁承认迦太基民众也有这种情况，但希望布拉的基督徒能够认识到，戏剧表演在道德上是低俗的，是与基督信仰相违背的。"也许有外地人为了做买卖来到这里，而他们被问道：'你们正在寻找什么？演员吗，妓女吗？你都可以在布拉找到他们。'"[2] 在最后，他要求听众："基督徒们，帮你们自己一个忙，不要进入剧场。"[3]在这一场艰苦的交锋中，对于这种明知为罪而为之，奥古斯丁诉诸基督徒的内省良心(introspective conscience)，即对自身知

1 奥古斯丁:《布道》310A.7。

2 同上。

3 同上。

善行恶的道德批判和对自身时刻无法摆脱罪感与罪责的道德自省[1]，而布道就旨在提醒他们重新反思这一有罪境况，而不要为自己的作为开脱责任。

由此，神自己行为荒淫，还喜悦于下流的戏剧表演，就丧失了神圣；而人乐于观看这样的戏剧表演，还试图去模仿这样的神，就丧失了道德。这样一种神既神圣又下流而人既敬虔又不敬虔的悖谬，就造成了长期以来神庙与剧院、城邦神学与剧场神学之间的割裂与冲突。而置于 4 世纪末的基督教化过程中，奥古斯丁对戏剧表演的上述批判也重新界定了市民身份（civic identity）的内容，不是在惯常去剧院的同时去教堂，而是主动远离包括神庙与剧场在内的异教场所，并以"分别为圣"（《约翰福音》17∶19）的新信仰和"基督是各人的头"（《哥林多前书》11∶3）的新道德来塑造自己新市民身份。[2] 正如《书信》91.4 中明确划分开地上之城与天上之城，这一新市民身份也划分开了基督徒的信仰身份与政治身份，重新塑造了基督徒与罗马皇帝、基督教会与罗马国家的关系，使得前者既积极守法且有义务保卫国家，又超越于尘世国家的兴衰存亡。[3] 显然，这正是奥古斯丁在圣徒殉道日批判布拉基督徒热衷观看戏剧表演的当前意义和未来意义。

六、颠覆罗马：奥古斯丁对古典戏剧的神学批判

在《上帝之城》第 6—10 卷中，奥古斯丁援引瓦罗的划分方法，梳理和批判了整个异教神学，即其不能带来将来的或永恒的幸福。在其中，瓦罗把古代神学划分为三类，即神话神学（包括剧场神学）、城邦神学和自然神学（或哲学神学）。神话神学表现为诗人所描述的神话故事，以口传故事和史诗的方式流传，其在戏剧表演或公共庆

---

1 花威：《奥古斯丁与内省良心的起源》，《汉语基督教学术论评》2021 年第 31 期，第 125—148 页。

2 Éric Rebillard, *Christians and Their Many Identities in Late Antiquity, North Africa 200–450 CE* (Ithaca: Cornell University Press, 2012), pp. 77–78.

3 花威：《帝国屋檐下：奥古斯丁政治哲学研究》，中国社会科学出版社 2023 年，第 313—324 页。

典中被具体表演出来就是剧场神学，二者在内容上是一致的。城邦神学表现为神庙或公共庆典中的祭神仪式，由城市或国家的祭司专门负责。“这种神学使人们知道应该当众服侍哪些神，对每个神应该怎样举办仪式或献祭牺牲。”[1] 自然神学表现为哲学家对神的本性与特征的各种讨论，往往拘于学校或学园之中，不为普通民众所广泛知晓。在这一神学生态中，城邦或国家允许同时祭祀神和亵渎神，前者为公共庆典，后者为戏剧表演，使得人类可以同时具备神圣生活和世俗生活，前者使之满足对确定性的寻求以预备无常的命运，后者使之满足对现实利益的寻求以实现此生的快乐。珍妮弗·赫特（Jennifer Herdt）对此评论说：“在献给众神的仪式与相关的剧场游戏、表演和节日庆典之间，并不能划出任何分界线，以至于前者可以被免除恶行，而后者可以被当作娱乐。”[2]

对于这三类神学，瓦罗明确批判神话神学和剧场神学，认为其中的神是虚构的且有违道德，但因为害怕大众的意见，就不敢批判城邦神学。[3] 与之相比，塞涅卡则同时批判了城邦神学，但也因为害怕，就被迫遵守城邦神学所要求的外在风俗。[4] 以柏拉图为代表的自然神学不仅批判神话神学、剧场神学和城邦神学，也重新定义了神的本性和能力。[5] 比如，在《游叙弗伦》中，苏格拉底就先后七次给敬虔下定义，涉及神的不变动、不纷争、不贪婪和不缺乏，即永恒性、单一性、良善性和完满性。即使柏拉图可以坚持一种众神和谐的多神论，对神的这些界定也已经非常接近于基督教的独一神论，更不用说《蒂迈欧》中的“匠神”几乎就是一神论。这使得奥古斯丁评价说：“我们认为他们（柏拉图主义）超过了所有别的哲学家，承认他们和我们非常接近了。”[6]

从内容和形式上，前三种神学即神话神学、剧场神学和城邦神学都是一体的。其

1 奥古斯丁：《上帝之城》6.5.3。

2 Jeniffer Herdt, “The Theater of the Virtues: Augustine’s Critique of Pagan Mimesis”, in James Wetzel (ed.), *Augustine’s City of God: A Critical Guide*, p. 112.

3 奥古斯丁：《上帝之城》6.5.1。

4 奥古斯丁：《上帝之城》6.10.1–3。有关瓦罗和塞涅卡对异教神学的细致批判，参见 Mary M. Keys, *Pride, Politics, and Humility in Augustine’s City of God*, Cambridge: Cambridge University Press, 2022, pp. 49–57。

5 奥古斯丁：《上帝之城》8.3–8.13。

6 奥古斯丁：《上帝之城》8.9。

中，神话神学提供了有关神的起源和作为的基本素材，从荷马史诗到维吉尔的《埃涅阿斯纪》又将神的作为与城邦的起源和兴盛联系起来，其流俗的部分成为剧场神学中被反复表演和笑弄的场景，其“神圣”的部分成为城邦神学中被反复祭祀和纪念的情节，但后者其实并不比前者更为庄重。在很大程度上，这三者是彼此相通且内在和谐的。“神话神学，也就是剧场里那些极为低贱下流的表演，在城邦神学中被重新唤起，而这些是应该谴责和唾弃的，但却成为城邦神学的一部分，得到崇拜和遵从。”[1]更有甚者，“如果我们真的注意一下，会发现在神殿里举行的，比在剧场里表演的还要糟糕”[2]。这里要求的不仅不是孔子那般的“祭神如神在”(《论语・八佾》)，而是塞涅卡所建议的，“智慧的人在参与的时候不要把这当作心灵认可的宗教，而只须当作逢场作戏”[3]。

这就表明，罗马哲学家们早就看出来，在神学理论上，罗马人实际上已经用自己的城邦神学去否定其神话神学和剧场神学，其中存在着尖锐的内在矛盾。而对之的理论突破也实现在政治家的实践造作中，即罗马人的道德并不来自神的诫命，罗马国家的秩序也不来自神的维护，而都来自罗马人为自己所制定的法律。在这一意义上，罗马人可以被划分为罗马精英和一般民众，正如苏格拉底与他的陪审团，后者大部分还沉浸于神话神学和剧场神学中，而前者则试图制定新法律来限制它们对城邦或国家的可能危害。

> 罗马的法律并不能从他们的神那里接受或希求一种惩恶扬善的道德，因为他们自己的法就超过了神的法，可以驳倒他们的神。神可以为了自己的尊荣而要求戏剧表演，罗马人却将这些表演的人剥夺了作为公民的全部尊荣；神命令人们用诗人所塑造的那些猥亵的神的形象来赞颂自己，而罗马人却禁止诗人莽撞地羞辱人。[4]

1 奥古斯丁:《上帝之城》6.7。

2 奥古斯丁:《上帝之城》6.10.3。

3 同上。

4 奥古斯丁:《上帝之城》2.14。

从罗马国家的上述矛盾实践来看，这两类神学之间的冲突并不只是以神话神学和剧场神学被批判而告终，反而同时凸显出城邦神学的无根基，即它不得不赶走不道德的神（例如朱庇特），但并没有为自己找寻到有道德的神（例如上帝），使之成为罗马国家的真正保证者和维护者。部分罗马人看到了这一点，但正如皮埃尔·马南（Pierre Manent）所评论的："他们缺乏心灵（mind）的力量，或更可能缺乏灵（spirit）和心（heart），去终结城邦对荒唐且无耻的众神的屈服。"[1]

与塞涅卡几乎同时代的使徒保罗也看到这一点。当在雅典传教时，就有伊壁鸠鲁学派和斯多亚学派的人来与他辩论。后者称保罗所传讲的是苏格拉底式的"新神"（novorum daemoniorum），而保罗承认"我看你们凡事很敬畏鬼神"（superstitiosiores），但它们是"偶像崇拜"（idololatriae），只有上帝才是雅典人所已经敬拜但尚不认识的"未识之神"（ignoto Deo），并随后向他们传讲了这位真正的新神（《使徒行者》17:16–31）。

有鉴于此，奥古斯丁吸收柏拉图、瓦罗和塞涅卡对前三种神学的批判，延续保罗对雅典人的神学传讲，以戏剧表演为突破口，对之从道德批判上升到神学批判，即道德下流的神如何能够成为国家的保证者和永恒幸福的赐予者，并借助以基督教的上帝为新信仰对象的新神学来重新界定神与城邦或国家的关系，把《申辩》中作为城邦罪名的苏格拉底"另奉新神"真正显明出来[2]，把《埃涅阿斯纪》中作为神圣预言的"罗马强盛"完全颠覆下去，最终为城邦或国家奠定了新的城邦神学或政治神学。

从道德批判进入神学批判，其中的关键是，如何理解神的本性和能力，即神的永恒性、单一性、良善性和完满性，这些就凸显了古希腊罗马宗教与柏拉图哲学和基督教的显著区别。具体来说，神应当是永恒的，既不会出现代际之间的杀戮，也不会出现预言不能实现；神应当是单一的，且统管一切，不会出现众神意见之间的纷争或众神职权之间的条块分割；神应当是良善的，不会自己作恶，也不会纵容有违道德的事，

1 Pierre Manent, *Metamorphoses of the City: On the Western Dynamic*, Marc Lepain trans. (Cambridge: Harvard University Press, 2013), p. 269.

2 柏拉图：《申辩》26B–C。

反而教导人类行善，其道德教导要高于哲学家和道德学家给出的教导[1]；神应当是完满的，并不缺乏，不会向人索要任何戏剧表演、庆典仪式或祭祀香火。这四类本性和能力是彼此勾连和内在融贯的，可以从其一推论出其三，还可以推论出神的全知和全能。显然，古希腊罗马神话中的众神既不符合柏拉图所代表的自然神学，也无法承受来自新兴的基督教新神学的批判。

对此，奥古斯丁至少从以下四个方面来展开自己的批判，即（1）从众神在戏剧表演中的道德败坏来批判其能力；（2）从朱庇特的多重面相来批判其变化不定；（3）比较众神与上帝并给出不同界定；（4）而人类即使像大卫那样犯罪，也不能模仿朱庇特，因为朱庇特之上没有更高的神可供人类忏悔。

史诗作者创作了众神的罪行，而戏剧表演则将之讲述、吟咏和表演出来，其间充满下流的语词和行为，而众神却喜悦这样的表演，其中不仅包括众神之母伯西希亚（Berecynthia），也包括众神之父朱庇特。

> 这样猥亵的表演和场面，演员们都羞于在家中，在自己的母亲面前排练，却要当众表演给众神的母亲，每次都吸引来大量的男女人众频频观看和倾听。那些观众从四面八方带着好奇心被诱惑而来，他们会因为贞洁受到冒犯而感到脸红。如果这也是圣礼，还有什么是渎神的？如果这也算净化，那还有什么算玷污？这就是他们庆典的宴会中所谓的一餐，在庆典的饮宴，让那些肮脏的鬼怪来享用。[2]
>
> 在那些表演当中，神的罪行是用诗的形式一遍遍表述的，元老院是因为神的要求才下令重办这些表演的。在这些表演当中，最下流的演员们歌唱、表演和取悦于那个破坏廉耻的朱庇特。如果这些是编造的，他应该震怒；如果他反而喜欢自己的虚构的罪行，当他受到服侍时，人们所服侍的不是魔鬼是什么？一个普通的罗马人都不会喜欢这些表演，而朱庇特竟比他还可怜，难道这样一个神能够建

1 奥古斯丁：《上帝之城》2.6–8。

2 奥古斯丁：《上帝之城》2.4。

立、扩张、保存罗马吗？人们以毫无幸福的方式服侍神，难道会赐予幸福？而人们若不这样服侍他，他又会更毫无幸福地大发雷霆。[1]

在这里，奥古斯丁从良善性和单一性出发，利用反证法来质疑神话神学与剧场神学中的神的本性。如果朱庇特犯有这些罪行，那么他就不是正义的，从而无法保卫城邦和赐予幸福，但与此相对，他在《埃涅阿斯纪》中却做了这样的预言；而如果他从未犯有这些罪行，那么他就必然震怒于这样的戏剧表演，并禁止如此虚构的诋毁之词，但现实情况却与此相反，后者一直持续到现在。由此，可以推论出，朱庇特既然喜悦这样的戏剧表演，那么他就肯定不是正义的，从而根本不是真正的神，而只是"肮脏的鬼怪"或者"魔鬼"本身，甚至罗马人所信奉的也不过是"恶毒的迷信"。[2]与希腊人的因为尊重神而尊重演员不同，罗马人既然正确地贬低了演员的社会地位，就应当清楚地看到，这些神也不值得尊重，否则就会陷入自相矛盾。[3]

单一性表明，神的性情和旨意是不变动的，否则神就会出现善、恶变化，而不具备德性的神不能遵守固定的良善原则，就必然出现这些变化，难以持之以恒地以这一原则来维持世界的运行和人世的德福一致。在《忏悔录》中，奥古斯丁曾经困扰于新旧约的合一，即上帝是否有性情的变化，旧约中上帝的"后悔"(《创世记》6∶6–7、《撒母耳记上》15∶11 等）与"烈怒"(《历代志上》27∶24、《诗篇》2∶5 等）如何与新约中上帝的平静与爱相协调。而听了安布罗斯的布道之后，他最终认识到，应当以寓意释经来解释旧约中的这类经文[4]，把旧约看作新约的预表，而新约是旧约的成全。在这一问题上，奥古斯丁更认可柏拉图，"这就是说，他（上帝）是真正的存在，是不变的，和他相比，那些被他创造的可变的，都不是存在。柏拉图也坚定地持这个观点，并且作了最精彩的诠释"[5]。而从单一性出发，奥古斯丁就认定，上帝的单一既包括三位上的

1　奥古斯丁：《上帝之城》4.26。

2　奥古斯丁：《上帝之城》2.13。

3　同上。

4　奥古斯丁：《忏悔录》5.14.24。

5　奥古斯丁：《上帝之城》8.11。

合一（unity），也包括一体上的独一（oneness）[1]，从而可以推论出，上帝必然是永恒的、良善的和完满的，并由此划分开了他与朱庇特之间的截然差别。

在411或412年写给御前书记官马科林的《书信》138中，奥古斯丁就长段比较了朱庇特与上帝的区别，并对前者进行了广泛的批判：

> 但谁会认为，他们试图把擅长魔法技艺（magicarum artium）的阿波罗尼乌斯（Apollonius）和阿普列乌斯（Apuleius）比作基督，甚至更喜欢前二者，值得付之一笑呢？而当他们把这些人而非他们的众神比作基督时，我们应当认为这更可以容忍。毕竟，我们不得不承认，比起他们称为朱庇特的那位干了如此多不道德之事的庇护者和作恶者，阿波罗尼乌斯的确更好。他们对此说，这些都是神话。而他们仍然赞美来自国家的奢侈的、放纵的和明显渎神的幸福，且这个国家发明了众神的上述无耻行为，不仅把它们写成神话让人来听，还把它们演成戏剧让人来看（in theatris spectanda）。其结果就是，在那里罪行的数目比众神还多。众神喜悦呈现给自己的这些罪行，尽管他们应当惩罚其敬拜者，因为后者甚至以忍耐看着自己。但他们说，自己并非那些借助上述神话的谎言而被庆祝的众神。如果这样，那么喜悦以这些无耻行为被庆祝的他们是谁呢？基督教的教导被认为与国家对立，既因为它揭露了这些魔鬼的悖谬与虚假（horum daemonum perversitatem atque fallaciam），而魔法技艺也借助他们欺骗了人类的心灵，又因为它将之显明给整个世界，也因为它把圣天使与这些魔鬼的邪恶力量区分开来，还因为它警告说，我们必须避开这些魔鬼，并被教导如何避开他们，好像我们不应当完全选择某种形式的不幸，如果尘世的幸福仅仅借助他们才能被获得。但上帝并不想在这一点上存在任何疑问。他以尘世上至大的幸福来祝福先人，而他们敬拜独一真神（unum Deum verum），且只要必要就谴责虚假的众神，这使得旧约仍然被隐藏起来，其中有帕子蒙在新约上。由此，任何人都会认识到，这一幸福并不取决于

1 奥古斯丁：《论三位一体》2.10。

魔鬼的能力，而取决于天使所服侍的上帝的能力，魔鬼在他面前战惊不已(《雅各书》2:19)。[1]

在这里，奥古斯丁仍然是从道德批判上升到神学批判，因为罗马国家允许以神话来讲述且以戏剧来表演朱庇特的各种恶行，以其为代表的异教众神在道德上就比不上以阿波罗尼乌斯和阿普列乌斯为代表的人类，虽然后者的魔法技艺源于众神，也更比不上在道德上毫无瑕疵的基督。与此同时，这些神话和戏剧并非民众的私下喜好，而是罗马国家的公共事务，众神在道德上的不堪行为也就无法为这一国家提供神学上的神圣基础，基督教在揭露了这一点时就挑战了罗马一直以来的立国之本，造成了旧宗教与新宗教、旧神学与新神学之争。[2]对此，奥古斯丁延续了从德尔图良到奥利金的批判进路，反对从优西比乌到奥罗修斯的调和进路，最终以新宗教取代旧宗教，以新神学取代旧神学，划分开国家与宗教、政府与教会之间的适当距离。[3]

对于取代的过程和方式，奥古斯丁在此认为，基督教集中批判异教众神的神性与能力。首先，它们在道德上的恶行显明了其在神性上的自相矛盾，就不可能是神，而只能是“魔鬼”(daemon)，也不可能赐予尘世上的幸福，人类必须避开并谴责他们。其次，在基督教所描述的宇宙论层级中，上帝居于最高，是不受造的，他首先创造了天使，天使堕落就成了魔鬼，而《申辩》中苏格拉底所声称的“精灵”(δαιμόνια)接近于天使[4]，魔鬼则引诱人堕落，人类必须与之作斗争(《以弗所书》2:2、3:10和6:12)。再次，不同于异教众神，上帝才是“独一真神”，即在数量上是单一的，在道德上是良善的，在神性上是真实的，可以赐予人类尘世的幸福和来世的幸福，而天使在其面前要臣服，魔鬼在其面前不得不战惊。

在划分开上帝与朱庇特之后，这一神学上的颠覆很快为罗马国家重新塑造了新的

1 奥古斯丁:《书信》138.4.18。

2 有关这方面的中文研究，参见吴功青:《上帝与罗马：奥利金与早期基督教的宗教—政治革命》，上海三联书店2018年。

3 花威:《帝国屋檐下：奥古斯丁政治哲学研究》，第276—294页。

4 柏拉图:《申辩》24C。

道德基础，即罗马人即使模仿了朱庇特通奸，也还有机会向上帝忏悔这一罪行并得到赦免。对照《阉奴》里的罗马青年试图模仿神王朱庇特的通奸，奥古斯丁讨论了基督徒是否可以模仿人王大卫的通奸，其借口是，既然大卫都可以通奸，那么“我”为什么不可以。

在约411年夏天，奥古斯丁在迦太基做了一场布道，即《诗篇解》50。在其中，他以大卫与拔示巴通奸为例训诫基督徒，不能以大卫犯罪来为自己犯罪寻找借口，反而应当及时悔罪并不再犯罪。《撒母耳记下》11—12章详细记叙了这一通奸故事的前前后后，包括大卫设计让拔示巴的丈夫乌利亚战死，上帝借先知拿单之口训诫大卫并预言，拔示巴给他生的第一个儿子将夭折。在简略叙述这一故事之后，奥古斯丁解释说：

> 我们已经读到的是我们必须避免的；现在，让我们听听必须模仿什么，如果我们滑进罪中，因为有许多人非常愿意与大卫一起跌倒，但不愿意与他一起站起来。这个故事不是让你当作跌倒的榜样，而是当作站起来的榜样，如果你已经跌倒了。细心想想，使得你不会跌倒。大人物的跌倒不应当让小人物窃喜，而应当让他们战惊。这就是为什么上述故事被流传给我们，在最初时被记载下来，并在教堂里被经常阅读和咏唱。让还没有跌倒的所有人都听到，以确保他们不会跌倒；让已经跌倒的所有人都听到，使得他们会学着站起来。无论这人多伟大，他的罪没有在沉默中被流传，而是在教会中被宣告。那些过着邪恶生活的人听了，就把他当作自己犯罪的庇护圣徒；他们热切地将之看作正当理由，来为自己决心去犯罪进行辩护，而不是看作原因，来避免他们还没有放下的罪。他们对自己说：“如果大卫做过，那么我为什么不能呢？”[1]

相较于朱庇特之于罗马人，大卫之于以色列人和基督徒具有同样的重要性，因为

1 奥古斯丁：《诗篇解》50.3。

他不仅是以色列人的王，还是耶稣基督在肉身上的先祖(《罗马书》1∶3)。[1] 大卫与拔示巴通奸的故事为以色列人和基督徒所熟知，相关经文和诗歌“在教堂里被经常阅读和咏唱”，其中引诱、用计、惩罚、夭亡与悔罪的情节推进也极具戏剧性，那么具有如此历史形象的大卫不是更可以成为基督徒模仿的对象吗？如果朱庇特在通奸之后也受到惩罚并悔罪，那么他作为奥林匹斯主神不是更加光荣和伟大吗？而问题的关键正在于此。

在这篇释经布道中，奥古斯丁首先论证说，大卫的通奸是道德上的“跌倒”即犯罪，而犯罪并不会因为后续的悔罪就有了积极的价值，由此不应当被模仿。正如针对自己童年时的延期洗礼，他已经反思说，既然不允许身体上多受些伤以显得痊愈更加可贵，那么也就不应当允许灵魂上多犯些罪以显得悔罪更加可贵。[2] 其次，在大卫通奸的事例中，我们应当模仿的不是他的犯罪，而是他的悔改，不是为了悔改就先行犯罪，而是各种罪早就已经犯下，还远远没有悔改。这不仅包括耶稣所严肃教导的内心犯罪，“凡看见妇女就动淫念的，这人心里已经与她犯奸淫了”(《马太福音》5∶28)，还包括奥古斯丁所生动描述的婴儿犯罪，“因为在你面前没有一人是纯洁无罪的，即使是出生一天的婴孩亦然如此”[3]。再次，大卫通奸的事例被书写、阅读和咏唱，这一宣告是道德上的公开处刑，不是让人们去模仿，而是让每个人都保持警醒，即大卫即使成为某些人的“庇护圣徒”，他所庇护的也只是人，而不是他们的罪。最后，也最重要的是，大卫之上还有上帝，他犯了罪将得到上帝的惩罚，之后也可以向上帝悔罪，而朱庇特之上没有更高的、主持正义的神，他犯了罪就没有任何惩罚，也无须悔罪，内心里不仅没有产生罪感意识，甚至还可以洋洋自得，继续如法炮制。

两相比较，朱庇特的通奸只是大卫这一故事的前半部分，却没有更为重要的后半部分，即上帝的惩罚与大卫的悔罪。这使得，古希腊罗马的异教神学缺少至高的、道

1 奥古斯丁：《诗篇解》50.2。

2 奥古斯丁：《忏悔录》1.11.18；具体分析参见花威：《洗礼与信仰：论奥古斯丁〈忏悔录〉中的洗礼试探》，《神学美学》2018 年第 6 辑，第 218—230 页。

3 奥古斯丁：《忏悔录》1.7.11。

德的与全能的神作为终裁者，就既不能制约朱庇特的不道德行为，也不能消除众神不和带来的权力纷争，使其无法为希腊城邦和罗马国家构建起真正坚实的政治神学。与之相对，奥古斯丁的论证表明，基督教上帝的至高、道德与全能就完全可以裁决大卫的不道德行为，制止魔鬼反叛带来的权力纷争（《马太福音》4:8–10；《路加福音》4:5–8），并以与现实政治保持适当距离的方式，重新为整个尘世政治构建起一种既介入又超越的政治神学，并完成对异教神学的根本批判与彻底颠覆。

结　语

朱庇特化身黄金雨引诱达那厄，甚或热衷于此类情欲事件，在古希腊罗马神话中都不过是小小的插曲，并无举足轻重的位置，古希腊罗马宗教也没有因此质疑或否定他的神性。这主要是因为，古希腊罗马神话是由众多神灵和英雄的传说故事结集而成，更注重人物性格的显明饱满和情节的跌宕起伏，并不要求神灵必须神圣、良善和超越；建基于其上的古希腊罗马宗教也没有前后融贯的成文经书和教义体系，并不为城邦或国家提供绝对唯一的、时刻介入的且指向未来的神学论证。这使得奥古斯丁批评说："罗马传统宗教颠倒了人类与众神之间的自然关系，于是就败坏了人类。它非常直接地败坏了人类，以至于人们被引诱去模仿众神，做各种怪异的事情。"[1] 也就是说，众神不是作为榜样来引领人类达到完善，反而作为榜样来引诱人类更加堕落。

基于如此神话神学，希腊城邦和罗马国家就既不能根绝模仿下流的剧场神学，也不能放弃无法积聚起权威的城邦神学，因为戏剧表演中所笑弄的神消解了神庙崇拜中所祭祀的神，既不能为民众提供道德教导，也无法为城邦和国家提供神圣证明，反而瓦解了史诗所展示出的神圣叙事，使得民众失去对神的敬畏和虔诚，最终颠覆了罗马宗教和罗马政治的基础。奥古斯丁对此认为，罗马公民的有限德性不过出于上帝的恩

1　奥古斯丁：《上帝之城》2.4。

典，罗马国家的有限强盛不过出于上帝的应许[1]，而没有德性的朱庇特既不能培养罗马公民的德性，也不能保卫罗马的国祚长久，这已经被罗马充满扩张和内战的历史所表明，甚至《埃涅阿斯纪》第1卷中的预言也在410年罗马陷落中遭遇到巨大的解释危机，并在476年西罗马帝国灭亡和1453年东罗马帝国即拜占庭帝国灭亡时被宣告完全破产。

正如《书信》91和104所论证的，奥古斯丁提出尘世之城与上帝之城的二分，将罗马国家归为尘世之城，是在时间中开始和终结的有限的政治形态，对于人类的灵魂救赎没有实质作用；与此相反，只有信仰上帝才能生发出真正的德性，也才能在生前实现国家的繁荣，在死后带来个人的幸福。针对卡拉马暴乱，他明确要求，内卡塔瑞及其异教徒同胞应当从城邦之爱上升到上帝之爱，从政治层面上的爱国者转变为信仰层面上的爱国者，以皈依上帝和爱邻人来完成忏悔，在承受惩罚中不再作恶，以实现社会和解与城邦和平，并最终获得上帝的仁慈和永恒的救赎。[2]

在4、5世纪的历史大转型中，奥古斯丁对古典戏剧及其背后的三重神学的批判，为罗马帝国基督教化的百余年实践提供了理论论证，促生了政治层面与社会层面的迅速变革。既然异教众神不过是魔鬼，那么在神学上，基督教取代异教就是理所当然的，其所代表的神圣神学吸纳了哲学神学，并为尘世国家提供了新神话（创世、堕落、道成肉身与复活）、新剧场（教堂弥撒、圣日纪念）、新帝国（基督教共和国）和新哲学（基督教哲学）等内在融贯的理论体系；在政教关系上，皇帝就不再是新国教的大祭司，而只是基督教会中的平信徒，主教则借助其神学和教会事务上的权柄开始拓展政治上的影响力，从安布罗斯到奥古斯丁莫不如此；与此同时，在社会生活上，借助帝国法律的保护和部分基督徒的狂热，异教神庙被冲击和征收，异教剧场被荒废和改造，在中世纪早期走向了没落，直至15世纪才重新复兴[3]；在信仰生活上，作为一种新的人类联合和政治形式，教堂和教会则重新集结了知识精英和普通民众，实现了比

1 奥古斯丁：《上帝之城》5.12、5.15。

2 花威：《帝国屋檐下：奥古斯丁政治哲学研究》，第199—214页。

3 Richard C. Beacham, *The Roman Theatre and Its Audience*, pp. 194—213.

城邦更有强度、比帝国更有广度的联合[1]，并在物理空间上彻底清除了异教神学的物质基础。回首这段历史，我们可以看到，上述从理论到实践的复杂变革为从古代世界进入到中世纪并实现较为顺利的历史转型预备了道路。

（本文作者为湖南大学岳麓书院教授）

1 Pierre Manent, *Metamorphoses of the City: On the Western Dynamic*, Marc Lepain trans., p. 230.

记忆与心灵的自身意识

兼谈奥古斯丁的内在性观念与现代自我的制造*

胡艾忻

奥古斯丁（Aurelius Augustine）是一个伴随着现代精神的自我理解而再次被聚焦，却也由此充满争议的哲学家。一方面，很多学者认为，"在从柏拉图到笛卡尔的途中，要经过奥古斯丁"[1]，承认奥古斯丁是古代世界与现代世界之间的重要环节。另一方面，由于对现代精神的本质持不同看法，学者们对奥古斯丁是否决定性地推动了现代生活的巨大潮流却莫衷一是。特洛尔奇（Ernst Troeltsch）以"世俗化"为基本范畴，借助国家—社会理论的视角反证奥古斯丁是"最后一位古代思想家、伦理学家"。[2] 布鲁门伯格（Hans Blumenberg）以对诺斯替主义的克服为线索，借助怀疑论的视角显明奥古斯丁作为"首次、不成功的克服"与现代作为"第二次、彻底的克服"的内在联系。[3] 哈纳克（Adolf von Harnack）则从个体虔诚、个体自由等现代观念的角度捍卫奥古斯丁的"第一个现代人"（der erste moderne Mensch）身份。[4]

* 本文为国家社科基金年度项目一般项目"奥古斯丁爱的宗教哲学研究"（23BZJ058）阶段性成果。

1 参见查尔斯·泰勒：《自我的根源：现代认同的形成》，韩震等译，译林出版社 2020 年，第 179 页。

2 参见 Ernst Troeltsch, *Augustin, die Christliche Antike und das Mittelalter. Im Anschluss an die Schrift „De Civitate Dei"* (Aalen: Scientia Verlag, 1963), pp. 7, 77。

3 参见 Hans Blumenberg, *Die Legitimität der Neuzeit* (Berlin: Suhrkamp Taschenbuch Verlag, 2020), pp. 143–149, 138, 150–151。

4 参见 Adolf von Harnack, *Lehrbuch der Dogmengeschichte (Bd. 3)* (Darmstadt: WGB, 1910), p. 106, Anm. 2。

一、“第一个现代人”：内在生活的独立性

“第一个现代人”的表述最先由思想史家哈纳克和塞尔（Sell）分别提出。[1] 二人不约而同地使用这个表述，意在突出两点观察：第一，奥古斯丁作为古代历史人物，他创造了一种异于古代世界的、全新的思维模式；第二，这种新思维与现代思维具有亲缘关系。在二人看来，奥古斯丁提出了内在生活的独立性，把内在生活标记为与外在生活相并立的哲学主题，从而为西方思想史贡献了一个新概念——“内在性”（Innerlichkeit, inwardness）。内在生活的独立性意味着，一方面，内在生活成为与宇宙、自然、世界等外在生活相并立的独立领域，拥有另外的正当性根据，从效果史的角度看，内在生活与外在生活的并置，为现代哲学的心物二元论提供了理论准备；另一方面，它也意味着存在区别于自然秩序的另一种秩序。相应地，新秩序以及新的秩序根基为人的道德生活提供了另一种泉源，故必然会要求一些与之适配的、新的功能单位。换言之，内在生活的秩序必然要求一种关于人的心灵结构的新看法，从而更新人们对道德生活面貌的基本理解。于是，奥古斯丁不仅发明了作为独立官能的意志概念，改写了古代哲学把意愿视为认知—理智活动的副产品的看法，提出了不受自然因果关联制约的“自由决断”（liberum arbitrium）命题，还将三位一体思想吸纳进他的心灵观中，揭示出“内在人”（homo interior）的“记忆—理智—意志”三一结构。

我们看到，奥古斯丁的内在观念涵盖了精神生活的整体与细节。现代哲学把这个非物质的—精神性的内在性领域转入“自我”（self）观念中，推动了哲学研究的主体转向和人类学转向。许多研究者往往在这个意义上将奥古斯丁视作现代哲学精神的先驱甚或发端。但也有人可能会对此提出猛烈的抨击，认为亚里士多德早就提出了类似的思想。理由在于，一方面，亚里士多德曾在他的生命（ζωή）概念中提及了上帝与人在精神层面上的自返运动，主张自我运动的现实性（ἐνέργεια）是完满生命的核心特征（*Met*. XII 7, 1072b26–31）：上帝的自我之思（αὑτὸν [⋯] νοεῖ ὁ νοῦς）是“至高且永恒

1　参见 Karl Sell, *Aus der Geschichte des Christentums. Sechs Vorlesungen* (Darmstadt: Johannes Waitz, 1895), p. 45。

的生命”（ζωὴ ἀρίστη καὶ ἀΐδιος），而人有时候也能处于这样的生命状态中；另一方面，亚里士多德针对人类灵魂的认知—心理状态做出过大量的分析性描述，强调人类灵魂与外部世界之间的“作用—效果”关联，并在此基础上陈述他的伦理学说。因此，内在性，或者说内在生命诸进程的总体与整体，它作为科学研究的对象，已经被亚里士多德详细地探索与考察过了。

诚然，奥古斯丁与亚里士多德都关注人的灵魂或“心理”，并都致力于获得关于它的确定知识。但对哈纳克及其同时代那些致力于重建精神科学合法性的人文学者来说，亚里士多德与奥古斯丁虽都把“灵魂生活”视为重要的研究对象，但前者执着于从客观方面探查它的实在性，后者却从一开始就聚焦于它的主观 / 主体方面并由此探寻深植其中的确定性概念。哈纳克甚至认为，奥古斯丁的《忏悔录》赋予了人类内在体验以绝对价值，开拓了一个古代哲学未曾踏入的主体性领域，同时使知识的有效范围从客体世界延伸至主体世界，最终在认识论问题上颠覆了古代思维。[1]

若从对象与客体相区别的角度出发，哈纳克确实洞见了奥古斯丁哲学不同于古代世界的特殊旨趣：追求内在，从而追求关于自我和世界本源的知识（*Sol.* I, 2, 7）。可正因为哈纳克依然从对象的角度出发去审视奥古斯丁的认识论模式，从而强制了一个理解的前见，即奥古斯丁关于内在或自我的探索是对象化的认识进程，所以，哈纳克才会制作出一个“现代的奥古斯丁”。

不难发现，前述其实提出了一个激进的反对意见，认为奥古斯丁的内在观念与现代的自我观念之间存在着质的差异甚至对立。在接下来的篇幅中，我们将从哲学和古典语文学的双重角度辨析奥古斯丁内在性观念的实际承载概念 memoria（记忆），揭示与之关联的心灵自身或自身意识的哲学本质，以期发现造成奥古斯丁内在性观念与现代自我观念的差异甚或对立的根本理由。

---

1 参见 Adolf von Harnack, *Lehrbuch der Dogmengeschichte (Bd. 3)*, pp. 104–107。

二、回忆与记忆

奥古斯丁从新柏拉图主义者波菲利那里学习了作为哲学方法的“返回自己”[1]，并将自我认识的道路描述为沿着记忆的上升、复归之路。但记忆基于何种本质为人的自我铺设道路呢？奥古斯丁曾重述奥德修斯不受塞壬歌声影响而“回忆起自己”（meminisse sui）的故事，直言“记忆可被称作使得心灵与其自身同在当下的能力”（*Trin*. XIV, 11, 14）。[2] 因为，记忆具有延伸、连接的功能，经由它，心灵不仅可以让储存于内部世界的事物重新凝聚于心灵跟前，还能将心灵整体地置于心灵跟前，让心灵得以把握自身。于是，在奥古斯丁的《奥德赛》诠释里，记忆既被理解为心灵的再现行为，也被视作心灵的“自己”（se），即心灵借助记忆所实现的反身行为的效果彰显者。接下来，我们将重点分析这两个关于记忆的不同理解——它们实质上是奥古斯丁memoria概念的动词方面和名词方面——为下一步针对记忆与自身意识展开分析做必要的准备。

（一）回忆：思（cogitare）的活动

我们首先考察memoria的动词性含义。奥古斯丁常常使用meminisse，recordari，reminiscere这几个拉丁动词去描述心灵的回忆行为[3]，第一个拉丁词很可能是希腊词μέμνημαι（回想）的拉丁转写，后两个拉丁词的前缀形式re-则提示了回忆在拉丁思维中被视作一种返回运动。“当我们进入记忆（in memoriam）去唤回（revocamus）某物时，某种程度上，我们所做的难道不就是追寻那些被存储起来的东西吗？在相似的情形下，并未消失的心灵运动（motus animi）返回（recurrit）到思想（in cogitationem）中，这就是所谓的‘回忆’（recordatio）。”（*Mus*. VI, 8, 22）在这个关于“回忆”的简明释义中，回忆被描述为双重的返回运动。一方面，奥古斯丁延续了瓦罗（Varro）在《论拉丁语》里从词源学的角度将recordari（回忆）的词义还原为“唤回”（revocare）和

---

1 参见 Willy Theiler, *Forschungen zum Neuplatonismus* (Berlin: De Gruyter, 1966), p. 214。

2 如无特别说明，文中的奥古斯丁著作引文均为笔者依据CCL、CSEL等丛书中收录的现代校订本自行译出。

3 参见 James O'Donnell, Eintrag "memoria", in *Augustinus Lexikon*, Vol. 4 (Hrgs. von Cornelius Mayer) (Basel: Schwabe und Co. AG, 2012), p. 1249。

“心”(cor)的意义组合的古典修辞学思路(*De Lingua Latina* VI, 46), 重申回忆活动立足于一种将过往保持于心、以使其可被唤回的灵魂能力; 另一方面, 他认为因上述灵魂能力的实现而引发的心灵状态——“并未消失的心灵运动”——也能被唤回, 而且会继续进入思想的进程从而再现于当下意识中。回忆被描述为双重的返回, 这提示了奥古斯丁对人的内部世界做了层次上的区分。

回忆作为灵魂层面上的唤回——不妨称之为“回顾”——它关涉的内容是经由感官进入记忆的原始印象。这些原始印象与它们在外部世界中的物理对应者拥有“同一个形相”(eandem speciem, *Trin*. XI, 3, 6), 形相的同一性构筑了感官知觉和回顾这两个心理活动的可类比性。就像眼睛通过知觉感受可见物体那样, 心灵通过回顾去感知存留在记忆中的东西(*ibid*.)。但是, 与知觉行为受缚于外部影响不一样, 回顾或者说心灵的感知行为具有完全的内在特征。因为, 知觉的发生要求外部物体与知觉者物理地同在, 以保证一种经由感官实现的“赋形”(in-form-atio)得以发生, 故知觉行为与外部影响始终处于动态的因果关联中。可停留于记忆中的原始印象, 它虽然源自感官与外部世界的互动, 可原始印象一旦形成, 它就与外部世界断绝联系, 从而脱离外部要素的持续影响和作用。于是, 当心灵对这些原始印象执行回顾行为时, 它面对的不再是严格意义上的“可感之物”(sensibilis), 而是内部世界进程的产物——“像”(imagines)。奥古斯丁接续亚里士多德灵魂学的基本理解, 称心灵的感知为 phantasia (想象), 其产物为 phantasmata (心灵图像), 使之归于拉丁术语 imagines。这个属于内部世界的“像”即便因形相的同一性而与感官对象相似(similitudo), 却已完全不依赖于外部世界, 从而是另一类存在者, 或者说, 存在者的另一种存在模式。

回忆作为精神层面上的唤回——不妨称之为“追忆”——它关涉的内容是“心灵的运动”(motus animi), 奥古斯丁常常使之等价于“情感 / 情状”(affectio), 指称原始印象产生时心灵所处的即时状态。它表明, 通过追忆活动而重返当下意识的, 不仅有心灵从记忆中唤回的原始印象, 还有附着在这些原始印象上的情感或曰意识痕迹。当心灵追忆过往时, 心灵其实是对原始印象和原始印象连带着的意识痕迹进行综合表象, 从而形成一个稳固的思想(cogitatio)。于是, 心灵在追忆过往的快乐时, 它可以并不处于快乐的当下体验中，用奥古斯丁的原话说，“并不像遭受（patitur）它［指情感］那样地拥有（habet）它”（*Conf.* X, 14, 21）[1]。简言之，追忆实质上是一个意识活动，而不是一个单纯的、可还原为物理状态之变化的灵魂—心理活动。

需要指出的是，奥古斯丁的“思想”概念并不特指一种理性活动的成果，而指向一种发生于内在的、与意向（intentio）紧密关联的心灵活动：

> 学习（discere）无非就是对那些藏于记忆里的凌乱无序之物进行思想着地（cogitando）联结和用心地收集。这样，那些躲在记忆本身里、分散着且易被忽略的东西就能成为上手之物（ad manum posita）。由是，它们为意向所亲熟，一下子就出现在意向的视线中了（iam familiari intentioni facile occurrant）。我的记忆承载了许多这类事物。它们已然被发现，如上所述，成为上手之物。人们称这个为学习或识知。这些东西，如果隔一阵子没有复习，它们便会隐退，消失于幽深的内殿中。为了使它们被意识到，就要让它们从那里——它们并无其他藏身之所——像新的一样被重新想起来和收集起来，即从分散中被联合起来。这就是“思”的词义来源。因为cogito［我思］就是这样源自cogo［我收集］，……但［思］这个词为心灵所擅有。因此专指发生在心灵中的联合和集合。（*Conf.* X, 11, 18）

在这个《忏悔录》的著名段落中，奥古斯丁从词源分析的角度对“思”（cogitare）的含义做了描述[2]，最终将“思”还原为一种历时性的心灵活动。先行的意向关联和后续的秩序发生构成了这个“历时性”的属性描述。首先要澄清的是，这里的“意向关联”接近于希腊术语διάνοια（思想），指示一种介于直观（νόησις）与知觉（αἴσθησις）之间的、受时间变化限制的理智活动，用奥古斯丁的原话说，由于“意向（intentio）本身不能驻留……事物……一个挨一个地流转于思之中”（*Trin.* XV, 7, 13）。在意向关联中，心灵跟记忆中的存在者建立了形式上的关联。这一关联本身作为逻辑先行者是

1 本文中的引文内中括号均为笔者所注。

2 比较 Varro, *De Lingua Latina* VI, 43。

空的——即便在实际发生中总有“凌乱无序的”(indispositus)内容附着其上——它需要借助秩序的恢复或建立充实自身，从而成为有实在内容的认识关系。秩序发生就是意向关联成为认识关系的过程。借助心灵的分类、区分和联结等逻辑—理性能力(*Sol*. II, 11, 19–21)，杂多的印象素材得以以“统一者”的面貌浮现于意识跟前，成为心灵的连接者。由此，有研究者主张，奥古斯丁为 cogitare 及其名词形式 cogitatio 转变为中世纪具有认知—心理学意义的 vis cogitativa(认知力)迈出了第一步——在此之前奥古斯丁是cogitativus这个相关术语的唯一使用者(*Trin*. XV, 20)[1]——因为，它为拉丁经院哲学家们在接触和理解阿拉伯术语 fikr(想，思考)时提供了含义对应物的语词基础。[2]

思的历时性属性，奥古斯丁也称作“记忆地”(memoriter, *Trin*. XV, 7, 13)。思与回忆的含义等价提示了奥古斯丁将思置于 memoria 的动词方面的语义中心。事实上，上述引文也表明，思包含了心灵对“像”的感知与再现：心灵先聚集自己的注意力去感知留存于记忆中的杂多，再区分和拣选它们，然后将它们集中、联合起来，构建一个统一的“上手之物”，使之作为一个整体映入意向视野(intentio)中。因此，思是心灵构建“对象”的整体意识过程。

这里，我们看到了奥古斯丁式回忆与柏拉图式回忆(ἀνάμνησις)的区别。对于后者，对象的存在本身先于对象作为对象的被把握。理由是，理念作为被思者，其成为对象的根据在于理念本身的自在自为，在于被思者之于思者的本体论隔离。因此，理念的对象性中已然包含了客体性以及基于客体性的客观性。但对于奥古斯丁式思或“思着的回忆”(cogitando meminisse/recordari/reminiscere)，对象由执行着感知活动和

---

1 参见 Elsperger, Eintrag “cogitativus”, in *Thesaurus Linguae Latinae*, Vol. III (1910), p. 1457。

2 参见 George Peter Klubertanz, *The Discursive Power: Sources and Doctrine of the Vis Cogitativa According to St. Thomas Aquinas* (Ohio: The Messenger Press, 1952), pp. 50–52。关于奥古斯丁作品中 cogitare 或者 cogitatio 这一术语的语义、语用情况的哲学意义，请见 Robert G. Gassert, “The Meaning of Cogitatio in St. Augustine”, in *The Modern Schoolman*, Vol. XXV (1948), pp. 238–245。此外，人们往往容易忽略发生于中世纪的一个决定性时刻——大阿尔伯特的《论记忆与回忆》(Albertus Magnus, *De memoria et reminiscentia*)。正是它，将视记忆为心理机能(psychological faculty)的亚里士多德传统、视记忆为理智记忆(intellectual memory)的奥古斯丁传统和视记忆为内感(internal sense)的阿拉伯传统汇聚与融合到一个笛卡尔式“我思”概念的先声——“记忆 / 意识行为”(actus memoriae)。

联结活动的思者在自身之中给予和构建，其对象性不仅意味着对象之于思者的亲熟和内在——我们甚至可以认为该对象性即为内在构造性——还表明了它无法是一个真正的“客体”，而仅仅是一个基于主体的客观性的呈现。对于后一种对象性——它已然脱离了古典世界所追求的客体性——它意味着这么一个内在的境况：思者在执行思的综合活动中扩充了自身——思的构造成就为思者在自身之中带来了新的存在者——成为超越自身的另一个思者。[1]于是，由奥古斯丁式思所标记的思者，它的内部始终发生着内在与超越的辩证运动。这带来了两个意义深远的理论后果：其一，思者的自身——它意味着思者内部的一切整体性的整体性——成为一个不断地处于生成、变化和灭亡的受造者，从而是对先验主体性的彻底否定；其二，思者的自身作为思的综合活动的成果，它必然是一个超出思者本身之外的超越者。

（二）记忆：作为连接性的“处所”（locus）

memoria 的动词方面提示了心灵的自发返回活动和自主综合活动。除此以外，奥古斯丁也频繁地使用空间的比喻，称记忆为“内殿”（penetrale）。记忆作为空间，首先是 memoria 的名词方面的表层含义。[2]

应该承认，将记忆刻画为内部空间，并非奥古斯丁首创。事实上，他正是在亚里士多德—修辞学的教育传统中继承了这一基本理解。[3]“记忆”在古典修辞学的文献中也常被形容为“记忆宝库”。“记忆宝库”的比喻一方面遵循古代哲学中“建筑构造想象”（architektonische Vorstellungen）的思路，将存在者间的结构关系居所化和存在化，比如

---

1 值得注意的是，这里的“超越”仅仅是一个功能性概念，提示超越者和被超越者之间可基于某个共同的维度相互比较，还未是在新柏拉图主义中那样，提示超越者比被超越者有更完满的实在性，演变为一个本质性概念。

2 虽然很多研究者主张奥古斯丁持一种空间性的记忆理解，但也有反对的声音。穆勒（Jörn Müller）就提醒我们，要审慎对待关于记忆的空间性比喻（见氏著，“Memory in Medieval Philosophy”, in *Memory: A History*, ed. by Dmitri Nikulin [London: Oxford University Press, 2015], p. 99, n. 10），他主张一种时间性的记忆理解，倾向于赞同穆兰特（John Mourant）“记忆更等同于持续而非空间”（见氏著，*Saint Augustine on Memory* [Villanova: Villanova University Press, 1980], p. 13）的看法。凯撒（Hermann Josef Kaiser）则将记忆理解为使得时间体验的联结得以可能的基础，强调它具有“瞬间”（Augenblick）的含义（见氏著，*Augustinus: Zeit und „Memoria“* [Bonn: H. Bouvier u. Co. Verlag, 1969], pp. 22–35）。

3 参见 James O’Donnell, Eintrag “memoria”, in *Augustinus Lexikon*, Vol. 4 (Hrgs. von Cornelius Mayer), pp. 1249–1259; Frances Yates, *The Art of Memory* (London: Random House, 1992), pp. 17–41。

身体是灵魂的牢笼、心是上帝的圣殿或山峰等[1]，另一方面则暗示了人类心灵对万事万物进行归类归置的倾向。在《忏悔录》卷十中，奥古斯丁也用一系列的空间比喻描述记忆。比如："记忆将这一切都纳入其巨大的空间内，储藏在幽深的洞中或秘密的角落，以备再次取用"(*ibid*)；"记忆就好比心灵的胃"(*Conf.* X, 14, 21)；"看，为了寻你，我走遍了记忆的每一寸空间"(*Conf.* X, 24, 35)。这些空间性比喻刻画出记忆的延展特征，使之被理解为与外部物理世界相对的内部世界。但要注意，比喻不仅提示了本体与喻体之间的相似，更规定了二者间的本质差异。这意味着，物理空间与记忆空间之间也存在着本质差异。奥古斯丁以"遗忘"的悖论揭示出这两种空间概念的本质差异。

在详述遗忘悖论前，我们先澄清"遗忘"(oblivio)一词的几个义项。首先，"遗忘"能指称一些"被遗忘的事物"，更准确地说，一些"部分被遗忘的事物"。因为，如果一个事物被完全遗忘了，人们就无法意识到它被遗忘了。所以，只要意识到遗忘的发生，人们就能通过剩余的记忆和与之相关的记忆片段，逐步地回忆起这个被遗忘的事物。因此，遗忘作为被遗忘的事物，它仅仅表明了该事物处于一个潜隐的、有待显明的意识状态。其次，"遗忘"还能被视作构成回忆活动的构建性要素。[2]因为，当且仅当遗忘发生了，回忆的进程才能运行。在此情况下，遗忘被视作人类心灵的偶然状态，它同时也是记忆能力得以实现的必要前提。最后，"遗忘"还指向作为事情本身的现象：

> 当我称"遗忘"并且知道这个名称是怎么回事的时候，我谈论的究竟是什么？如果我不能回想起它来，我又怎么知道它呢？我说"遗忘"的时候，我想的并不是这个名词的发音，而是实事。要是我忘了这个实事，我又怎么可能知道这个发音的意义呢？(*Conf.* X, 16, 24)

---

1 参见 Therese Fuhrer, „Räume der Erkenntnis. Zur Raummetaphorik in der augustinischen Erkenntnistheorie", in *Studies of the Ancient World*, Vol. 39 (2016), p. 188。

2 参见 Johannes Kreuzer, „Der Abgrund des Bewußtseins. Erinnerung und Selbsterkenntnis im zehnten Buch", in *Die Confessionnes des Augustinus von Hippo: Einführung und Interpretationen zu den dreizehn Büchern* (Hrgs. Von Fischer Norbert und Cornelius, Mayer) (Freiburg/Basel/Wien: Verlag Herder Freiburg im Breisgau, 2004), S.445–487, 尤其是 S. 464。

研究者常常忽略，奥古斯丁正是从语言哲学的角度提出了遗忘的悖论。“遗忘”是一个具有意指功能（significare）的名称（nomina），属于“词类”（partes orationis），而“所有的词类都需要与动词一起构成完整的陈述句”（*Mag.* 7, 20）。因此，要么“遗忘”存在，要么“遗忘”不存在。若后者为真，则“遗忘”是虚妄，这意味着遗忘本身并不存在。若前者为真，而“遗忘”又不可能存在于物理世界，则它只能以“记忆的缺失”（privatio memoriae, *Conf.* X, 16, 24）的形式存在于思想世界。如此，遗忘的存在问题就转变为记忆的缺失问题了。可是，记忆本身以何种方式是缺失的呢？如果是记忆中的存在者缺失了，那是“被遗忘的事物”，如果是记忆能力失效，则指向心灵的偶然状态。可是，记忆作为内部空间，或抽象地说，一种空间的总体性，它如何能是缺失的呢？因为一旦缺失了，或者说被部分剥夺了——拉丁语 privatio（缺失）的基础义正是“从某物上分离出来”——它就不再是“整体”，而降级为“部分”的记忆内容了。于是，“遗忘本身”在哲学的追问下将自身显明为一个悖论，并在语言现象与存在的交界处显现出极端的破坏力，迫使奥古斯丁扬弃空间比喻中的感官—经验要素，寻找 memoria 名词方面的语义核心。

“处所”（locus）正是这个语义核心。展开论述前，我们有必要先对“处所”这个拉丁用语做术语阐明。拉丁词 locus 的基础义是“位置”，指示某个封闭的物理空间，也引申为“地位”，并有一个表示“句子部分或思想部分”的语言学义项。早期奥古斯丁接受空间作为“处所的延展”（spatia localia, *Mus.* VI, 8, 21）的自然哲学传统理解，认同“处所”是不再可分的单位界限（*ibid.*）。值得注意的是，在罗马帝国时期，locus 被广泛用作希腊语 τόπος 的标准拉丁对应词[1]——奥古斯丁也明确用 locus 翻译希腊语 τόπος[2]——常用于组织针对疑问词“何处”（ubi, πού）的提问的答句。在《独语录》中，

1 P. Chantraine, „Le parallélisme sémantique latin locus et grect τόπος “, in *Mélanges de philologie, de littérature et d'histoire anciennes offerts a Alfred Ernout, Librairie C. Klincksieck*, 1940, pp. 51–60, 尤其 p. 52；关于二者在语义上的关系分析，请见 pp. 57–60。关于 locus 与 τόπος 在词源学上的关系分析，请见 Ernout-Meillet, *Dictionnaire Étymologique de la Langue Latine: Histoire des mots (Vol. I: A–L)*, 4th. (Paris: Librairie C. Klincksieck, 1959), pp. 364–365。

2 最直接的文本证据来自 *Ep.* 111, 8，奥古斯丁用“nec locus ad sacrificandum in conspectu tuo”翻译但以理书 3, 38 的句子“οὐδὲ τόπος τοῦ καρπῶσαι”。

奥古斯丁重复了《巴门尼德篇》138a–b 中“存在必然是于某处存在”的论证（quidquid est, alicubi esse, *Sol.* I, 15, 29）。一方面，他强调了“何处”或“于某处所”（in loco）的谓述适用于有限者或受限定者，但不适用于无限的真理本身——巴门尼德式“一”（τὸ ἓν）的基督教对应物；另一方面，他也延续了《巴门尼德篇》里“一在自身之中从而区别于自身”（145c–146c）的思路，主张“某物存在于某处所”的命题里必然包含了“某物与其所在的处所是相异的存在者”的推论。这些继承下来的思想要点表明，“处所”在形而上学的讨论中被视作必然关涉异己者或他者的用语，描述了一个伴生伴随的关系现象。在这个现象中，差异的显现以自我与他者的必然连接——不管该连接是属于物理的还是思想的——为前提，差异性作为连通性（accessibility）的次生属性存在于“处所”概念的属性序列中。

从语用的角度观察，《忏悔录》的内省描述或自我剖析也大量使用“处所”及相关的关系性表达去描述“我”与“你”或“我”与“我自身”在思想中的连通，如外在的（exterius）、内在的（interius）、里面的（intus）、外面的（foris）、在上（supra）、在下（infra）、亲（intimus）、疏（propinquus）、在……里面（in）、从……出来（ex），等等。[1] 其中，奥古斯丁也明确用“处所”指称记忆或自我：“那些从文理课程中学习的内容存储在那里[指记忆]……就像在一个遥远且内在的处所，却又不是处所的地方”（*Conf.* X, 9, 16），“我对我自身而言不过是一个不幸的处所”（*Conf.* IV, 7, 12）。及至《三位一体》这部探讨人类心灵或意识结构的分析性作品，奥古斯丁则明言，“记忆就是——诚然它被称作生命、精神和实体——对自身的谓述，因此，只要被称作记忆，它就是依据关系对他者作谓述”（*Trin.* X,11,18）[2]，以关系（relatio）为范畴刻画记忆的连接属性。于是，在 memoria 的名词性含义的语义—语用演化进程中，记忆的空间特征最终被奥古斯丁抽象为单纯的连通性，记忆本身成为连接着关系双方并且为关系本身奠立了存

1 参见 Shinro Kato, „Der Metaphysische Sinn topologischer Ausdrücke bei Augustin“, in *Sprache und Erkenntnis im Mittelalter. 2. Halbbd* (Hrgs. Von Wolfgang Kluxen) (Berlin/Boston: De Gruyter, 1981), pp. 701–706。

2 拉丁原文如下：memoria quippe quod vita et mens et substantia dicitur ad se ipsam dicitur; quod vero memoria dicitur ad aliquid relative dicitur。

在场域的“处所”。

由于心灵与心灵内的存在者之间存在着这么一个根基性的连接点，所以心灵可借助记忆通达于心灵内的任一存在者——不管是源自物理世界的经验图像还是源自理智世界的理念——从而与它们建立认识论关联。由此来看，奥古斯丁将遗忘规定为“记忆的缺失”，意在说明心灵与存在于其内的认识对象之间不再具有连通性，从而也无法建立实在的认识论关联，并未涉及心灵或知识对象的实在性问题。

记忆的连通性使心灵具有了获得“自身”或自身意识的可能性，由此为心灵执行自我认识活动提供了条件。一方面，它表明了心灵与记忆内的一切存在者都可通过记忆相连接，将其接纳为理论欲求或认识的对象；另一方面，它也维护了心灵与记忆内诸存在者在存在层面上的相互独立性，确保它们能以他者的形式被接纳为理论欲求和认识的对象。由于心灵通过记忆连接于记忆内的一切存在者，故心灵也通过记忆连接于一个整体性的自己或自身（*Lib. Arb*. II, 19, 51; *Conf*. X, 16, 24; *Trin*. XIV, 11, 14），实现心灵的自身关联，从而为心灵的自我认识做准备。心灵通过记忆实现与自身的连通，这是 memoria 的名词性含义于认识论史的新意义。

（三）memoria 与自身意识

我们不妨先将 memoria 的动词性含义和名词性含义分别命题化：

> 命题一（动词性含义）：回忆作为心灵的自返运动是心灵的自主综合活动，它在心灵的内部产生了新的存在者；
>
> 命题二（名词性含义）：记忆作为连通性，心灵通过记忆去关涉心灵自身从而（使得心灵）区别于心灵自身。

从上述两个命题可以初步推断，心灵本身与心灵自身在心灵的自我认识活动中互为他者，从而实现分化。我们注意到，心灵的自身一旦从回忆活动中生成，它就成了心灵本身的异己者，本身与自身由此在因果关联的层面上展现出不对称性。但除此以外，分化于自我认识进程中的本身与自身还展现出一种存在论的不对称性：作为

“思着地回忆”的结果，心灵的自身继承了“思”的时间性，但该属性却不能经由“思”传递回心灵的本身。理由在于，受限于时间运动的矢量特征，“思”一旦发生，便从“自身”流向“自身的自身”，无穷往后递进。简言之，由于“思着地回忆”的介入，本身与自身之间产生了非时间性与时间性的不对称。

事实上，非时间性存在者经由“思着地回忆”变为时间性存在者，恰是一个对象化的进程：

> 因此，当我与记忆一起回忆的时候，记忆本身通过它自身将自身置于自身跟前。(*Conf.* X,16, 24)[1]

奥古斯丁重复地使用代词和反身代词去描述心灵的自身回忆行为：记忆本身在回忆中脱离了回忆者，成为站立于回忆者跟前（prae-stare，前方一站）的另一存在者，并由此成为回忆者的“对一象”(Gegen-stand)。由是，心灵的自身回忆，其实质是一个针对自己的对象化行为——心灵将它自身变成了与之相距对视的他者。这个对象化的进程同时意味着心灵的本身与其自身在意识活动层面上的分离。需要说明的是，这个分离并不能被刻画为部分与整体的分离，就好像心脏能从身体中切除取出那样。在奥古斯丁看来，部分与整体的分离关系适用于物理世界，但并不适用于心灵世界 (*Trin.* X, 3, 6–7, 9)。本身与自身的分离仅仅表明心灵从一走向了多，从同一性走向了差异性。因此，回忆实质上是一个关于差异性的产生行为，经由自身回忆活动所实现的“自身”，这正是心灵的第一个，也是最切己的他者。

由于自身或自身意识是心灵借助记忆去关涉自身的内在确定体验——“心灵知道自己，因为它自身就是它的记忆”(ipsa sibi sit memoria sui, *Trin.* XIV, 6, 8)——故它也被奥古斯丁视作直接的、不受任何阻碍的知识 (intima scientia, *Trin.* XV, 12, 21)。这意味着，客体或对象在心灵面前所呈现的陌生与未知，这些属性描述都理应在自身意

1　拉丁原文如下：Ergo cum memoriam memini, per se ipsam sibi praesto est ipsa memoria。

识的直接性和无中介性中消失殆尽。[1] 可是，奥古斯丁恰恰又以悖论的方式反复强调心灵无法通过自身或自身意识实现针对其本质的认识：

> 可我自身却把握不到我之所是的全部。由此，心灵是否太狭小了，以至于无法拥有它自身？可它自身若不在心灵里，又如何被把握呢？所以，它不在自身之外，而只能在自身之中？那它何以把握不到呢？[2]（*Conf.* X, 8, 15）

奥古斯丁描述了一个借助哲学审察而浮现出来的疑难：既然记忆意味着心灵的自身，自身又是最为切己的存在者，心灵也在自身或记忆中知道自己，那么，心灵为什么还不知道自己是"什么"？

对此，研究者奥达利（Gerard O'Daly）在其代表作《奥古斯丁的心灵哲学》中给出了一个解释：基于记忆的自身充其量只是一个"历史的身份认同"[3]，故心灵无法在客体的意义上针对其形成知识。他的主要策略是引入弗雷格对含义（sense）与指称（reference）的区分，由此表明心灵与记忆有相同的指称，但有不同的含义。他指出，在拉丁惯用语里，回忆等同于"在心灵中拥有"（in animo habere），而遗忘则等同于"不存在于心灵中，消失于心灵中"（non esse in animo, elapsum esse animo），它们都是心灵与记忆具有相同指称的语言学依据。可二者指称相同并不意味着二者含义一致。事实上，奥古斯丁视记忆内容为心灵图像表明，记忆仅仅是特定视角下的心灵，因此，记忆和心灵分别表述着不同的意义（*ibid.*）。虽然心灵与记忆有着相同的指称，但被指称者能不能固定在一个所谓的"自身"中，却是可疑的。因为，人作为历史个体而存在，是具身于历史流变中的存在者，这意味着，奠基于人的记忆的身份认同（identity）

1 马里翁（Jean-Luc Marion）认为，自身意识的陌生性或未知性构成了自我作为现象的现象性根据（见氏著，"*Mihi magna quaestio factus sum: The Privilege of Unknowing*", in *The Journal of Religion*, Vol. 85 [2005, No. 1], pp. 1–24）。

2 拉丁原文如下：nec ego ipse capio totum, quod sum. Ergo animus ad habendum se ipsum angustus est, ut ubi sit quod sui non capit? Numquid extra ipsum ac non in ipso? Quomodo ergo non capit?

3 参见 Gerard O'Daly, *Augustine's Philosophy of Mind* (Berkeley: University of California Press, 1987), p. 136。

也是一个历史的产物。这个“历史的身份认同”始终处于变化和生成的进程中，是一个“支离破碎的身份认同”(a scattered and fragmented identiy)，缺乏一个稳定、连续的基底，即具有本质地位的“自身”。[1]

在笔者看来，奥达利的诠释实质上是通过强化 memoria 的动词性含义的方式，彻底否定了柏拉图式“先天记忆”或记忆本身作为一种先验主体性的可能性。[2] 事实上，很多当代的奥古斯丁研究者受德国观念论的影响而着意刻画奥古斯丁自我观念或记忆概念中的先验要素，将记忆诠释为一种先验的自我或自身意识。[3] 笔者赞同奥达利的基本看法，即基于记忆的自身意识并非一种先验主体性。因为，正如我们在前文已说明的那样，记忆的双重含义指示一个具有自身连接能力的综合活动，所以，当心灵通过记忆关涉自身时，它其实是将活动着的自己和作为活动相关项的自己统一起来，并且将这个被综合的“统一体”(Einheit)规定为“它自身”或自身意识。[4] 自身意识作为心灵执行“思着地回忆”的结果，其实质是具有时间性的受造者。

三、自身意识的悖论与现代自我的制作

诚然，奥达利着眼于已然成为对象的自身意识，在心灵哲学与语言哲学的交汇处为自身意识的无本质性构建了一个不落窠臼的解释。可是，该解释的薄弱环节也是

1 参见 Gerard O’Daly, *Augustine’s Philosophy of Mind*, pp. 148–151。

2 多位研究者认同这一立场（参见 Rowan D. Williams, “The Paradoxes of Self-Knowledge in the *De Trinitate*”, in *Collectanea Augustiniana. Augustine: Presbyter Factus Sum* [eds. by J. T. Lienhard, E. C. Muller and R. J. Teske] [New York: Peter Lang, 1993], pp. 121–134; Paige Hochschild, *Memory in Augustine’s Theological Anthropology* [Oxford: Oxford University Press, 2012], pp. 137–155)。

3 最具代表性的研究者是布福(Edward Booth)，参见 Edward Booth, “Hegel’s Conception of Self-Knowledge Seen in Conjunction with Augustine’s”, in *Augustiniana*, Vol. 30/3–4 (1980), pp. 221–250 以及 “St. Augustine’s notitia sui Related to Aristotle and the Early Neo-Platonists”, in *Augustiniana*, Vol. 27 (1977), pp. 70–132, 364–401。他的这两份发表同时也是其博士学位论文的核心部分。

4 比较普罗提诺针对努斯的自身认识活动的论述(*Enn.* V 3)。

显而易见的，因为，奥达利事实上将记忆解释为心灵表征的集合，由此才能证成自身意识的无本质性。可是，从主题论述的完整性来说，奥古斯丁的记忆概念不仅具有认识论的理论功能，还承担着意义重大的实践功能——救赎：人的记忆是上帝降临的居所，回忆意味着重新赢得那个与神同在的“起初”（in principio）。如果记忆是心灵表征的集合，它该如何容纳上帝的本体，又该如何容纳一个以实在性为实践前提的“起初”呢？即便人们放弃奥古斯丁的实践立场，单纯从心灵哲学的立场去审查“记忆作为心灵表征的集合”这一解释，人们也不可避免地对其等价表述“自身意识的无本质性”产生怀疑。因为，自身意识是始终伴随着认识者及其认识活动的“恒在意识”（*Trin.* X, 9, 12），它如何能一方面在时间与空间中独立持存，另一方面却又缺乏本质呢？

心灵最切己的自身意识成为谜题，恰恰是近代以来——尤其是笛卡尔式数学理解建立以来——哲学史上亟待解决的谜题。事实上，奥古斯丁反复将自身意识的无本质性置于哲学研究的中心视野，其理论意图并不在于构筑有效的说明（gültige Erklärung），而在于单纯的展现（bloße Darstellung）：展现一个关于求知欲的悖论，一个显现于由欲求之爱（appetitus）本身所要求的“爱者—被爱者”二元结构（*div. Quae. 83*. 35,1）所导致的认识论难题。[1] 这个求知欲悖论的特殊之处在于，心灵欲求关于自己的知识，就好像“好奇地去了解别人的生活 / 生命”（curiosum genus ad cognoscendam vitam alienam, *Conf.* X, 3, 3）一样。为此，心灵不惜强制自己从本身中“出离”（ἔκστασις）——奥古斯丁运用了一种普罗提诺式的自身直观（*Enn.* VI 9, 9, 11）——将出离了的自己限定在与心灵本身相对峙的“对—象”位置，以满足和实现自己的“好奇心”（curiositas）。由此观之，心灵的自我认识活动仅仅是一种自我满足，而不是围绕着真理而发生的满足。但奥古斯丁也承认，好奇心是人对世界的固有冲动，只不过他也补充，这并不代表它就是心灵的本性。因为，好奇心使心灵沉迷于它的对象，离开了它的真正目的，最后导致心灵在一些世俗的学问中迷失了方向，无法转向真正的知识与超越的真理（*Conf.* X, 35, 54）。相应地，当心灵开启自身追问的进

1 另一个重要的认识论悖论是幸福悖论：若人们不认识幸福，就不会爱幸福，可为何人人都希望拥有幸福，却无人拥有过真正的幸福？（*Conf.* X, 21, 30–23, 34）

程时，受好奇心驱使的认识活动就成了心灵本身与其自身之间的必然阻隔。因为，好奇心使心灵的自身成为终极目的，主观上（或从主体的角度）更改了自身或自身意识作为手段或通道的本体论属性。总而言之，自身或自身意识成为一个异己的对象，归因于好奇心这种由古希腊思维所揭示和推崇的欲求之爱。

至此，我们触及了奥古斯丁对古代世界中的“爱”——尤其是“爱智慧”（φιλοσοφία）中的“爱”——所持有的另类洞见。我们知道，柏拉图（*Tht.* 155d）和亚里士多德（*Met.* I 2, 982b12–21; *Rhet.* I 11, 1371a32f）都将“好奇 / 惊异”（θαῦμα, θαυμάζειν）视作哲学研究的开端。[1] 在针对“哲学”一词的古代理解里，好奇作为爱智的核心构成要素，它不仅被理解为驱动人类摆脱无知的原始追求，还被赋予纯化人类认识活动的功能，让人类从对“身边那些让人困惑的事情”的惊奇，逐步走向对如日月星辰变化等愈加抽象的事物的惊奇，将对经验之物的最初惊奇扬弃于对认识本身——及其否定“无知”（ἄγνοια, Met. I 2, 982b20）——的惊奇。正是由于惊奇，人们并不为了某种功用而追求知识，而仅仅为了知道本身而追求知识。这种惊奇驱使人们去追问诸存在者的存在根据和存在的本质。于是，肇始于斯的哲学逐步发展为一种静观的哲学或形而上学。及至新柏拉图主义阶段，“观”成为哲学活动的本质表达，哲学或者爱智慧被诠释为心灵的凝神观照，它终止于思者与被思者在思中获得的同一，到了那个时刻，心灵也将获得永恒的平静与幸福。可奥古斯丁却批判这种以人对知道本身的好奇为开端的哲学理解，认为那不过是人类理性的“傲慢”（superbia）。在奥古斯丁的术语表里，傲慢与欲求的理智相连，在根本上指向人类理性的自足感。对古希腊诗歌—哲学传统来说，人的卓越以及与之相伴相随的理性的自足，都被看作一种本质上应该被欲求的东西。而理性的自足之所以被视作人类借以摆脱运气甚或厄运的根本依据，理由在于，它能帮助人类规划和实现幸福的生活。希腊哲学家们依靠自足的理性以及相应的哲学推演，为自己的真理观和幸福观辩护，这在奥古斯丁看来，只不过是“努力为

1 苏格拉底：“因为，惊异这种激情特别属于哲学家；哲学的起源不是别的，而只能是它”（柏拉图：《泰阿泰德》，溥林译，商务印书馆 2022 年，第 41 页）；“因为无论是现在还是最初，人们都由于惊异而开始哲学活动”（《形而上学》982b12-13，同上，第 222—223 页）。

自己构筑最为错误的幸福”(*Beat. v.* II, 11)。总言之，奥古斯丁批判基于好奇的自我认识活动以及由此而来的自我观念。在他看来，好奇心将自我禁锢在理性的欲求中，致使自我退行为一个理性的—自然的真相，以此使得自我作为科学研究的合法对象归于客体领域。

通过上述的论述，我们指出了一个现代的误解，即记忆或心灵的自身意识应该成为欲求的对象，从而帮助心灵实现自我知识。这之所以是误解，理由在于，从奥古斯丁的角度来看，一旦心灵出于欲求之爱或知识冲动去施行针对自己的认识活动，它的认识就会被拖入欲求之爱的二元活动结构中，从而不得不在心灵中划分出一个与之隔离、对立的区域。因此，奥古斯丁坚称，心灵所欲求的自我实质上是一个想象，更确切地说，由记忆中的杂多所制作的一个幻象(illusion)。当人们称这个幻象为客体时，他们把它放入了外在于心灵的领域，可能是自然世界，也可能是柏拉图哲学意义上的理念世界；当人们称这个幻象为对象时，他们把它放入了心灵之内的、属于心灵的主体领地。不管是何种情况，欲求之爱或者驱动了思维活动的爱欲，实质上都会造成一种阻隔的效果，即以对象化或客体化的方式分隔本已处于连接现实中的存在者。爱欲的阻隔效果在心灵对自我的追问活动中得到了最大限度的激化和呈现。因为，为了爱欲的实现，心灵不得不阻隔自身，从自己的同一性中生成差异性，形成一个不同于心灵本身的“被爱者”，即现代人耳熟能详的“自我”。简言之，我们为了自身的缘故而欲求自己，最终只会得到一个作为“事物”(res)的自我。但是，自我的“事物化”，或者更准确地说，自我的对象化，却阻断了通往真理的进程。

四、结 语

现代世界恰恰将自身的正当性与合法性奠基于一个宣称由奥古斯丁式记忆概念所承载的“事物的自我”之上——作为思之物(res cogitans)的自我——由是制作出现代的自我观念。因此，自诞生以来，现代的自我观念就自觉牵连奥古斯丁的内在性观念以及由此构造的内在生活的方方面面。正因如此，在现代的时代精神映照下，奥古斯丁似乎显露出“第一个现代人”的精神面貌。

然而，“奥古斯丁作为第一个现代人”这一论断事实上只会混淆两种共存的形而上学理想——它们始终贯穿和交织于从古代延续至现代的思想运动中，从而伤害了具有古代—现代连续性的科学意识（Bewusstsein der Wissenschaft）。这两种形而上学分别是理性的形而上学和信仰的形而上学，它们拥有各自的根源、目的和道路。理性的形而上学以知识冲动为根源——《会饮》的厄洛斯神话便是一个显著的例子，其目的在于通过自主的理智活动去获得关于存在的确定知识或曰“科学”（ἐπιστήμη, scientia）。在理性的形而上学领地内，自我在根本上不过是世界内诸存在者中的其中一类，由此被合理地视作客观科学甚或经验科学研究的可能对象。信仰的形而上学以人的救赎渴求为根源，其目的在于通过自由的绝对服从去获得属己的救赎。在信仰的形而上学领地内，一方面，人的自我并不处于救赎图景的中心，它仅仅作为一个具有中介功能的过程要素而被奥古斯丁纳入哲学考察的视野中；另一方面，奥古斯丁将“我们的心”（cor nostrum, *Conf.* I, 1, 1）规定为信念活动的承担者，从术语上更改了渴求救赎者的自我观念。这一举措的理论需求在于：上帝意愿离开自身的超越性和无限性，以人格的动姿迈入人之内在这一有限领域，使自身得以在人的直接体验中被“抓住/理解”（comprehendere），由此，这个被超越性和无限性所闯入的内在性领域，也必须是“能呼应的”或曰“人格的”。于是，奥古斯丁延续了自公元1世纪以来“心”（καρδία）演变为人格性自我的新含义，让“我们的心”成为统领内在生活的真正主体。

不过，还存在第三种隐匿的形而上学理想能使“奥古斯丁作为第一个现代人”的论断具有说服力。那就是一种持“知识即救赎”主张的诺斯替式（γνῶσις，知识）形而上学理想。事实上，作为诺斯替派研究的权威专家，哈纳克确实提及过奥古斯丁的“第二马克安”（zweiter Marcion）身份[1]，认为他接续了一个生发于东方与希腊交汇处的、盛行于古代晚期并且致力于通过“爱—智慧”（philo-sophia）去结合救赎的虔敬与

1　参见 Adolf von Harnack, *Lehrbuch der Dogmengeschichte (Bd. 3)*, p. 72, Anm. 2。

理智的认识的古老知识论传统。20 世纪，沃格林（Eric Voegelin）与布鲁门伯格关于“现代”究竟是诺斯替主义的复兴还是对它的克服的思想争论，再次把奥古斯丁哲学中知识理想与救赎理想的暧昧甚或紧张关系推向前台。也许在诺斯替主义那里，人们才能找到现代自我的真正起源。

（本文作者为上海财经大学人文学院哲学系副教授）

人类是否可以爱动物?

托马斯·阿奎那论友爱的边界

邱　羽

一

对于当代关心动物的伦理地位的哲学家而言，人类与动物[1]，特别是宠物之间的亲密关系是一个重要的现象和话题[2]。然而，作为哲学史上一个重要的传统，亚里士多德主义的一个著名论断却是人类与动物之间不能存在真正的友爱。例如，亚里士多德在《尼各马可伦理学》卷八中指出，人类与动物之间不能存在友谊：

1　本文的讨论默认“动物”指的是不具有理性能力的动物。

2　关于动物的伦理地位和道德权利的最基本的讨论，可以参见 Rosalind Hursthouse, *Ethics, Humans and Other Animals* (London: Routledge, 2000); David DeGrazia, *Animal Rights: A Very Short Introduction* (Oxford: Oxford University Press, 2002); Dale Jamieson, *Morality's Progress: Essays on Humans, Other Animals, and the Rest of Nature* (Oxford: Oxford University Press, 2003); Peter Singer (ed.), *In Defence of Animals* (Oxford: Basil Blackwell, 2004); Cass R. Sunstein and Martha C. Nussbaum (eds.), *Animal Rights: Current Debates and New Directions* (Oxford: Oxford University Press, 2005); Tom L. Beauchamp, and R.G. Frey (eds.), *The Oxford Handbook of Animal Ethics* (New York: Oxford, 2011); Lori Gruen, *Ethics and Animals: An Introduction* (Cambridge: Cambridge University Press, 2011); Mark Rowlands, *Can Animals Be Moral?* (New York: Oxford University Press, 2012)。关于人类与动物的亲密关系的讨论，参见 Donovan, Josephine and Carol J. Adams (eds.), *The Feminist Care Tradition in Animal Ethics* (New York: Columbia University Press, 2007); Elisa Aaltola, “Empathy, Intersubjectivity and Animal Ethics”, *Environmental Philosophy*, Vol. 10 (2013), pp. 75–96; Lori Gruen, *Entangled Empathy: An Alternative Ethic for Our Relationship with Animals* (Brooklyn: Lantern Books, 2015); Alice Crary, *Inside Ethics: On the Demands of Moral Thought* (Cambridge, MA: Harvard University Press, 2016)。

> ……对于无生命的事物不存在友谊或正义，正如对于马、牛、奴隶不存在友谊和正义一样。[1]

同样地，作为一位亚里士多德主义者，阿奎那也明确否定了人之于动物的友爱的可能性。阿奎那指出，友谊和友爱只能以拥有理性能力的存在者为对象：

> ……我们不能和任何事物有友谊，除了有理性的受造物。[2]

对于当代的伦理学家，这一论断似乎过于坚决而让人困惑。面对先哲的反对意见，一个自然的问题是：为什么亚里士多德和阿奎那会这么干脆地否认人与动物的友爱的可能性？他们是怎么为这一命题辩护的？他们的论点，放到今天来看，能给我们怎样的启发？

然而另一方面，对于一位亚里士多德主义者，特别是对于一位阿奎那的研究者而言，这一论断及其论证同样让人困惑。简单来说，摆在托马斯主义者面前的问题是这样的：如果我们从对于阿奎那的爱的理论常见的、传统的理解出发，其实并不容易得到“人不能爱动物”这样一个结论。相反，一个更直观和自然的结论恰恰是动物可以成为我们友谊的对象。因此，如果想要搞清楚阿奎那在这一点上的反对意见，我们就必须要重新研究该怎么理解阿奎那关于爱的理论，以及现在大家普遍接受的解读是在哪里出了问题。

在这篇文章中，我们将主要从一个中世纪经院哲学，而非当代伦理学的角度出发，研究阿奎那反对动物等不具有理性能力的事物能够作为友爱对象的讨论。我们的目的是：通过研究阿奎那理论中的这样一个细节性问题，展示出当下常见的对于

---

1 EN 1161b1–3. 本文所引《尼各马可伦理学》译自阿奎那所注释之拉丁本，参见 Sancti Thomae de Aquino, *Opera omnia iussu Leonis XIII P. M. edita, t. 47: Sententia libri Ethicorum* (Romae: Ad Sanctae Sabinae, 1969), p. 480。

2 ST I 20.2 ad 3. 本文所引《神学大全·第一部》译自拉丁本：Sancti Thomae de Aquino, *Opera omnia iussu impensaque Leonis XIII P. M. edita, t. 4–5: Pars prima Summae theologiae* (Romae: ex Typographia Polyglotta S. C. de Propaganda Fide, 1888–1889)。

阿奎那爱的理论的解读的不完善，并提出一种全新的以交通（communicatio）和公善（bonum commune）为核心的解读。

二

在进入阿奎那的具体论证之前，我们先得完成若干准备工作。首先，我们需要对阿奎那所主张的命题加以澄清。依据经院哲学的严谨术语，阿奎那（以及亚里士多德）所主张的并非是一般的反对命题，P1:“人类不能爱无理性的动物”，或“动物不能是人类的爱的对象”；而是一个更具体的命题，P2:“人类不能以友爱爱动物”，或者说“动物不能是人类友爱的对象”。

依据亚里士多德的《修辞学》，阿奎那在爱（amor）这一行动中区分出了两个基本构成要素：欲爱（amor concupiscentiae）和友爱（amor amicitiae）。阿奎那说：

> ……正如哲学家在《修辞学》第二卷所说，爱是意愿某一事物的善好。因此爱的运动朝向两个对象：一是某人意愿于某一对象——或是自己，或是他者——的善好，二是他所意愿善好的那个事物。指向那个某人意愿于对象的善好的是欲爱，而指向那个某人意愿善好的对象的是友爱。[1]

1 ST I–II 26.4 co. Cf. SSS 2.3.4.1 co.; SSS 3.28.1.1 co., ad 5; SSS 3.28.1.2 co.; SSS 3.29.1.3 co.; SSS 3.29.1.4 co.; SSS 4.49.1.2.1 ad 3; SCG 1.91.3; SCG 3.109.6–7; ST I 20.1 ad 3; ST I 20.2 co., ad 3; ST I 60.3 co.; ST I 60.4 co., ad 3; ST I 60.5 co.; ST I–II 27.3 co.; ST I–II 28.1 co., ad 2; ST I–II 28.2 co.; ST I–II 28.3 co.; ST I–II 28.4 co.; ST I–II 46.2 co.; ST I–II 66.6 ad 2; ST II–II 17.3 co.; ST II–II 17.6 ad 3; ST II–II 17.8 co.; ST II–II 23.1 co.; ST II–II 25.2 co.; ST II–II 25.3 co.; ST II–II 26.3 ad 3; DM 1.5 co.; DVi 2.7 co., ad 10; DVi 4.3 co., ad 4, ad 9; Quodlibet 1.4.3 co., ad 3; Super DDN 4.9–10; DPSV 13; Super Io. 15.4; Super Gal. 4.5; Super Philip. 1.3; etc. 本文所引《神学大全·第二部上》译自拉丁本：Sancti Thomae de Aquino, *Opera omnia iussu impensaque Leonis XIII P. M. edita, t. 6–7: Prima secundae Summae theologiae* (Romae: ex Typographia Polyglotta S. C. de Propaganda Fide, 1891–1892)。此外,《箴言集评注·第二卷》的拉丁本参见 Sancti Thomae de Aquino, *Scriptum super libros Sententiarum magistri Petri Lombardi episcopi Parisiensis, t. 2*, ed. P. Mandonnet (Parisiis: P. Lethielleux, 1929);《箴言集评注·第三卷》的（转下页）

简而言之，阿奎那将爱大致[1]理解为一种善意（bene-volentia），即对于某对象获得某种善好的意愿。而这个意愿包含两个基本的行动：一是指向“对象”的爱，即友爱；二是指向“善好”的爱，即欲爱。举例来说：当我希望自己变聪明时，我的欲爱的对象是聪明，而友爱的对象是我自己。而当我希望我的妻子开心时，我欲爱的对象是快乐，而友爱的对象是我的妻子。这两个行动元素——欲爱和友爱——是不能够独立存在的：正如我不可能单纯地爱某一善好而不意愿某事物获得这一善好，同样地，我不可能单纯地爱某一事物而不意愿其善好。按照阿奎那的话说：

（接上页）拉丁本参见 Sancti Thomae de Aquino, *Scriptum super libros Sententiarum magistri Petri Lombardi episcopi Parisiensis, t. 3*, ed. M. F. Moos (Parisiis: P. Lethielleux, 1956)；《箴言集评注·第四卷下》的拉丁本参见 Sancti Thomae de Aquino, *Opera omnia, t. 7/2: Commentum in quartum librum Sententiarum magistri Petri Lombardi* (Parmae: Typis Petri Fiaccadori, 1858)；《反异教大全》的拉丁本参见 Sancti Thomae de Aquino, *Liber de veritate catholicae Fidei contra errores infidelium seu Summa contra Gentiles, t. 2–3*, eds. P. Marc, C. Pera, P. Caramello (Taurini-Romae: Marietti, 1961)；《神学大全·第二部下》的拉丁本参见 Sancti Thomae de Aquino, *Opera omnia iussu impensaque Leonis XIII P. M. edita, t. 8–10: Secunda secundae Summae theologiae* (Romae: Ex Typographia Polyglotta S. C. de Propaganda Fide, 1895–1897–1899)；《罪恶论辩集》的拉丁本参见 Sancti Thomae de Aquino, *Opera omnia iussu Leonis XIII P. M. edita, t. 23: Quaestiones disputatae de malo* (Roma-Paris: Commissio Leonina-J. Vrin, 1982)；《德性辩论集·第二问》的拉丁本参见 Sancti Thomae de Aquino, *Quaestiones disputatae, t. 2: Quaestio disputata de caritate*, ed. E. Odetto, 10ª ed. (Taurini-Romae: Marietti, 1965), pp. 753–790；《德性辩论集·第四问》的拉丁本参见 Sancti Thomae de Aquino, *Quaestiones disputatae, t. 2: Quaestio disputata de spe*, ed. E. Odetto, 10ª ed. (Taurini-Romae: Marietti, 1965), pp. 803–812；《自由论辩集》的拉丁本参见 Sancti Thomae de Aquino, *Opera omnia jussu Leonis XIII P. M. edita, t. 25/1: Quaestiones de quolibet. Préface. Quodlibet VII, VIII, IX, X, XI; t. 25/2: Quaestiones de quolibet. Quodlibet I, II, III, VI, IV, V, XII* (Roma-Paris: Commissio Leonina-Éditions du Cerf, 1996)；《论圣名评注》的拉丁本参见 Sancti Thomae de Aquino, *In librum Beati Dionysii De divinis nominibus expositio*, eds. C. Pera, P. Caramello, C. Mazzantini (Taurini-Romae: Marietti, 1950)；《论灵性生活之完满》的拉丁本参见 Sancti Thomae de Aquino, *Opera omnia iussu Leonis XIII P. M. edita, t. 41 B: De perfectione spiritualis vitae* (Romae: Ad Sanctae Sabinae, 1969)；《若望福音讲记》的拉丁本参见：Sancti Thomae de Aquino, *Super Evangelium S. Ioannis lectura, 6ª ed.*, ed. R. Cai (Taurini-Romae: Marietti, 1972)；《迦拉达书讲记》的拉丁本参见：Sancti Thomae de Aquino, *Super Epistolas S. Pauli lectura, t. 1: Super Epistolam ad Galatas lectura, 8ª ed.*, ed. R. Cai (Taurini-Romae: Marietti, 1953)；《斐理伯书讲记》的拉丁本参见：Sancti Thomae de Aquino, *Super Epistolas S. Pauli lectura, t. 2: Super Epistolam ad Philipenses lectura, 8ª ed.*, ed. R. Cai (Taurini-Romae: Marietti, 1953)。

1 严格来说，爱并不等同于善意；在下文的讨论中我们将澄清这一点。

爱的行动总是朝向两个对象。[1]

当阿奎那讨论人与动物之爱的问题时，他的立场是，动物等不具有理性能力的事物不能是友爱的对象。换句话说，我们不能以意愿动物的善好的方式来爱动物。然而，阿奎那完全不否认动物可以是欲爱的对象。我们大可以通过意愿动物作为某一对象的善好的方式来“爱”动物，比如说，我可以在想吃牛肉的意义上“爱”牛，或者在想撸猫的意义上“爱”猫，等等。[2]

对于现代的读者而言，接受阿奎那的这一区分似乎不会有什么困难。当我们讨论人与动物的爱时，恐怕少有人会考虑动物作为欲爱对象的这种情况。理由很简单：当我们以这种方式爱动物时，我们看上去并没有真正的爱动物。当我想吃牛排的时候，我爱的显然不是牛，而是我自己。而这事实上正是阿奎那爱的理论的要点。阿奎那指出：当我们通过欲爱爱某一对象时，我们是为了另一个对象（友爱的对象）而爱该对象；只有当我们通过友爱爱某一对象时，我们才是为了这个对象自身而爱它。因此，友爱是一种比欲爱更加“真”（vera）的爱。[3] 而阿奎那的反对意见则在于：我们不能以这种真正的方式爱无理性能力的动物。

因此，摆在我们面前的课题是：阿奎那为什么认为动物不能是人类友爱的对象？但当我们带着这个问题阅读阿奎那的文本时，我们立刻会遇到一个材料选择上的困难。我们会发现，阿奎那自己几乎没有直接讨论过“人对于动物的友爱是否可能”这个问题。阿奎那研究的问题往往是这样的：

“上帝是否爱一切受造物，包括不具有理性能力的受造物？”

“不具有理性能力的受造物是否是爱德（caritas）的对象？”

因此，为了让我们的问题更贴近阿奎那的时代，我们还需要对这个问题在中世纪哲学的语境下的内涵做进一步的说明。需要说明的有三点：“人”“动物”和“友爱”。

---

1 ST I 20.1 ad 3. Cf. ST I–II 46.2 co., etc.

2 Cf. SSS 3.28.1.2 co.; ST I 20.2 ad 3; ST II–II 25.3 co.; DVi 2.7 co.

3 Cf. ST I–II 26.4 co.; Super DDN 4.9; DPSV 13; etc.

首先是“人”：虽然我们所关心的问题主要是我们人类对于动物的友爱，然而在阿奎那看来，这一讨论就主体而言同样适用于其他拥有理性能力的，或者说拥有位格（persona）的实体，例如天使和天主。虽然天使和天主就存在而言比人类更高，其爱的行动的结构和我们却是一致的；换句话说，“爱等于欲爱加友爱”这一模型普遍适用于一切的理性之爱（amor rationalis）。[1]

其次是“动物”：就客体而言，虽然我们讨论的主要是人类对于动物的友爱的可能性，然而这一讨论同样适用于一切不具有理性能力的实体，例如植物乃至各种无生命的事物。理由在于，阿奎那认为拥有理性是决定一个实体能否成为友爱对象的必要条件。因此，同样的理由说明了我们为什么不能爱动物，以及我们为什么不能爱一棵树、一块石头。在下文中我们将仔细考察阿奎那为这一点提供的论证。

最后是“友爱”：在之前的讨论中，我们一直将我们的问题表述为“人类是否能够以友爱（amor amicitiae）爱动物”。然而这一问题还有一个不同的表述，即“人类与动物之间是否能够存在友谊（amicitia）”。这两个表述之间没有本质区别，因为爱和友谊的关系是行动（actus）与习性（habitus）之间的关系，而习性与由之而出的行动的对象是相同的。[2] 正如“正义的对象是什么”和“正义的行动的对象是什么”本质上是同一个问题，“动物是否是友爱的对象”与“动物是否是友谊的对象”也是同一个问题。[3]

此外，与这个问题稍微不同但关联密切的另一个问题是“我们能否通过爱德之爱（amor caritatis）爱动物”，或者说“动物是否是爱德（caritas）的对象”。据阿奎那的定义，爱德是一种特殊的、最高的友谊——粗略地说，是一种建立在永恒幸福（beatitudo aeterna）或者说神圣善好（bonum divinum）之上的友谊。[4] 因此，“动物是爱德 / 爱德之爱的对象”是一个比“动物是友谊 / 友爱的对象”更具体、更强的命题。前者是后者

1 Cf. ST I 20.1–2; ST I 60.3–5; etc.

2 Cf. ST I–II 26.3 co.

3 严格来说，友爱和友谊尚存在这样一种区别：友谊不能以爱者自身为对象，然而友爱可以以爱者自身为对象。然而在不太严格的情况下，我们也可以谈论人对于自己的“友谊”。这种“友谊”是一切与他者友谊的本原。Cf. SSS 3.28.1.6 co., ad 2, ad 4; ST II–II 25.4 co.; DVi 2.7 ad 11.

4 Cf. ST II–II 23.1 co.; etc.

的充分条件，而后者是前者的必要条件。

总之，在经院哲学的语境下，人类与动物的友爱问题牵涉到一个更具普遍意义的主题，即如何界定理性存在者的友爱 / 友谊的对象域。阿奎那继承了亚里士多德的观点，强调只有同样拥有理性能力的存在者才能够作为友爱 / 友谊的对象，而这就排除了从水火土气等元素到动物（按亚里士多德的说法，到奴隶）的一切存在物。我们接下来就正式进入到对这一主题的研究中。

三

正如我们在第一节中所预告的，阿奎那关于友爱 / 友谊的对象域的讨论的理论趣味主要在于它挑战了常见的对于阿奎那爱的理论的解读。因此，我们将以这种方式开启我们的研究：首先，我们将依据学界的常见理解简要介绍阿奎那关于爱的理论。其次，我们将完全以这一解读为基础推理动物等无理性物作为友爱对象的可能性。最后，我们再来看阿奎那自己是如何回答这一问题的，并进一步探讨阿奎那的回答为什么和我们预计的答案不同。

一般而言，研究者对于阿奎那爱的理论的重构都是围绕着这样一个核心，即上文所述的爱的定义：爱即意愿某一对象的善好的行动。[1] 从这一定义出发，我们可以

1 关于学界对于阿奎那爱的理论的重构，可参见 Guy Mansini, “Duplex Amor and the Structure of Love in Aquinas”, in *Thomistica*, edited by E. Manning (Leuven: Peeters, 1995), pp. 137–196, esp., pp. 188–189；David Gallagher, “Thomas Aquinas on Self-Love as the Basis for Love of Others”, *Acta Philosophica*, Vol. 8 (1999), pp. 23–44, esp., p. 27；Michael Sherwin, *By Knowledge & by Love : Charity and Knowledge in the Moral Theology of St. Thomas Aquinas* (Washington, D.C.: Catholic University of America Press, 2005), esp., p. 75；Kevin White, “Wanting Something for Someone: Aquinas on Complex Motions of Appetite”, *The Review of Metaphysics*, Vol. 61 (2007), pp. 3–30, esp. , pp. 17–18；Eleonore Stump, *Wandering in Darkness: Narrative and the Problem of Suffering* (Oxford: Clarendon Press, 2010), esp., pp. 525–526；Anthony Flood, *The Metaphysical Foundations of Love: Aquinas on Participation, Unity, and Union* (Washington, D.C.: The Catholic University of America Press, 2018), esp., p. 2。

从三个角度理解爱的性质：爱的对象（obiectum），爱的原因（causa），以及爱的结果（effectus）。这三点大致对应于《神学大全》第二部上的第26至28问。

首先是爱这种行动的对象。阿奎那认为，爱的对象是善好（bonum）。据阿奎那的定义，爱本质上是爱者与作为被爱者的某种善好之间的相宜（coaptitudo）。[1] 由于善好同时是所有欲求能力和欲求行动——包括感性欲求能力所产生的各种感情（passiones）和理性欲求能力，也就是意志所产生的各种行动（actiones）——的普遍对象，而相偕是行动者与善好最基本、最原初的关系，因此爱是最基本、最原初的欲求行动，一切欲求行动根本上都是基于某种爱。[2] 进而言之，由于善好和目的（finis）是等同的，爱又可以说是一种最基本、最原初的目的性行动。[3]

在这一意义上，阿奎那所理解的爱具有非常广泛的外延，既包括了有理性能力的爱者的理性之爱、有感性能力的爱者的感性之爱，甚至还包括了无生命事物的自然之爱。[4] 第一种例如苏格拉底对于智慧的爱，第二种如狼对于羊的爱，第三种如岩石等重物与其自然位置——地心——的相宜。当代物理学家所谈论的重力，在中世纪经院学者眼中本质上正是重物对于地心的爱。

对于我们的研究而言，最重要的爱是第一种，有理性的爱者所具有的理性之爱。只有到了这一层次，爱这一行动才明确分为欲爱和友爱的两个部分。[5] 作为构成理性之爱的两个要素，欲爱和友爱各自均以一种特定的善好为对象：前者的对象是"偶性善好"（bonum accidentale），而后者的对象是"实体善好"（bonum substantiale）。[6]

阿奎那对于这两种善好的区分可以追溯到一个更加基本的形而上学区分，即实体与偶性的区分。阿奎那认为，存在（ens）与善好（bonum）是可以彼此"互换"的；

1 Cf. ST I–II 26.1 co.; ST I–II 27.1 co.

2 Cf. SSS 3.27.1.1 co.; ST I–II 25.2 co.; ST I–II 26.1 co.; ST I–II 28.6 co.

3 Cf. ST I 5.4 co., ad 1; ST I–II 8.2 co.; DM 1.2 co.; etc.

4 Cf. ST I–II 26.1 co.

5 关于友爱和欲爱的二分是否同样出现在感性之爱与自然之爱中，是阿奎那爱的理论中一个较含混且有争议的问题，本文暂不讨论。然而，基于本文的论点——无理性事物不能作为友爱的对象，有相当理由认为无理性事物亦不能作为友爱的主体。感兴趣的读者可以依据下述阿奎那的爱的理论自行推理。

6 Cf. ST I 60.3 co.; ST I–II 26.4 co; Super DDN 4.9–10.

也就是说，存在与善好在事实上（res）是相通的，而只是在理念（ratio）上有所区别。[1]因此，我们对于存在的区分同样适用于善好。存在可以分为基本的两类：一是自身独立持存、拥有实体性存在的实体，一是依附于实体存在、使实体获得偶性存在的偶性。[2]相应地，善好也可以分为同样的两类：一是独立持存、自身拥有善好的事物，一是存在于他者之中、使他者获得善好的事物。前者是友爱的对象，而后者则是欲爱的对象。

阿奎那对于两种存在和两种善好的区分并不是始终一致的。[3]然而，对于其爱的理论而言，我们大体可以将欲爱的对象理解为"善好的偶性"，而将友爱的对象理解为"善好的实体"。在这一区分的基础上，阿奎那论证了我们之前观察到的一个现象——比起欲爱，友爱似乎是一种更加真正的爱情。阿奎那指出，这根本上是由于两种爱的对象不同：正如实体是不加限定的（simpliciter）存在者，而偶性是依附他者（secundum quid）的存在者，同样，善好实体是不加限定的善好事物，而善好偶性是依附他者的善好事物。因此，以善好实体为对象的友爱是不加限定的爱，而以善好偶性为对象的欲爱是依附他者的爱。[4]具体来说，当我们通过欲爱去爱某一事物时，我们不是为了这一事物本身而爱它，而是为了友爱的对象，为了那个能够拥有这一善好偶性的实体。反之，只有友爱才能够真正为了一个东西自身的缘故（secundum se）而爱这

1 Cf. ST I 5.1 co.; DVe 1.1 co.; etc.《真理辩论集》的拉丁本参见 Sancti Thomae de Aquino, *Opera omnia iussu Leonis XIII P. M. edita, t. 22: Quaestiones disputatae de veritate* (Roma: Ad Sanctae Sabinae/Editori di San Tommaso, 1975-1970-1972-1973-1976)。

2 Cf. DPN 1; DEE 1; etc.《论自然诸本原》的拉丁本参见 Sancti Thomae de Aquino, *Opera omnia iussu Leonis XIII P. M. edita, t. 43: De principiis naturae ad fratrem Sylvestrum* (Roma: Editori di San Tommaso, 1976)；《论存在者与本质》的拉丁本参见 Sancti Thomae de Aquino, *Opera omnia iussu Leonis XIII P. M. edita, t. 43: De ente et essentia* (Roma: Editori di San Tommaso, 1976)。

3 Cf. ST I 5.1 ad 1. 在这段文本中，阿奎那将"实体善好"和"偶性善好"严格与"实体存在"和"偶性存在"对应。在这一意义上，"实体善好"指的是事物就其拥有实体存在而拥有的善好（例如"是人"是苏格拉底的实体善好），而"偶性善好"指的是事物就其拥有偶性存在而拥有的善好（例如"是正义的"是苏格拉底的偶性善好）。然而在阿奎那关于爱的理论中，"实体善好"指的是自身拥有善好的事物（例如正义的人是实体善好），而"偶性善好"指的是作为他者的善好而存在的事物（例如人的正义是偶性善好）。因此，在爱的理论中这两个概念更应翻译为"善好实体"和"善好偶性"。

4 Cf. ST I 60.3 co.; ST I–II 26.4 co; In DDN 4.9–10.

一事物。因此，友爱是先于（prius）欲爱的：爱的行动虽然始终由欲爱和友爱构成，但是这一行动根本上说是指向实体的友爱。爱的终点（terminus）只能是善好实体，而不能是善好偶性；对于善好偶性的爱始终指向对于善好实体的爱，并存在于（includitur）在后者之中。[1]

友爱和欲爱在行动上的先后区别是否确实能够用实体—偶性的区分加以解释，我们这里姑且不论。对于我们的研究而言，更加重要的是阿奎那对于欲爱和友爱的对象的界定。面对这一界定，我们的第一感或许是：如果欲爱以善好偶性、友爱以善好实体为对象，而动物等无理性事物显然属于善好实体的范畴，那么它们得是友爱而非欲爱的对象。但这一推理其实是对于阿奎那理论的误读。阿奎那多次提醒读者，将欲爱的对象定义为善好偶性并不意味着善好实体不能在一种更宽泛的意义上是欲爱的对象。[2]比如说，在日常生活中，我们可以说“我晚上想要喝杯红酒”，或者“我去给我的妻子买一束花”。在这两个行动中，红酒和鲜花虽然是善好实体，却是欲爱而非友爱的对象。这并不违反阿奎那对于欲爱对象的界定：因为当我们仔细分析这两个行动时，会发现酒和花并不是就其是实体而成为欲爱的对象，而是因其有某种可欲的偶性（红酒的美味，花朵的颜色和芳香）。因此，严格来说，这两个行动中欲爱的对象仍然是偶性而非实体。

可以看出，一个事物是否是友爱的对象并不仅在于它是否是实体——善好实体仍然可能是欲爱的对象。更加关键的是它被爱的方式：是因其自身、不加限定的被爱呢，还是为了某一他者而被爱？就这一点而言，阿奎那到目前为止的理论对于动物作为友爱对象的可能性似乎仍然持开放态度。显然，动物可以是欲爱的对象——在这种情况下，动物不是因其自身被爱，而是为了另一他者被爱；不是作为善好实体而被爱，而是因为其拥有的某种善好偶性而被爱。然而动物既然是实实在在的善好实体，那便有可能成为友爱的对象。为了进一步探索这个可能性，我们需要考察阿奎那对于爱的其他两个维度的讨论，即爱的原因和结果。

---

1 Cf. SSS 3.28.1.1 co.; SSS 3.28.1.2 co.; ST I–II 26.4 co.; ST II–II 25.2 ad 1; Super DDN 4.9.

2 Cf. SSS 4.49.1.2.1 ad 3; DVi 4.3 co.; Super DDN 4.9–10.

在《神学大全》中，阿奎那指出爱有三个主要原因。第一个原因就是爱的对象，善好。这是因为爱在本质上是一种被动行动（passio），而被动行动的特征就是以其客体对象而非主体行动者为行动的主要原因。因此，善好是导致爱的最主要原因。[1] 第二个原因是认知。善好要引发爱者的爱情，需要被爱者所认知：或是爱者自身的理性认知、感性认知，或是——在自然之爱的情况下——爱者的创造者和设计者的认知。[2] 第三个原因，也是最有理论趣味的原因，则是相似（similitudo）。阿奎那指出，被认知的善好只有与爱者相似才能成为爱的对象。[3]

具体而言，爱者与被爱者的相似有两种可能：一种是"潜在与现实的相似"（similitudo potentiae ad actum，以下简称"潜在相似"），另一种是"现实与现实的相似"（similitudo actus ad actum，以下简称"现实相似"）。所谓潜在相似，是说被爱者现实地拥有，或者现实地是某种善好，而爱者潜在地拥有，且趋向于拥有这一善好；所谓现实相似，则是说爱者和被爱者均现实地拥有某种善好。比如说，一个穷人之于一个富人，或者一个穷人之于财富的关系是潜在相似，而一个正义的人之于另一个同样正义的人的关系是现实相似。

做出这一区分后，阿奎那接着指出：潜在相似是欲爱的原因，而现实相似是友爱的原因。[4] 前者很好理解：当甲潜在地倾向于某一善好，而乙正现实拥有这一善好时，甲自然会受到乙的吸引、朝向乙运动，最终达致、占有乙的现实性。因此，友爱对象

---

1 ST I–II 27.1.

2 ST I–II 27.2.

3 ST I–II 27.3. Cf. SSS 3.27.1.1 ad 3; SSS 3.29.1.6 co.; etc.

4 需要注意的是，ST I–II 27.3 中所说的由潜在与现实的相似所导致的欲爱并非指严格意义上的、作为爱的两个构成要素之一的欲爱，而是一种预设了指向爱者自身的友爱的欲爱。同样的，所谓由现实与现实的相似所导致的友爱也不是严格意义上的友爱，而是一种包含了欲爱的、指向某一他者的友爱。换言之，这里所说的"欲爱"和"友爱"不是爱的两个构成要素，而是爱的两个种类。这一术语使用上的含混在阿奎那的作品中，包括在《神学大全》这样的成熟期的作品中非常常见。究其根源，这来自两种不同的理论传统在阿奎那作品中的杂糅：一是阿奎那自身对于欲爱和友爱的严谨定义，一是自12世纪以来经院哲学家对于这两个术语的粗糙用法。关于这一问题的研究，参见 Guy Mansini, "Duplex Amor and the Structure of Love in Aquinas", pp. 137–196; Thomas M. Osborne, *Love of Self and Love of God in Thirteenth-Century Ethics*, pp. 45–112。在本文中，为了避免混淆，我们在尽量在严格的意义上使用欲爱和友爱这两个概念，即将其理解为爱的两个基本构成要素。

之于欲爱对象总是处于潜在之于现实的相似之中。而后者的道理则是这样：当甲与乙都现实地拥有某种善好时，这种同一善好的分有就在甲心中激发了一种情感上的合一（unio affectiva），使得甲将乙看作“另一个自己”。而这种视他者为自身的心灵状态正是友爱的本质，是爱者与一个善好实体之间的相偕。[1] 因此，爱者与友爱对象必然处于现实之于现实的相似中。但这一命题有一个重要的例外，即爱者指向自身的友爱。阿奎那指出，爱者与自身的关系不能说是现实相似，而是超越了相似的相同（unitas）。因此，严格来说爱者和自己的关系不能说是友谊，而是一种超越了友谊、比友谊更密切的关系。由于相同之于相似的优先性，一位爱者对于自己的友爱必然强于他之于其他任何对象的友爱，且是后者的基础：一个人必然首先爱自己自身，然后才会爱他视为自己的他者。[2]

阿奎那对于爱的原因的讨论解决了我们之前的一个困惑：既然欲爱和友爱从表面上看都可以以善好实体为对象，那么究竟是什么因素导致了一个善好实体或是成为欲爱的对象，或是成为友爱的对象呢？现在，对于这一问题我们可以回答说：若这个善好实体被爱是因为其与爱者处于现实相似，那么他是爱者友爱的对象；反之，若该实体被爱是因为其与爱者，或与爱者现实相似的某一他者的潜在相似，那么它则是爱者及其友爱对象的欲爱对象。

从这里我们可以看出，其实欲爱和友爱的真正区分并不在于其对象之善究竟是实体性的还是偶性的，而是在于这一对象之善和爱者的关系。欲爱的对象既可以说是与爱者潜在相似的某一善好偶性（例如财富），又可以说是与爱者潜在相似的某一善好实体（例如有钱的人）；同样，友爱的对象既可以说是与爱者现实相似的善好实体（例如正义的朋友），也同样可以说是与爱者现实相似的某种善好（例如正义）。[3] 二者的区别在于：在欲爱对象中，善好偶性是对应的善好实体之所以被爱的目的因，而在友

---

1 ST 28.1 co., ad 2. Cf. SSS 3.29.1.3 ad 1; SCG 1.91.4; ST I–II 25.2 ad 2; etc. 另一方面，一个少见的不同意见参见 ST 26.2 ad 2。

2 ST I–II 27.3 co. Cf. ST I–II 28.1 ad 2; ST II–II 25.4 co.; ST II–II 26.4 co.; etc.

3 因此，正如欲爱的对象可以说是爱者自身的私善（bonum proprium），友爱的对象可以说是爱者与被爱者之间分享的公善（bonum commune）。Cf. SCG 3.24.7; ST I–II 109.3. 在下文中，我们将进一步讨论这一重要的概念。

爱对象中，善好是对应的善好实体之所以被爱的形式因。当一个穷人爱富人时，他是为了（for the sake of）富人的财富而爱他；因此严格来说，他爱的是富人的财富，而非富人本人。反之，当一个正义者爱另一个正义者时，它是因为（because of）此人的正义而爱他；因此严格来说，他爱的是正义者自身，而非正义者的正义。

了解了阿奎那的这一理论后，我们可以再次反思动物作为我们友爱对象的可能性。看上去，阿奎那的上述理论并不反对动物等非理性物能成为友爱的对象：首先，它们是实打实的善好实体；其次，有理性的爱者可以充分认识它们所拥有的善好；最后，也是最重要的一点是，它们的善好完全可以与爱者构成现实相似的关系。比如说，我和我的猫都喜欢晒太阳，而我的妻子和她的狗都喜欢跑步。在这些善好的现实相似的基础上，似乎不难建立起情感上的合一，在其中我们将动物视为另一个自己。

推而广之，依据阿奎那的上述理论，不仅动物，甚至无认知能力乃至无生命的事物都可以成为友爱的对象。我可以真心关心一棵树木的健康，因为我从小就和它生长在同一个地方；一位多愁善感的圣徒（比如圣方济各）甚至能真心喜爱日月星辰、山川河流，因为它们和我们都是天主的造物，都分享和见证了天主的美善。[1] 事实上，我们会发现阿奎那为友爱定下的条件非常宽松：如果友爱的条件仅仅是善好的现实相似，而善好的现实相似仅仅意味着同一善好形式的分有[2]，那么原则上我们几乎可以和一切实体成为朋友。

为了验证我们的想法，我们还需要考察阿奎那关于爱的理论的最后一个部分，即阿奎那关于爱的结果（effectus）的讨论。在了解了爱的结构、对象和成因之后，这一点看上去不难推测。既然爱——至少是理性之爱——本质上是爱者意愿被爱者获得某种偶性善好的行动，那么这种行动的首要结果当然是被爱者现实地获得、占有、达致这一偶性善好。由于爱者同自己的同一性先于同他者的相似性，那么爱所指向的结果首先是爱者自己对于善好的占有；在此基础上，通过与他者的情感合一，爱所导致的进一步结果是与爱者相似的他者对于善好的占有。一言以蔽之：作为欲爱和友爱的

---

1 Cf. Eric Doyle, *St. Francis and the Song of Brotherhood and Sisterhood* (New York: Franciscan Institute, 1996).

2 Cf. ST I–II 32.7 ad 1.

结合，爱的首要目的应当是友爱对象对于欲爱对象的现实占有。

阿奎那关于这一点的讨论基本符合我们的判断。首先，在对人类的欲求行动加以分类时[1]，阿奎那指出爱所导致的行动主要有两个：一个是欲望，一个是安享或者说快乐。这两个行动都是围绕着爱者对于欲爱对象的占有而展开的。当爱者还没有占有善好时，爱者朝向这一善好的运动就是所谓的欲望（desiderium vel concupiscentia）；另一方面，当爱者已经占有了善好之后，爱者在善好中的止息和停留就是所谓的快乐（gaudium vel delectatio）。[2]这里之所以没有将占有列为爱的结果，是因为占有这个行动不是人类欲求能力的直接行动——我们不能直接通过一个心灵之中的欲求行动现实地占有外在的善好——而是受到欲求能力命令的间接性行动。占有的重要性在阿奎那对于人类幸福的讨论中体现得更为明显。幸福是人类的最高目的，而这一目的正被阿奎那定义为我们对于最高善好——上帝的神圣善好——的现实占有（更好的说法或许是“达致”）。阿奎那特别指出，幸福是占有上帝，而不是安享上帝：因为爱的目的首先是占有被爱的对象，而在此基础上我们才能谈论欲求和快乐。[3]

阿奎那对于欲求行动的分类和对于人类幸福的讨论主要是就爱者最基本的爱，即以自身为对象的友爱和在此基础上的欲爱而言的。[4]而在《神学大全》专门讨论爱的结果的章节中，阿奎那则是主要分析了我们对于他者的友爱和欲爱所产生的结果。阿奎那这一部分的讨论主要是参考了亚里士多德《尼各马可伦理学》中对于友谊的特征

1 参见 ST I–II 6–17 关于人类行动（actio）的讨论，以及 ST I–II 22, 23, 25 对于人类情感（passio）的分类。在严格意义上，actio 指人类理性欲求能力，即意志的现实活动；而 passio 指人类感性欲求能力的现实活动。在《神学大全》中，关于爱及其后果的讨论主要见于阿奎那的情感理论。然而，在较宽泛的意义上，爱及其后果亦可归属于人类的理性欲求能力。参见 ST I–II 26.2, ST I–II 30.1, ST I–II 31.4 等。因此，下述对于爱的结果的讨论不仅见于阿奎那对于感性欲求活动的分类，亦见于其对于理性欲求活动的分类。

2 ST I–II 25.2 co.; ST I–II 26.2 co. Cf. SSS 3.26.1.3 co.; SSS 3.26.2.3.2 co.; ST I 73.2 co.; ST II–II 34.6 ad 1; DVi 4.3; CT 1.107 co; etc.《神学提要》的拉丁文本参见 Sancti Thomae de Aquino, *Opera omnia iussu Leonis XIII P. M. edita, t. 42: Compendium theologiae seu Brevis compilatio theologiae ad fratrem Raynaldum* (Roma: Editori di San Tommaso, 1979), pp. 5–205。

3 ST I–II 3.4 co.

4 参见阿奎那关于幸福的讨论：SSS 4.49.1.2.1 ad 3; ST I–II 2.7 ad 2; DVi 2.2 co.; etc.，以及阿奎那关于望德和爱德的区分：ST II–II 17.8 co.; ST II–II 28.1 ad 3; DVi 4.3 co., ad 4, ad 9。

(amicabilia)的罗列。[1]概括来说,指向他人的爱主要产生了两类后果:一是和被爱者占有善好相关的后果,例如说我们对于他人的善好的关心所产生的"超拔"(extasis)和"热心"(zelus);二是和爱者与被爱者的共同生活相关的后果,例如二者的"合一"(unio)、"交融"(mutua inhaesio)或者说"同心"(concordia)。[2]

就第一类后果而言,阿奎那的讨论与我们之前的推测大体一致。然而阿奎那提出的第二类后果多少超出了我们的预计。这类后果的基础并非是爱者对于被爱者的善意,而是爱者与被爱者之间的情感合一。正如善意的成全在于善好实体对于善好偶性的现实占有,情感合一也指向一种更高的合一,即爱者与被爱者的共同生活和共同行动。[3]

这个在以欲爱—友爱为中心的爱的理论中略显突兀的部分并没有受到研究者的特别重视,至于合一与占有这两个爱的结果的内在联系,更是少有学者深究。[4]我们当下不妨暂时悬置这一问题,并将我们的注意力放到占有这个爱的目的上。我们的问题是:从阿奎那对于爱的后果的讨论出发,我们应该怎样研判动物等无理性物作为友爱对象的可能性呢?

对于这一问题,我们的回答和之前是一致的。既然爱的后果是友爱对象对于欲爱对象的占有,那么我们对于动物的爱应当指向动物现实地占有我们希望它们获得的善好。无论是从日常经验上说,还是从经院哲学的立场说,这一目标都是显然可以实现的。举个最简单的例子,当我们喂猫喂狗、养花种树的时候,我们显然就是在帮助无理性实体获得我们意愿于它们的善好。

至此,我们依照学界最常见的方式,以欲爱—友爱这一区分为中心简要重构了阿

---

1 EN 1166a1–10, cf. SLE 9.4; SSS 3.27.2.1 co.; ST II–II 25.7 co.; ST II–II 27.2 arg. 3; etc.

2 ST I–II 28 1–5. Cf. SSS 3.27.1.1 ad 4.

3 Cf. SSS 3.27.1.2 ad 2; SCG 1.91.6; etc.

4 少数关注这一问题的学者则有斯顿普(Stump)。参见 Eleonore Stump, *Wandering in Darkness: Narrative and the Problem of Suffering*。斯顿普认为,(1)合一与占有都是爱所指向的结果;(2)合一与占有之间并不存在真正的矛盾;(3)相反,这恰恰体现了阿奎那的理论之于当代分析哲学对于爱的理论的丰富性。限于篇幅,本文不能详细讨论斯顿普提出的沟通合一与占有的方案。但我们的基本看法是:这一方案与其说是对阿奎那的重构和解读,更好说是斯顿普基于多玛斯哲学传统的创造性发明。

奎那关于爱的理论。从这一解读的视角出发，我们必须承认：无论就爱的结构、对象、原因和结果来说，都很难发现明显反对动物成为友爱对象的理由。然而我们知道，阿奎那事实上明确反对了这种“跨理性友谊”的可能性。那么阿奎那究竟是怎么为他的立场辩护的呢？他所举出的理由，又与我们所设想的推理有哪些不同呢？

四

不出意外，阿奎那反对动物作为友爱对象的最主要理由正是来自那个在欲爱—友爱模型下略显突兀的关于爱者与被爱者合一的讨论。只不过阿奎那在谈论到这一点的时候没有使用合一这个概念，而是用了一个更有亚里士多德色彩的词汇：善好的交通（communicatio）。[1]

首先，在阿奎那的早期文本《箴言集评注》中，阿奎那借助交通这一概念分别论证了偶性存在和无理性的实体存在均不能成为友爱的对象。阿奎那写道：

> 友谊存在于某种交通（societate）之中：被爱者彼此相爱（redamant），做相同的事（eadem operantur），并共同生活（simul conversantur）。因此，友谊只能以某一本性上可以行动的事物（aliquid quod sit natum agere）为对象。偶性不能行动，只有实体才可以。因此，友谊不能以德性为对象，也不能以其他偶性为对象。因此，德性不能作为爱德的终点而被爱德所爱。[2]

虽然这段文本讨论的主题是爱德（caritas），然而阿奎那的论证是基于友爱和友谊的普遍性质。阿奎那指出：友爱和友谊的一个必要条件是爱者与被爱者之间存在生活

1 Cf. ST I–II 28.1 ad 2; ST II–II 23.1 co.

2 SSS 3.28.1.1 co.

和行动上的交通和互动；而这又进一步要求被爱者拥有基本的行动能力。显然，不具有实体性存在的偶性不能是行动的主体。因此，偶性亦不能是友爱的对象，或者说不能是那个被不加限定地爱的“终点”。

相比偶性，动物一类的无理性实体在一定程度上可以是行动的主体。[1]然而，它们仍然不能是友爱的对象，因为它们仍不足以和我们理性实体构成真正的交通：

> 友谊不能以无理性的事物为对象，理由与其不能以偶性为对象一样。虽然无理性事物拥有它们于其中独立持存的存在，也拥有一些行动，然而它们与我们没有人类生活上的交通（in vita communicant humana）：既没有就存在而言的交通，也没有就生活行动而言的交通。因此，对于它们不存在善意（benevolentia）……对于它们也不存在同心（concordia）。通过同心我们和朋友意愿一样的事，做一样的事。同心不能以无理性物为对象，因为它们不能与我们在同样的行动上交通（communicare）。因此它们不能作为爱德的终点而被爱德之爱所爱。但它们可以这样被爱德之爱所爱，即作为爱德所包含的爱——欲爱——的终点。[2]

与人类的交通和同心不仅要求被爱者拥有实体性的存在、拥有自己的行动，更要求被爱者拥有“人类的”生活和行动。人类的生活，主要是理性的思考和实践；人类的活动，主要是出于理性的自由行动。由此可知，拥有理性能力是与人类建立交通的必要条件。因此，同偶性一样，动物等无理性的实体也不能是友爱的对象，而只能屈居于欲爱的对象。

同样的论证也出现在《神学大全》中。在《神学大全》第一部中，阿奎那指出：正如人类的友爱不能以无理性受造物为对象，因为它们不能参与到人类理性生活的交通之中；同样，上帝的友爱也不能以无理性受造物为对象，因为它们不能分享上帝神圣生活的交通：

1 Cf. ST I–II 6.1–2.

2 SSS 3.28.1.2 co. Cf. SSS 3.28.1.1 co.; SSS 3.28.1.2 ad 2.

> 友谊只能以有理性的受造物为对象。在他们之中存在爱的回报，以及生活行动的交通……无理性的受造物不能达到对于上帝的爱，也不能达到上帝所生活的理智和幸福生活的交通。因此上帝，准确地说，并不以友爱爱无理性的受造物，而是以欲爱爱它们，将它们导向有理性的受造物乃至他自身……[1]

之后，在《神学大全》第二部下中，阿奎那更详细地展开了这一论证。无理性受造物不能是爱德的对象，因为它们无论就自然，还是就超性而言都不能和有理性的事物建立起生活的交通：

> 爱德，根据我们之前所说的，是一种友谊。通过友谊而被爱的第一种方式是作为与之存在友谊的朋友，而第二种方式是作为被意愿于朋友的善好。根据第一种方式，没有任何无理性的受造物能够被爱德所爱。这里的原因有三点。其中两点原因普遍地与友谊相关：友谊不能以非理性受造物为对象……第二，所有的友谊都是建立在某种生活的交通之上。如哲学家在《伦理学》第五卷指出的，没有什么比共同生活与友谊更加相配。然而无理性的受造物不能拥有在人类生活上的交通，因为这种生活是依据理性的。因此，没有任何友谊能以无理性受造物为对象，除非是在比喻的意义上。第三条原因则特别地适用于爱德。爱德是建立在永恒幸福的交通之上的，然而无理性的受造物不能获得永恒幸福。因此，爱德的友谊不能以无理性受造物为对象。然而，通过爱德，无理性的受造物可以作为我们意愿于他者的善好而被爱。也就是说，通过爱德，我们意愿它们得以保存，为了上帝的荣耀和人类的利益。在这一意义上，上帝也通过爱德爱这些受造物。[2]

综上，阿奎那第一条反对非理性存在成为友爱对象的论证可以重构如下：

---

1 ST I 20.2 ad 3. Cf. ST I 20.2 arg. 3.

2 ST II–II 25.3 co.

（1）如果一个事物是友爱的对象，那么我们和该事物之间就存在某种交通。

（2）我们和无理性的实体，例如动物之间不能存在交通。

（3）因此，无理性实体不能是友爱和友谊的对象。

这个论证的关键是“交通”这个概念。在上述所引的文本中，可以看出这一概念大致意味着互动、共同行动、共同生活。如果往上追溯，阿奎那对于友谊和交通的关系的理解直接来自于亚里士多德。据阿奎那的注解，在《尼各马可伦理学》第八卷中，亚里士多德以三种方式证明了友谊存在于交通之中：第一，从理论上说，友谊和正义（justitia）是关于同样的事物；而正义存在于交通之中；因此友谊也存在于交通之中。[1]第二，从语言习惯上说，我们惯于称呼那些彼此交通的人为朋友，例如一起航海的人（connavigatores）、一起作战的人（commilitones）。[2]第三，日常的俗语也证明了这一点：俗话说，“相通的东西属于朋友”（communia quae amicorum）。[3]由于友谊存在于交通之中，交通的不同也决定了友谊的不同。有些人相通的东西多——比如兄弟之间几乎所有的东西都是相通的，而有些人互相交通得少；交通多的人的友谊就强，交通少的人友谊就淡，但如果完全没有交通那就不可能有友谊。[4]这就是为什么在僭主与臣仆之间、主人与奴隶之间、人类与动物之间，乃至匠人与工具之间既不存在友谊，也不存在正义：因为在这些关系中不存在相通的、公共的东西。僭主不关心自己和臣仆的公善（bonum commune），而只关系自己的私善（bonum proprium）。因此他不会真正爱自己的臣仆。按照阿奎那的话说，臣仆不会是僭主的友爱的对象，而只是其欲爱的对象。[5]

由此可见，亚里士多德关于友谊和交通的理解大致是这样的。首先，亚里士多德所理解的交通（communicatio）大体上是一种善好的事物和行动的分享、交流。所交通的善好是公共的、相通的事物（communia），而交通在社会层面上所形成的现象可

1 EN 1159b25–27, cf. SLE 8.9.2.

2 EN 1159b27–31, cf. SLE 8.9.3.

3 EN 1159b31–21, cf. SLE 8.9.4.

4 EN 1159b32–35, cf. SLE 8.9.5.

5 EN 1161a32–1161b4, cf. SLE 8.11.11–12.

以称之为团契或团体（communitas）。其次，交通是友谊和正义的必要条件。没有人际之间事物和行动的交互，就没有正义可言；没有公共的善好的分享、交流，就没有友谊和友爱。最后，交通的不同也决定了友谊、正义的不同。亲戚之间、朋友之间、同事之间的友谊有亲疏之分，而父与子、夫与妻、公民与公民间的正义也不一样。[1]

到了阿奎那的关于爱的理论中，阿奎那从两个方面整合了亚里士多德关于交通的讨论。首先，正如我们所见，阿奎那将交通确定为友爱的一个结果和目的。所谓生活的交通，正是《神学大全》中所说的爱者所追求的与被爱者的现实的合一：

> 爱者之于被爱者的合一有两种。一种是就事实而言的（secundum rem）合一，即被爱者现实地（praesentialiter）和爱者在一起。另一种则是情感上的（secundum affectum）合一……爱能动性地（effective）导致第一种合一，因为爱推动爱者欲求、寻求被爱者的同在，作为一个适合于自己、与自己相关的存在。另一方面，爱形式性地（formaliter）导致第二种合一，因为爱自身就是这样一种合一或者说连结。[2]

> 合一以三种方式与爱相关。一类合一是爱的原因……另一类合一本质上就是爱自身。这是就情感的相结合而言的（secundum coaptationem affectus）合一……还有一类合一是爱的结果。这是现实的（realis）合一，爱者从被爱事物那里所寻求的就是它。但这种合一得依据爱的适宜（convenientiam）。正如哲学家在《政治学》第二卷提到的，阿里斯托芬说：爱者们欲求从两个存在变成一个存在，但因为这会导致两人或是其中一人的毁灭，他们转而寻求一种适宜的、合适的合一，也就是两个人共同生活（conversentur）、共同交流（colloquantur），并且在其他这类事情上相连结（coniungantur）。[3]

1 EN 1161b11–16, cf. SLE 8.12.1–3.

2 ST I–II 28.1 co.

3 ST I–II 28.1 ad 2. Cf. SLE 9.11.10–11.

爱者与友爱对象的合一，同他对于欲爱对象的占有不同：因为友爱对象是与爱者现实相似的善好实体，在这里爱者不可能在物理意义上与被爱者合而为一（正如《会饮》中阿里斯托芬的发言所指出的）。相对的，适合于友爱的合一是朋友之间的共同生活、彼此相偕、一同分享善好。而这一点，阿奎那认为，恰恰是动物等无理性存在所无法实现的；也正是因为如此，动物不能是我们友爱的对象，不能成为我们的朋友。

阿奎那的论证逼迫我们离开善意论的定式，将注意力转回爱者与被爱者的合一与交通上来。很明显，这个在欲爱—友爱模型中显得有些格格不入的理论在阿奎那的整个爱的理论中并不是可有可无的，而是具有自身独特的、不可替代的解释力。为了真正理解阿奎那对于爱的看法，就必须搞清楚作为“意愿某人某善好”的行动是如何与人与人之间的互动、交流和彼此在场相关。

除了将交通定义为爱的目的，阿奎那还在另一个较不引人注意的维度上吸收了亚里士多德关于交通的理论。通过对照阿奎那和亚里士多德，可以发现，交通不仅出现在爱的结果之中，还出现在爱的原因之中。如上文所述，阿奎那认为爱的原因之一是爱者与被爱者在善好上的相似：一方面，潜在相似导致欲爱；另一方面，现实相似导致友爱。而“现实相似”的另一种表达正是善好的交通：

> 正如我们在前一题中已经说过的，我们爱我们的近人，是因为我们自己的善好以某种相似性（per similitudinem）存在于在他们之中。这里我说的是善意之爱。这种相似性是就这一点而言的，即我们与他们相交通（communicamus）……[1]

既然友爱是基于爱者与被爱者之间的相似 / 交通，因此——正如亚里士多德所说——不同种类的相似 / 交通也区分了不同种类的友谊：

1 SSS 3.29.1.6 co.

> ……因此，根据不同的交通，哲学家区分了不同的友谊。有一种交通是自然的交通，这是就人们在自然出生（in naturali origine）上相交通而言的。以这种交通为基础的是父母与子女的友谊和亲人之间的友谊。第二种交通是家庭的交通，通过它人们彼此在家庭职责上（in domesticis officiis）相交通。第三种交通是政治的交通，通过它人们与城邦中的其他公民（concives）相交通。第四种交通是神圣的交通，通过它所有人在教会的同一奥体中（in uno corpore Ecclesiae），或是现实地、或是潜在地相交通。这是爱德的友谊，这一友谊达于所有人，甚至达于仇敌。[1]

因此，不仅阿奎那对于爱者与被爱者的合一的想法源于亚里士多德的交通理论，他关于现实相似的理论也受到了交通理论的影响。这一点帮助我们解决了之前的一个困惑：现实相似作为友爱的原因，似乎失之于太过宽泛。同一形式的分有俯拾皆是，很难想象它们都能激发情感的共融，比如说，白人和白石头都是白的，但直观上我们不会认为白人会因为这种相似而对白石头产生友爱之情（即使他非常喜欢白色）。

现在看来，阿奎那虽然拿了颜色作为现实相似的例子，但他理解的现实相似主要是现实的善好的交通（例如分享共同的生活），或者至少是可以指向现实的善好的交通的相似（例如拥有共同的兴趣）。如此一来，动物作为友爱对象的理由就变弱了很多：我们与动物之间显然有形式上的现实相似，但并非所有人都会承认我们动物之间存在那种指向交通的相似。

讨论到这一步，我们已经发现亚里士多德的交通理论对于阿奎那的爱的学说影响甚深。交通不仅是爱的终点和目的（finis），也是爱的起点和原因（principium）。在这一意义上，我们不妨说爱本质上存在于某种动态的、不断发展和完善的交通之中。这种以交通—合一为核心的对于爱的理解根本不同于常见的以善意为范式的理论模型。

1 SSS 3.29.1.6 co. Cf. ST II–II 26.8 co; ST II–II 31.3 co.; etc.

而阿奎那在一些文本中似乎暗示我们前一种理解更加正确：

> 正如哲学家在《伦理学》第八卷所说，并不是所有的爱都有友谊之理（rationem amicitiae），而只有伴随着善意的爱才有，也就是当我们以意愿其善好的方式去爱一个人的时候……但是善意也不是友谊之理的充分条件，友谊之理还需要一种相互的爱（mutua amatio），因为朋友是朋友的朋友。这种互相的善意是建立在某种交通之上的。[1]

友爱——这里说的主要是以他者而非自身为友爱对象的爱——必然伴随着善意，然而单纯的善意并不就是友爱。除了意愿被爱者的善好之外，拥有“友谊之理”的爱还进一步指向爱者和被爱者在爱上的交互。而这种善意的交互，根本上说，又是基于爱者与被爱者之间的交通。因此，相比善意，交通更完善地表达了友谊的定义或者说“理”（ratio）。

阿奎那认为善意不等于友爱，这一点研究阿奎那的爱的理论的学者并非不知道。关于这两个概念的区分，被引用最多的文本是《神学大全》第二部下、第二十七问、第二题：

> 准确地说，善意指的是这样一种意志行动，通过它我们意愿他人获得善好（alteri bonum volumus）。然而这样一种意志行动不同于现实的爱，无论是就存在于感性欲求之中的爱而言，还是就存在于理性欲求之中，也就是意志之中的爱而言……存在于理性欲求之中的爱也不同于善意。这种爱包含了一种爱者之于被爱者的情感上的合一（unionem secundum affectus），即爱者认为被爱者在某种程度上与自己是同一的，或者与自己是相关的，并由此朝向被爱者运动。然而，善意是意志的一种简单行动，通过它我们意愿他人获得善好，即使不预设之前所说

1 ST II–II 23.1 co. Cf. SCG 3.151; ST II–II 27.2 co.

的指向这个人的情感合一。因此，在作为爱德的行动的理性之爱（dilectione）中，包含了善意，然而理性之爱或爱在善意之上添加了情感的合一。因此，哲学家在同一个地方说：善意是友谊的起点（principium）。[1]

问题在于，虽然阿奎那在这段讨论中明确区分了爱与善意，但这一区分并没有触及阿奎那爱的理论的整体框架。看上去，阿奎那理论的核心解释力还是来源于欲爱加友爱这样一个善意之爱的结构，而当阿奎那强调爱与交通、合一的关系时，他似乎只是对于善意之爱的定义做了一些补充和润色。因此，阿奎那的研究者往往满足于类似这样一种含混的说法——“爱是一种特殊的、建立在交通之上的、包含了情感合一的善意”。至于善意究竟是怎么建立在交通之上、占有善好和人际合一的关系是怎样的，则少有研究者留意。[2]

五

然而阿奎那反对动物作为友爱对象的第二个论证直接挑战了这种调和主义。阿奎那指出：动物之所以不能作为友爱的对象，不仅因为非理性物与理性物之间不能存在真正的善好的交通，还因为非理性实体不能真正成为善意的对象。不单如此，在一处早期文本中阿奎那更点出这些实体之所以不能真正接受我们善意的原因，恰恰在于交通的缺失：

友谊不能以无理性的事物为对象，理由与其不能以偶性为对象一样。虽然无

1 ST II–II 27.2 co.

2 Cf. Guy Mansini, “Duplex Amor and the Structure of Love in Aquinas”, pp. 179–180; Michael Sherwin, *By Knowledge & by Love: Charity and Knowledge in the Moral Theology of St. Thomas Aquinas*, pp. 149–150; Kevin White, “Wanting Something for Someone: Aquinas on Complex Motions of Appetite”, pp. 19–20.

理性事物拥有它们于其中独立持存的存在，也拥有一些行动，然而它们与我们没有人类生活上的交通（in vita communicant humana）：既没有就存在而言的交通，也没有就生活行动而言的交通。因此，对于它们不存在善意（benevolentia）。通过善意我们意愿朋友存在，并拥有善好。但对于无理性事物我们并不意愿这些，除非是就它们被导向人类而言……[1]

在后期的《神学大全》中，阿奎那同样强调了这一点。不过在《神学大全》中，给出的解释不再是交通的缺失，而是一个听上去很拗口的理由——在无理性受造物之上不能"根据好运和幸运发生或好或坏的事情"：

友谊只能以有理性的受造物为对象。在他们之中存在爱的回报，以及生活行动的交通。并且在他们身上可以根据好运（fortunam）和幸运（felicitatem）发生或好或坏的事情，正如他们是善意的合适对象……[2]

"友谊的对象是我们意愿其获得善好的事物。然而严格来说，我们不能意愿无理性受造物获得善好。因为拥有善好，严格来说，不属于无理性受造物，而只属于有理性受造物。他是使用善好的主宰，他拥有这善好是通过自由意志。因此，哲学家在《物理学》第二卷说：对于这一类事物，我们不说在它们身上发生了好的或者坏的事情，除非是在相似的意义上。"[3]

综上，阿奎那的第二组反对动物作为友爱对象的论证可以这样重构：

（1）如果一个事物是友爱的对象，那么我们可以意愿该事物的善好。

（2）我们不能意愿无理性的实体的善好。

（3）因此，无理性的实体不能是友爱的对象。

1 SSS 3.28.1.2 co.

2 ST I 20.2 ad 3.

3 ST II–II 25.3 co.

对于阿奎那的这个令人困惑的论证，我们可以从两个方面进行初步的澄清。

首先需要说明的一点是，当阿奎那说无理性事物不是善意的合适对象时，他所说的是这些事物不能是善意的最终对象（ultimate object）。相对的，阿奎那并不反对无理性物作为善意的直接对象（proximate object）。举例来说：一位牧羊人可以用各种方式意愿并促进羊群的善好，但他之所以这么做从根本上说并不是为了羊群自身，而是为了其他实体——例如，为了他自己的财富，或是为了家人的生存。在这种情况下，羊群确实是牧人善意的直接对象；然而理性实体——牧者自身和其他人——才是善意的最终对象。而阿奎那所反对的仅仅是动物等无理性实体可以在后一种意义上接受善意。

换句话说，阿奎那并不反对我们可以意愿无理性实体的善好；阿奎那反对的是我们可以仅仅为了无理性实体自身而意愿其善好。农夫可以意愿自己的庄稼健康生长，但他如此意愿不能仅仅是为了庄稼自身；牧人可以意愿自己的羊群健康肥壮，但他如此意愿不能仅仅是为了羊群自身。依据阿奎那的术语，我们对于无理性事物的善意必然进一步被导向（ordinari）至于对于理性事物的善意。在这种情况下，无理性事物虽然是我们友爱的直接对象，却不是友爱严格意义上的真正对象。考虑到这种导向关系，它们更好被称作是广义的欲爱的对象。[1]

那么进一步的问题是，无理性实体为何不能是善意最终的、真正的对象呢？对此阿奎那的解释是：因为在这些实体身上不能“依据运气和幸运发生好的和坏的事情”。这个奇特的表述来源于亚里士多德《物理学》中的一段讨论。在《物理学》第二卷中，亚里士多德区分了两个概念：巧合（casus）和好运（fortuna）。亚里士多德说：

> 巧合在很多方面都有区别。凡是出于好运的，都是出于巧合；但并不是所有的巧合都是出于好运。好运和出于好运的事情是对这样一些事物而言的：在他们之中会发生好的事情（eucontingere），且在他们之中确实存在行动。因此，

1 Cf. SSS 3.28.1.2 co.; ST I 20.2 ad 3; ST II–II 25.3 co.; etc. 了解了这一区分，我们便可以理解为什么在某些文本中阿奎那会说一切受造物都是上帝善意之爱的对象。Cf. SCG 1.91.2–3; ST I 20.2 co.

好运必然是和实践事物（practica）相关的。证据在于，好运看上去或是等于幸福（felicitas），或是近似幸福。而幸福则是一种实践；所谓幸福，就是做得好（eupraxia）。因此，如果一个事物不能行动，那么它也不能出于好运而做什么事情。因此，无生命的事物、婴儿或动物都不能出于好运做某事，因为它们没有自由意志（propositum）。在它们之中既没有好运（eufortunium）也没有厄运（infortunium），除非是就相似的意义上说。比如说，普罗塔克称那些被用来建造祭坛的石头是幸运（eufortunatos）的，因为它们受到崇敬，而它们旁边的石头则被践踏。遇到好运（pati a fortuna）以某种方式存在于这些事物之中，也就是说，某一个行动者出于好运对它们做了（agat a fortuna）某事；但从其他的意义上说，在它们中不存在好运。然而巧合既存在于有生命的事物中，也存在于无生命的事物中。比如说，我们说一匹马碰巧（casu）到来，因为它的到来救了人的命；但是这匹马并不是为了拯救而到来的。类似的，我们说一个三足鼎碰巧（casu）倒下了，因为它倒下后适合坐上去；但它并不是为了被坐而倒下的。[1]

在亚里士多德看来，交好运（fortuna）或者说遇到好事（eucontingere）在严格意义上只能发生在真正的行动者身上。比如说，一个人种田的时候意外挖到了财宝，这个叫做运气好。相对的，对于非行动者而言是谈不上好运和厄运的。比如说，如果一个疯子拿刀在街上乱砍，结果正好砍死一个大坏蛋，我们不能说这个疯子走了运做了好事，而只能说他碰巧做了好事。类似的，如果一块石头被做成了美丽的雕塑而另一块石头被做成了被人踩的地砖，我们也不能说前一个石头运气好、后一个运气坏，因为它们不是行动的主体，而是被动的对象。

所谓行动的主体（aliquid cuius est agere），据阿奎那的解释，就是对自己的行动具有主宰能力的事物（quod habet dominium sui actus），也就是拥有理性能力的、能够按

1 Phys. 197a37–197b17, cf. CLP 2.10.1–7. 本文所引之《物理学》译自阿奎那所注释之拉丁本：Sancti Thomae de Aquino, *Opera omnia iussu impensaque Leonis XIII. P. M. edita, t. 2: Commentaria in octo libros Physicorum Aristotelis* (Romae: ex Typographia Polyglotta S. C. de Propaganda Fide, 1884), p. 83。

照自己自由意志行动的事物(quae voluntarie agunt)[1]。换句话说,只有拥有理性能力的事物才能够成为自己行动的主人,而只有在一个真正的行动者身上才能够"依据好运和幸运发生好的事情"。由此,我们可以这样理解阿奎那的论证:在友谊之爱中,爱者意愿被爱者的善好。但这种善意并不仅仅是想要把一个偶性善好加到一个善好实体上,而是希望在其对象身上发生好的事情,希望对象能够做得好、活得好。因此,这种善意所指向的友爱对象对于欲望对象的拥有(habere)不单单是质料和形式的结合,更是一个自由的行动者对于善好事物的使用(uti)。[2] 因此,友爱的对象——真正的、最终的、严格意义上的对象——只能是有理性、能行动的实体。

换句话说,阿奎那的第二条反对论证的关键在于引入了一种对于善意的更加狭义的界定:真正的善意是意愿某一理性行动者的善好。初看上去,这个界定似乎颇为武断,乃至有乞题的嫌疑。我们为什么要接受这样一种特殊的界定呢?有什么理由让我们认为,指向理性行动者的善意要在行动上比指向一般实体的善意更加根本呢?面对这一困难,阿奎那给我们的提示是:善意的对象域同交通的对象域有关。在前一个论证中我们看到,爱的必要条件是爱者与被爱者的交通,而这种交通要求被爱者是行动善好的真正主体。而在这第二个论证中,我们发现不仅交通与合一,善意和善行同样要求其对象能够行动、能够自由使用善好。这一细节提示我们阿奎那的爱的理论中以善意为中心的部分和以交通为中心的部分并不是互相独立的,而是有着密切的关系。

那么,阿奎那爱的理论的这两个部分——善意与交通——究竟是如何相关的呢?这一问题将我们带入了阿奎那的行动理论中的一个晦暗的区域,不仅少有学者涉足,阿奎那自己也往往语焉不详。然而我们将试图证明,阿奎那带给我们的第三条否认无理性物作为友爱对象的论证可以对这一困难的问题提供重要的启发。

1 Cf. ST I–II 6.1–2.

2 Cf. ST I–II 16.1–2.

六

阿奎那的第三条反对论证的核心是“公善”(bonum commune)。在《德性论辩集》中，阿奎那借助这一概念解释了如何确定友爱和欲爱的对象域：

当寻找那些隶属于(subiiciuntur)某一能力或习性的行动的事物时，应当考察这一能力或习性的对象的形式之理(formalem rationem)。事物如何与这一形式之理相关，它们就如何隶属于这一能力或习性。比如说：事物是可视的(visibilia)是因为其与可视之理(rationem visibilis)相关；而根据它们与此理相关的方式，又存在因其自身的(per se)可视事物，和出于偶性的(per accidens)可视事物。对于普遍而言的爱，其对象是普遍而言的善好。因此，对于每一种特殊的爱，其对象是某种特殊的善好。比如说：对于我们与亲人之间的自然友谊(amicitiae naturalis)，其特定的对象是从父母所获得的自然善好(bonum naturale)；而在政治的友谊(amicitia politica)中，对象是城邦的善好(bonum civitatis)。爱德也有某种特殊的善好作为其特定的对象，即神圣幸福的善好(bonum beatitudinis divinae)，正如我们之前在本问第四题中所述。因此，事物如何与这一善好相关，就如何被爱德所爱。

然而需要考虑的一点是，由于爱是意愿某人的善好，我们可以在两种意义上说一个事物被爱：或是作为那个我们意愿善好的事物，或是作为我们意愿于某事物的善好。就第一种方式而言，可以被爱德所爱的仅是那些我们可以意愿永恒幸福的善好的事物，也就是那些本性上可以(nata sunt)拥有这种善好的事物。由于只有有理智的自然物(intellectualis natura)本性上可以拥有永恒幸福的善好，只有有理智的自然物可以被爱德所爱，即在那些我们意愿其获得善好的事物被爱的意义上被爱。因此，根据事物可以拥有永恒幸福的不同方式，奥古斯丁区分了四类被爱德所爱的事物……

但就第二种方式而言，即在我们意愿于他者的善好被爱的意义上，一切的善好，就它们是那些可以拥有幸福的事物的善好而言，都可以通过爱德被爱。所有的受造物对于人类而言都是达致幸福的道路；同样，所有的受造物都导向上帝的荣耀，因为神圣善好显明在它们之中。因此，通过爱德我们可以爱一些事物，将它们导向那些拥有幸福的事物，或可以拥有幸福的事物。[1]

上述论证虽然主要是就爱德——建立在超性善好和神圣生命的交通之上的友谊——而言的，然而我们完全可以将其扩展为一个适用于友谊和友爱的普遍论证：

（1）爱的形式性对象是某种公善。

（2）友爱的质料性对象是能够接受公善的事物，而欲爱的质料性对象是能够导向公善的善好。

（3）动物等无理性的受造物不是能够接受公善的事物。

（4）因此，动物等无理性的受造物不能是友爱的对象。

这一论证颇具理论上的趣味和洞见，值得仔细玩味。我们先从前提（1）看起。对于这一命题需要澄清的关键点有三个：爱、形式性对象、公善。

首先是爱。需要注意的是，这里所说的爱是理性实体所具有的、包含着友爱和欲爱的理性之爱。进一步说，阿奎那的论证主要针对的是包含着指向他者，而非爱者自身的友爱的理性之爱。显然，只有这种爱的对象才能说是被不同主体分享的"公"善。反之，对于那种包含着指向爱者自身的友爱的理性之爱，这种爱的对象更好被说成是爱者自身的"私善"（bonum proprium）。这并不影响阿奎那论证的普遍效力，因为我们可以将私善理解为爱者与自身所交通的善好；因此，我们不妨将爱者对于自己的爱理解为爱者对于他者的爱的一种超常（extraordinaria）形式。

阿奎那将公善定义为爱的整体的对象，这本身是一件值得玩味的事。阿奎那并没有像平常那样分别界定欲爱和友爱的对象，而是将爱当作一个整体来讨论。因此，这一讨论自然会展示出理性之爱中的不同要素——爱者、欲爱对象、友爱对象——之间

1 DVi 2.7 co.

的全面联系。

其次需要澄清的概念是“形式性对象”。阿奎那指出，我们可以通过两种不同的方式讨论一个能力或者行动的对象。一种简单的方式是列举这个能力所针对的具体事物，比如说，我们可以说我的视觉的对象是红花绿叶、蓝天白云。但另一种更精确的方式是找到这些具体对象之所以为该能力所摄的形式性要素，或者说它们之所以为某能力的对象的“理”。在这意义上，我们应该说视觉的对象是颜色；一物之所以被看见，是因为它是有色之物。前一种对象可以称为“质料性对象”，而后一种可称之为“形式性对象”。在阿奎那看来，确定一种行动的关键在于确定它的对象；而确定行动对象的关键则是找出这个“形式性对象”。只要搞清楚这一点，就可以顺藤摸瓜，通过分析哪些事物分有这一形式规定性而确定行动的质料性对象。[1]

在之前的讨论中我们已经了解，普遍来说爱的形式对象是“善好”。而在这里阿奎那进一步提出，具体而言的每一类爱的形式对象是一类特定的“公善”。这就是第三个需要说明的概念。在之前对于交通的讨论中，我们已经初步了解了这一概念：公善最基本的含义就是被交通的善好之物。僭主和奴隶之间没有公善，因此他们之间也不能有真正的友谊。相对的，在亲戚朋友之间存在自然之善的交通，在城邦公民之间存在着政治善好的交通，而在上帝的理性造物之间存在着超性善好的交通；这三种不同的公善分别构成了自然之爱、政治之爱和爱德之爱的形式性对象。

作为一个政治哲学中至关重要的概念，经院学者对于公善做出了许多更精细的区分。[2]

1 Cf. ST I 1.3 co., ad 2; ST I 59.2 ad 2; ST I 59.4 co.; ST I–II 62.2 co.; ST I–II 63.4 co.; etc.

2 Cf. Dominic Farrell, “Wanting the Common Good: Aquinas on General Justice”, *The Review of Metaphysics* 71, no. 3 (2018), pp. 517–549; John Finnis, “Public Good: The Specifically Political Common Good in Aquinas”, in *Natural Law and Moral Inquiry*, ed. Robert P. George (Washington, D.C.: Georgetown University Press, 1998), pp. 174–209; Gregory Froelich, “Ultimate End and Common Good”, *Thomist* 57, no. 4 (1993), pp. 609–619; M. S. Kempshall, *The Common Good in Late Medieval Political Thought: Moral Goodness and Material Benefit* (New York: Oxford University Press, 1999); Mary Keys, *Aquinas, Aristotle and the Promise of the Common Good* (Cambridge: Cambridge University Press, 2006); Mary Keys, “Why Justice Is Not Enough: Mercy, Love-Caritas, and the Common Good”, in *The Common Good: Chinese and American Perspectives*, eds. David Solomon and P. C. Lo (Dordrecht: Springer, 2014), pp. 243–259; Steven Long, “Understanding the Common Good”, *Nova Et Vetera* 16, no. 4 (2018), pp. 1135–1152.

然而在这里，我们需要关注的是这样一个事实：公善是理性之爱整体而言的对象，而其两个组成部分——欲爱和友爱——的对象则是两种以不同方式和公善相关联的善好。

初看上去，我们或许会设想公善是仅仅是友爱的对象。我们已经提到过三种理解友爱对象的方式：第一，是和爱者现实相似的实体；第二，是使被爱者与爱者现实相似的善好；第三，是爱者与被爱者之间所交通的善好。如果套用“质料性对象”和“形式性对象”的术语，我们可以说：友爱的质料性对象是与爱者现实相似，或者说处于同一交通中的实体；而其形式性对象是爱者与被爱者之间现实分有、共同交通的善好——也就是公善。在此之外，阿奎那在这段文本中以不同公善区分不同类型的爱的讨论也很容易让我们回忆起亚里士多德以不同交通区分不同友谊的做法。因此，当我们在这里看到阿奎那将公善当作爱整体的形式性对象时，我们或多或少会感到疑惑。

然而我认为，我们对于这一文本的解读并无错谬，而阿奎那在书写这一段文本时也并非是用了失之严谨的表达。理由有二：第一，正如阿奎那指出的，在理性之爱的两个部分中，只有友爱才是不加限定的爱，而欲爱是为了友爱。因此，我们可以说爱本质上是友爱，而欲爱“包含”在友爱之中；正如苏格拉底虽然包含了实体和偶性，但我们可以说苏格拉底本质上是人，而偶性存在于此人之中。因此，以友爱的对象为理性之爱的整体对象并无不妥。

第二，更重要的一点是，阿奎那的这一做法提示了我们一个重要而容易被忽略的事实：欲爱的对象之善同友爱的对象之善并非是互不相关的，而是同一善好的不同表达。这鼓励我们将爱作为一个整体来考察；唯其如此，我们才能够理解欲爱加友爱的这个二元结构在爱的本性中所起的真正作用。

那么具体而言，友爱和欲爱的对象之善是如何与公善相关联的呢？这将我们带向了第二条前提。首先，友爱的质料性对象是那些本性上能够，或者说适合于拥有（nata sunt habere）公善的事物。这一点我们并不陌生。据阿奎那的定义，友爱的对象是与爱者现实相似的事物，而这一现实相似是通过善好的交通而实现的；由此不难推论，友爱必然以能够分享公善的事物为对象。但值得注意的是，阿奎那在这里使用了一个完全不同的论证。阿奎那指出：友爱的对象是我们意愿其获得善好的事物，而对于每一类爱我们都意愿该事物获得相应的公善；因此，友爱的对象必然要有适于获得公善的能力。

这一文本的细节提示我们一个重要的线索：对于爱这一行动而言，公善的作用并不仅仅在于构筑爱者与友爱对象之间的相似与合一；公善同时还构成了爱者之于友爱对象的善意的具体内容。换言之，公善不单是友爱的对象，还是欲爱的对象。亲人之间的友谊建立在家庭自然善好的交通之上，而我们希望亲人获得的最主要善好也正是自然善好。公民之间的友谊建立在城邦的政治善好的交通之上，而我们意愿其他公民获得的善好也主要是政治善好。最后，上帝的理性造物之间的超性友谊——爱德——建立在上帝的神圣善好的分有之上，而通过爱德我们所希望于其他理性实体的不是别的，正是至福直观中对于上帝永恒生命的分享。

初看上去，这一依赖于文本细节的解读似乎显得勉强。然而当我们更广泛地阅读阿奎那的作品时，会发现这一原则——欲爱的对象与公善相一致——并非孤例，而是阿奎那伦理学说中的一个要点。例如，在阿奎那对于爱的秩序（ordo amoris）的讨论中，阿奎那研究了在何种情况下我们对一个对象的友爱会超过另一个对象。[1] 阿奎那指出，这种爱之差等大致存在两种情况：第一是当朋友甲与我们处于某一善好的交通之中，而乙在此交通之外；或甲乙均在此善好的交通之中，而甲在此交通之中地位更高时，我们应当意愿更多的此类善好给甲而过于乙。举例而言，就自然善好而言，我们自然且应当偏爱我们的亲人而非其他朋友；就政治善好而言，我们则应当将其意愿给城邦的公民，而不能受到亲亲私情的影响；就超性善好而言，我们则得普遍的爱一切理性存在物，因为所有理性者均或现实或潜在地分享上帝永恒的生命。进一步说，在亲人之中，父亲地位最尊，因而我们当意愿其获得最多的自然善好；在城邦中，我们最当爱的则是君王；最后，在一切理性者中，我们意愿善好最多的则是作为一切善好之本原的上帝自身。第二，在此之外的另一种情况则是：当朋友甲与我们的交通要

1 Cf. Jean Porter, "De Ordine Caritatis: Charity, Friendship and Justice", *The Thomist* 53 (1989), pp. 197–213; Susan Selner-Wright, "The Order of Charity in Thomas Aquinas", *Philosophy and Theology* 9, no. 1 (1995), pp. 13–27.

比乙更密切时——换句话说，当甲与我们的关系更亲密的时候，即使我们可能意愿乙获得更多的善好，但我们对于甲的善好的意愿的强烈程度自然且应当高于乙。就这一点而言，我们应当爱我们的亲人最深，因为家庭的自然善好的交通是各种社会关系中最紧密的；在亲人之中，我们最爱的是我们的子女而非父母，因为父母虽尊而远，子女虽卑而近。但归根结底，在受造物之中我们爱的最强烈的是我们自己，因为我们与自身的关系——同一——超越了简单的交通与合一，因而远较他者密切。[1]

在上述对于友爱秩序的讨论中，可以发现阿奎那更加明确地使用了在《德性论辩集》中简略提出的原则：善意之爱中欲爱部分的对象应当与爱者与被爱者之间所交通的善好种类一致。然而，对于这一原则我们还有至少两点不清楚的地方。首先，最重要的问题是：意愿某人与公善同类的善好这一行动的意义是什么？其次，一个更加技术性的问题是：从行动理论上看，爱者意愿被爱者与公善同类的善好何以可能？

对于第一个问题，阿奎那在其关于爱的秩序的理论中基本是将这一原则诠释为一个正义的法则。和友谊相同，正义也是建立在公善的交通之上。这一德性的基本要求是给予每一对象他所当得之物（jus）。[2] 而欲爱对象与公善的一致则是这一要求的具体展开：一方面，当甲处于某一善好的交通中时（例如，甲是某一城邦的公民），甲就有了要求这一善好的权利；另一方面，若甲进一步在此交通之中处于重要的地位（例如，甲是该城邦的统治者），那么甲更有要求获得比其他参与交通者更多善好的权利。在《神学大全》关于正义的讨论中——特别是阿奎那关于附属于正义的诸德性的讨论中——我们可以清楚看出在这一点上正义的秩序与爱的秩序之间的统一，例如，正义的附属德性虔诚（religio）指向对于上帝所配得之善好的意愿，孝敬（pietas）指向对于父亲和城邦之善好的意愿，而服从（observantia）则促进我们意愿君王和统治者所应得的善好。[3]

然而，对于阿奎那关于爱的一般理论而言，这一原则似乎有一更深的意义。在上

1 Cf. ST II–II 26.1–4, 6–12.

2 Cf. ST II–II 58.1.

3 Cf. ST II–II 81.1–2; ST II–II 101.1–3; ST II–II 102.1–2.

述所引《德性论辩集》中，阿奎那明显有这样一个预设：公善——例如在理性受造物之间交通的永恒幸福——并非是一个已经被参与交通的个体完满占有的事物，而仍然是他们需要追求、需要实现的对象。正因为如此，《德性论辩集》将友爱的质料对象定义为"适合于拥有公善的事物"，而非"已经拥有公善的事物"。而欲爱的根本作用正是帮助友爱对象对于这一已经部分分有，而尚未完全达致的公善的完满占有。因此，这一文本会将欲爱的首要对象定义为公善自身，而将其次要对象定义为有助于友爱对象达致公善的其他善好。

换言之，欲爱之所以以公善为对象，是为了友爱对象对于公善的更完满的分有和交通。然而，这一命题似乎容易在行动理论的层面遭到可能性的质疑。熟悉《神学大全》的读者可以立刻举出两条反对意见：

第一，据阿奎那的定义，欲爱的对象是与友爱对象潜在相似的善好。如果友爱对象是分享公善的实体，而欲爱对象同样是公善，则欲爱对象与友爱对象现实相似。但这是不可能的，就像我们不能意愿一个白的人白一样。因此欲爱的对象不能是公善。

第二，据阿奎那的理论和我们的日常经验，欲爱对象和友爱对象的善好不需要相同。比如说，我们可以因为正义而爱我们的朋友，但同时意愿他获得健康。如果欲爱的对象和友爱的对象均是公善，那么这两者的对象善好总是一致的。这显然说不通。

面对质疑，我们可以这样为我们的立场辩护。首先，对于第一条反对意见，我们可以说：据阿奎那的形而上学理论，一个实体与偶性善好的质形结合并非是绝对的或有或无，而是存在程度的差别——以阿奎那的术语，存在强度（intensio）的不同。举例而言，一个白色的事物可以通过更完满地分有白性而变得更白，一个正义的人可以通过正义的实践活动变得更加正义。如此一来，一个实体可以现实地拥有某一偶性，然而又潜在地趋向对于这一偶性形式更完满的占有。[1]

1 Cf. Gloria Frost, "Aquinas on the Intension and Remission of Accidental Forms", in *Oxford Studies in Medieval Philosophy* 7 (Oxford: Oxford University Press, 2019), pp. 115–146.

同样的原则也可以运用到公善上。同一行动者可以在不同程度上参与善好和生活的交通。举例而言，甲和乙因为喜爱哲学而成为朋友。而他们两人之间关于理性善好的交通可能由浅到深存在多种层次：最初仅仅是拥有共同的兴趣爱好，而后则共同上课、阅读、讨论，最后（在理想情况下）共同生活在一起，分享密切而完整的哲学共融。因此，一个行动者可能既现实拥有某一公善，同时又潜在地倾向于对同一善好的更密切、更完满的交通。就这一点而言，公善可以成为欲爱的对象。

其次，对于第二条反对意见，我们可以说，正如《德性论辩集》中所提示的，欲爱指向两种对象：其一是主要的对象，即公善；其二是次要的对象，即有助于友爱对象完满拥有公善的善好。以爱德为例：爱德之爱中欲爱部分的首要对象是永恒幸福；而其次要对象是有助于友爱对象达致幸福的善好——由于事实上所有受造物均能帮助我们达致幸福，因此这一欲爱的次要对象包含了所有的受造物。

因此，对于每一种友谊而言，其欲爱部分均可能以多种不同善好为对象。然而欲爱对于其对象的选取并不是随意的。作为欲爱对象的诸多善好始终围绕着作为友谊主题的公善，并以这一善好为其最终目的。由此，欲爱的多样性并不会影响到友谊的整体性。从另一个角度看，两类不同主题的友谊可能恰好拥有指向同一善好的欲爱，比如说甲想要送给他的恋人一束鲜花，而乙想要奉献一束鲜花作为教堂的装饰。在这种情况下，我们仍然可以指出这是两类本质上不同的欲爱：虽然它们的直接对象相同，然而它们所指向的更核心、更根本的善好是两类不同的公善。

由此，通过《德性论辩集》的材料，我们可以这样重新整理阿奎那关于爱的理论。理性之爱的对象（严格来说，那些友爱部分指向他者的理性之爱的对象）是爱者与被爱者所交通的某种善好。这一行动整体而言的目的是爱者与被爱者对于这一善好的更完满的交通，或可说是爱者对于自己与被爱者所分享的公善的促进。这一目的的实现大致包含两个层面：一方面是爱者与被爱者以此公善为基础的合一与共融；另一方面则是爱者对于被爱者以此公善为主要对象的善意与善行。相对的，这一行动的欲爱部分的对象是公善，以及导向公善的善好；而这一行动的友爱部分的对象是本性上适合于参与公善的交通的事物。然而——再次回到本文的主题——由于只有拥有理性、能够自由行动的实体才能真正分享公善、共同生活，因此动物等无理性实体不能成为友爱的对象，而只能是欲爱的对象；进一步说，不是作为欲爱的主要对象，而是作为欲爱的次要对象。

以上，我们通过考察阿奎那的三组反对动物作为友爱对象的论证，逐渐构筑起了一个对于阿奎那的爱的理论的新的解读。不同于常见的以善意为核心的解读，我们的重构尝试以公善和交通为中心展示爱这一行动的内在机制。对于关心人与动物的友谊这一主题的读者而言，这一理论更新最值得注意的一点是：它让我们理解了阿奎那不同的反对论证之间的内在统一性。

在之前的讨论中我们发现，阿奎那在大多数文本中所举出的反对无理性事物作为友爱对象的论证主要有两条：第一是说友爱对象必须要能够和爱者达成一种生活和行动上的交通和共融；第二是说友爱的真正对象必须得能够以自由行动者的方式，“依据幸运和不幸”接受欲爱的善好。由于这两点都只有理性实体才可以实现，因此动物一类的存在不能成为友爱的对象。在重构阿奎那的论证时，我们注意到阿奎那举出的这个第二条理由比较奇怪：如果从常见的善意模型的角度出发，很难理解为什么阿奎那要给善意加上这样一个特殊的限定。为什么善意不仅要求实体和偶性的质形结合——阿奎那自己完全同意在这一意义上无理性实体也可以成为“善意”的对象——还进一步要求理性行动者对于善好的自由拥有和使用呢？

然而当我们详细研究了阿奎那的第三组反对论证时，便可以看出阿奎那对于善意的这种进一步规定既非武断，亦非乞题。如果我们的解读是正确的——如果爱这一行动所包含的善意根本上是为了实现更完满交通的手段，那么善意和交通一样要求对象是有理性的行动者就完全可以理解。我们可以从两个方面论证之：

第一，从善意的对象上看：

（1）由于善意的目的是交通的深化和公善的促进，因此善意之爱中欲爱部分的主要对象是公善自身。

（2）只有拥有理性的自由行动者适合于拥有公善。

（3）因此，善意之爱中友爱部分的对象只能是有理性的自由行动者。

第二，从善意的目的上看：

（1）由于善意以公善之交通为目的，因此善意中友爱部分的对象得适合于参与善好的交通。

（2）只有拥有理性的自由行动者才能参与生命与行动的交通。

（3）因此，善意之爱中友爱部分的对象只能是有理性的自由行动者。

七

然而，对于更多关心阿奎那的行动理论和伦理学说的读者而言，上述三组论证的意义远不止于界定了友爱和友谊的对象域。阿奎那在这个细小问题上的讨论意外为我们提供了一个理解其爱的理论的独特视角。阿奎那的讨论中所展示出的以交通为核心的爱的理论突破了标准的以善意为中心的模型，又补充和完善了后者。

当我们单纯将爱理解为“意愿某实体获得某偶性善好”的行动时，我们虽然能够便捷地分析许多具体的爱的行动，然而却同时导致了一系列潜在的问题。就阿奎那关于爱的理论自身而言，最大的问题是如何解释这一善意之爱不仅导向友爱对象对于欲爱对象的占有，还导致爱者与友爱对象的合一。而这一理论缺陷又进一步导致了诸多衍生问题。本文所提出的友爱的对象域问题便是其一：爱的善意模型自身难以解释为什么我们不能意愿动物等无理性实体的善好。在此之外，另一个影响更大的问题则出现在阿奎那关于幸福（beatitudo）的讨论中。简要地说，阿奎那认为人类的真正幸福是我们之于我们的最高目的——上帝自身——的爱的结果。依着善意模型的理路，一个自然的推论似乎是：人类的幸福在于以某种方式增添上帝的善好和光荣。然而阿奎那事实上给出的答案是：人类的幸福在于通过理性认知活动而实现的人与上帝自身的超性结合，即著名的“至福直观”（visio beatifica）。如何理解这一认知行动的本质（是人类对于作为欲爱对象的上帝的占有，还是人类与作为友爱对象的上帝的合一），以及如何理解这一行动与人类之于上帝的善意之爱的关系，都超出了简单的善意模型的范围。[1] 最后，这一理论问题也深刻卷入了自 20 世纪以来阿奎那研究者关于人类对于上帝自身的“纯粹”之爱是否可能的争论。根据善意模型，我们对于他者的善意根本上说是我们对于自己的善意的延伸——通过将与我们现实相似的他者视为“另一个自我”，我们将对于自己的善意扩充至对于他人的善意。但由此产生了一个尴尬的结论：对于他者我们没有所谓“纯粹”的友爱。在所有的利他之爱中，甚至在对于上帝的利他之爱中都或多或少包含着某种利己的味道。学者们针对这一困难展开了长久的争论，但是均没有能够脱离善意模型的旧套。[2] 从根本上说，研究者们没有想清楚这样一个基本问题：爱究竟是什么——是对于某人善好的意愿，还是交通与合一的内在驱动力？

本文的研究当然不期望能够完全解决上述所有的理论困难。然而，通过对于阿奎那理论中一个细节的认真研究——阿奎那关于友爱不能以非理性实体为对象的讨

---

1 ST I–II 2.8; ST I–II 3.1; ST I–II 3.8. Cf. SSS 4.49.1.2.1 ad 3; ST I–II 2.7 ad 2; DVi 2.2 co; CT 1.107 co. Joseph Bobik, “Aquinas on Friendship with God”, in *The New Scholasticism*, Vol. 60 (1986), pp. 257–271; David M. Gallagher, “Desire for Beatitude and Love of Friendship in Thomas Aquinas”, in *Mediaeval Studies*, Vol. 58 (1996), pp. 1–47; Thomas M. Osborne, *Love of Self and Love of God in Thirteenth-Century Ethics*; Lawrence Feingold, *The Nature Desire to See God according to St. Thomas Aquinas and his Interpreters* (Naples: Sapientia Press of Ave Maria University, 2010); Jordan Olver, “Love of God above Self”, in *The Thomist*, Vol. 80 (2016), pp. 97–131.

2 Cf. Dom Gregory Stevens, “The Disinterested Love of God According to St. Thomas and Some of His Modern Interpreters”, in *The Thomist*, Vol. 16, No. 3 (1953), pp. 307–333; Dom Gregory Stevens, “The Disinterested Love of God According to St. Thomas and Some of His Modern Interpreters”, in *The Thomist*, Vol. 16, No. 4 (1953), pp. 497–541; Joseph Bobik, “Aquinas on *Communicatio*, the Foundation of Friendship and *Caritas*”, in *The Modern Schoolman*, Vol. 64, No. 1 (1986), pp. 1–18; Guy Mansini, “*Similitudo, Communicatio*, and the Friendship of Charity in Aquinas”, pp. 1–26; David M. Gallagher, “Thomas Aquinas on Self-Love as the Basis for Love of Others”, pp. 23–44; James McEvoy, “The Other as Oneself: Friendship and Love in the Thought of St Thomas Aquinas”, in *Thomas Aquinas: Approaches to Truth*, edited by James McEvoy and Michael Dunne (Dublin: Four Courts Press, 2002), pp. 17–37; Daniel Schwartz, *Aquinas on Friendship* (Oxford: Oxford University Press, 2007); Marko Fuchs, “Philia and Caritas: Some Aspects of Aquinas’s Reception of Aristotle’s Theory of Friendship”, in *Aquinas and the Nicomachean Ethics*, edited by Tobias Hoffmann (New York: Cambridge University Press, 2013), pp. 203–219; Anthony T. Flood, *The Metaphysical Foundations of Love: Aquinas on Participation, Unity and Union*; Erza Sullivan, “Natural Self-Transcending Love According to Thomas Aquinas”, in *Nova et Vetera*, Vol. 12, No. 3 (2014), pp. 913–946; Jordan Olver, “*Bonum Nostrum*: Thomas Aquinas and Love of Others for Their Own Sake”, in *Review of Metaphysics*, Vol. 70, No. 4 (2017), pp. 663–694; Daniel Shields, “Aquinas on Will, Happiness, and God: The Problem of Love and Aristotle’s *Liber de Bona Fortuna*”, in *American Catholic Philosophical Quarterly*, Vol. 91, No. 1 (2017), pp. 113–142; Christopher J. Malloy, *Aquinas on Beatific Charity and the Problem of Love* (Steubenville: Emmaus Academic, 2019).

论——我们确实看出大家习以为常的善意模型并不足以概括阿奎那关于爱的理论的全貌。为了正确诠释阿奎那的理论，我们需要一种范式上的转型，尤其是要充分重视交通和公善在爱中所起的作用。通过这一不同的视角，我们有望对于阿奎那行动理论和伦理学中的许多困难部分提出全新的解决方案。

（本文作者为北京大学哲学系博士后）

《论原因》中本质和存在的创造及阿奎那的接受*

归伶昌

引　论

《论原因》是一本沟通古希腊晚期（新柏拉图主义）、阿拉伯和西欧中世纪哲学的重要著作，它对阿拉伯、犹太和西欧经院哲学都产生了巨大的影响。一般认为，本书作者是一位佚名的阿拉伯学者，据推测可能生活于9世纪的巴格达，很可能是肯迪学派的学者所著[1]，而科斯塔（D. Costa）甚至认为其作者便是肯迪本人。[2]但很长一段时间以来这本书都被看作亚里士多德的作品。但实际上，书中的内容得自于普罗克洛（Πρόκλος）的《神学要义》和普罗提诺的思想[3]，但作者却对其内容进行了一神论改造[4]。

《论原因》一书探讨的基本问题是，多如何从一中产生出来。作者基本依照新柏

* 本文系国家社会科学基金青年项目“阿奎那行动哲学历史价值与现实意义研究”（项目批准号：21CZX056）的阶段性成果之一。

1 Richard C. Taylor, “Contextualizing the Kalām fī maḥḍ al-khair/Liber de causis”, in *Reading Proclus and the Book of Causes*, Volume 2 (Leiden: Brill, 2020), pp. 211–232.

2 Cristina D’ancona Costa, “Al-kindi et l’auteur du Liber de Causis”, in *Recherches sur le Liber de causis* (Paris: Vrin, 1995), pp. 155–194.

3 Carlos Steel, “Substantia stans per essentiam suam: Proclus et l’auteur du De causis sur les êtres qui se constituent eux-mêmes”, in *Reading Proclus and the Book of Causes*, Volume 3 (Leiden: Brill, 2022), pp. 37–59；Cristina D’ancona Costa, “La doctrine de la création «mediante intelligentia» dans le Liber de Causis et dans ses sources”, In *Revue des sciences philosophiques et théologiques*, 76 (1992), pp. 209–233.

4 关于这一改造的限度发生在多大的程度上，参见 Carlos Steel, “Substantia stans per essentiam suam: Proclus et l’auteur du De causis sur les êtres qui se constituent eux-mêmes”, pp. 37–59。

拉图主义的思维方式，认为万物出自作为第一因的绝对的“一”，并将其与纯粹的善相等同。而绝对的“一”和多之间并不是通过若干个中介者，而是通过唯一的一个中介者，即灵智（intelligentia）[1]联结在一起。神圣原则的三种实体——第一因、灵智和灵魂构成了一个等级次序，而这些实体内部又各自具有层次，这也显然承袭自新柏拉图主义的经典教导。[2]

尽管这一主题听上去相当的新柏拉图主义，但是《论原因》并不是对新柏拉图主义思想的简单重复，而是对它进行改造与发展，这一点，阿奎那在《〈论原因〉注》（*In Librum De Causis Expositio*）前言中就明确地指出过：

> 在希腊，我们找到了一本这样被传下来的柏拉图主义者普罗克洛的书，它包含211个命题，被起名叫作《神学要义》；在阿拉伯我们则找到这本书，拉丁世界的人们把它称为《论原因》，这本书确定是从阿拉伯文翻译的，但在希腊内部却没有［传播］。所以这本书似乎是出自阿拉伯哲学家中的某位从前述的普罗克洛的作品中摘出来的，特别是因为所有在这本书［《神学要义》］包含的东西，都更**完善**和更**丰富**得多地包含在了那本书［《论原因》］中。[3]

这里，阿奎那用“完备”和“丰富”这两个概念，指出了《论原因》一书的两个面向：一方面，正如上面指出的，该书承袭了许多新柏拉图主义的经典学说；另一方面，作者又有自己新的创见。那么，其创见是什么呢？正如斯蒂尔（Steel）[4]所强调指出的

1 这个中译名一般用来翻译这一种特殊的、具有理性（intellectus）的纯非质料性实体。

2 Rolf Schönberger (Einl.) Anonymus, *Liber de Causis, Das Buch von den Ursachen*, Andreas Schönfeld (übers.) (Hamburg: Felix Meiner Verlag, 2003), pp. VII–XXXIII.

3 “Et in Graeco quidem invenitur sic traditus liber Procli Platonici, continens CCXI propositiones, qui intitulatur elementatio theologica; in Arabico vero invenitur hic liber qui apud Latinos de causis dicitur, quem constat de Arabico esse translatum et in Graeco penitus non haberi: unde videtur ab aliquo philosophorum Arabum ex praedicto libro Procli excerptus, praesertim quia omnia quae in hoc libro continentur, *multo plenius* et *diffusius* continentur in illo.” (Thomas Aquinas, *In librum de causis expositio* [Marietti, 1955], pp. 4–5) 笔者的译文，下同。中括号内是笔者所加。

4 Carlos Steel, “Substantia stans per essentiam suam: Proclus et l’auteur du De causis sur les êtres qui se constituent eux-mêmes”, p. 37.

那样，《论原因》对普罗克洛的思想进行了明显的创造论和一神论意义上的改造（dans un sens créationniste et monothéiste）。因此自然而然地，研究者们关注到的最核心的要素之一，便是该文本中的“创造”概念[1]。而 Sweeney、Schäfer 和 Bertolacci[2] 已经注意到，在《论原因》的创造概念中存在着存在—本质的区分，后者还进一步探究了阿维森纳对这一区分的接受。尽管《论原因》对阿奎那思想的影响早已在多个维度上得到了探究[3]，但阿奎那如何承袭《论原因》中的存在—本质区分及其在中世纪阿拉伯思想的发展这一问题，依然值得进一步研究。本文意图从接受史的角度，探究这一本质—存在划分在《论原因》中的形成，和它经历阿拉伯中世纪（特别是阿维森纳）的发展后对阿奎那思想的影响，以及阿奎那如何对其进行更进一步的一神论改造。

本文的第一部分将首先探讨普罗克洛和《论原因》中的创造概念及两者的关系，特别关注《论原因》创造概念中包含的存在—本质的区分；第二部分探讨作为阿奎那批判对象的阿维森纳对《论原因》中创造概念和存在—本质区分的接受，揭示出对《论原因》中创造概念继承和接受一派的思想进路；第三部分则探讨阿奎那对《论原因》中创造概念的接受和对阿维森纳的批判，展现出对《论原因》创造概念进行进一步改造一派的进路；最后则是对《论原因》中创造概念及其接受史的总结。

---

1 Richard C. Taylor, *Primary Causality and Ibda' (Creare) in the Liber de Causis* (Milwaukee: Marquette University, 2012); Cristina D'ancona Costa, "La doctrine de la création «mediante intelligentia» dans le Liber de Causis et dans ses sources", pp. 209–233.

2 Leo J. Sweeney, "Doctrine of creation in the Liber de Causis", in *An Étienne Gilson Tribute*, edited by C. J. O'Neil (Milwaukee: The Marquette University Press, 1959), pp. 274–289; Christian Schäfer, "Der arabische Liber de causis und seine Erfolgsgeschichte im lateinischen Westen", in *Islamische Philosophie im Mittelalter* (Darmstadt: WBG, 2017), pp. 186–198; Amos Bertolacci, "God's Existence and Essence: The Liber de causis and School Discussions in the Metaphysics of Avicenna", in *Reading Proclus and the Book of Causes*, Volume 3, pp. 251–280.

3 Michael J. Dodds, "Aquinas, Divine Action, and the Liber de Causis", in *Habitus fidei-Die Überwindung der eigenen Gottlosigkeit*, Edited by Daniela Köder and Jeremiah Alberg (Leiden: Brill, 2016), pp. 193–217; Werner Beierwaltes, "Der Kommentar zum Liber de causis 'als neuplatonisches Element in der Philosophie des Thomas von Aquin", *Philosophische Rundschau* 11(1963), pp. 192–215.

一、从普罗克洛的流溢概念到《论原因》创造概念中的存在—本质结构

在这一部分中，我们将首先回顾经典的一神论框架中的创造概念与柏拉图主义中的创造概念、与流溢概念的差异；紧接着，我们将谈谈普罗克洛思想中的流溢概念，指出其中包含的后世可以向东方一神论创造论转变的要素。然后我们将简要分析，《论原因》是如何在这一基础上发展出具有存在和本质两个维度的创造概念的。

无论是柏拉图《蒂迈欧篇》中德谬哥（Demiurgus, δημιουργός）的创造，还是新柏拉图主义的流溢，这两者都与经典一神论的创造具有显著的差别。具体而言，前者与经典一神论创造的差别体现在，德谬哥并不具有本体论上的优先地位，而是次于理念世界或者辅佐理念世界的；德谬哥的善良的意图是有限的，并且常常受限于其工作开展于之上的质料。[1]

而在新柏拉图主义的流溢概念中，神或"一"是绝对的超越者，因此他不能以任何肯定的方式——包括"存在"——被表述，而只能以否定的方式被表述。此外，正如我们关于这一学说所熟知的那样，神与世界的关系，通过一系列不同的等级相连接：灵智—灵魂，最后下降到质料，在等级中更低的存在者都通过流溢而出自等级中较高的存在者，这一流溢不会对原本更高的层次产生减损，就像泉水从泉中涌出，光从太阳中射出一样。因此，次等的事物在本体论上更低，并分享了更高事物的本质。还有一个重要的特点是，低级事物对高级事物的分有是永恒和必然的，它出于高级事物的本性，并且不依赖于，或包含在意志之中。[2]

新柏拉图主义的流溢概念的这些特点使得它与一神论的创造论存在着一些显著的区别：一方面，经典一神论不认可神与万物之间以中介的方式连接，强调神对受造物直接的临在和直接地发挥作用；经典一神论认为，神的创造必须是从虚无中创造

1 Hasker William, "Creation and conservation, religious doctrine of", in *Routledge Encyclopedia of Philosophy* (London: Routledge,1998).

2 Ibid.

（creatio ex nihilo），因此，这一创造既不是像德谬哥那样非完全的制造，也不是像流溢那样从神的本性中（ex Deo）出来，也就是说，创造者与被创造者必须截然不同，创造因此不是"出自神自身"。此外，经典一神论认为，创造不能包含必然性，并且应该包含神的意愿，神是自由、自愿创造世界的。[1]

而如果我们观察普罗克洛的流溢说，我们会发现，他的思想在这一传统意义上的流溢概念的基础上有所发展变化，这些变化使得其思想与一神论思想中的创造的概念更具有亲和性，这一点体现在两个方面：

第一，普罗克洛强化了第一因和其他次因的截然区分，举例来说，在《神学要义》命题 30 中普罗克洛说："一个完全产生出来的事物（προϊόν）将与那保存下来的事物必然没有任何相同的东西，而是完全相区别开。如果它与后者有任何共同的、与之相连的东西的话，它就必然保持在后者之内，就像后者保持在自身之内一样。而如果它只保存自身，而不产生它物，那么它与它的原因之间是不可区分的，并且，它不能在生成另一物（ἄλλο γεγονός）的同时，保存它。"[2]

此外，尽管万物的实体性在《神学要义》中并不都直接得自第一因，而是得自众神，但普罗洛却在其思想中暗示了第一因与一切存在者有某种非中介的联系[3]，在这一点上他也部分偏离了传统流溢说的等级次第理论。

从这两点中我们可以看出，普罗克洛的思想中具备了某些向一神论创造概念转化的要素和可能：一方面，"一"对其所流溢出的实体是绝对超越的和相异的；另一方面，"一"又有可能直接与一切存在者相关。但普罗克洛毕竟没有明确使用"创造"概

1 Hasker William, "Creation and conservation, religious doctrine of", in *Routledge Encyclopedia of Philosophy*.

2 "Quod enim omnino procedit nichil utique habebit idem ad manens, sed est omnino segregatum; si autem habuerit aliquid commune et unitum ad ipsum, manebit utique et ipsum in illo sicut et illud in se ipso manet. Si uero manet solum non procedens, nichil differet a causa neque erit manente illa aliud genitium." (Proclus, *Elementatio Theologica*, translate a Guillelmo de Morbecca [Leuven: Leuven University Press,1987], p. 20) 希腊文版可参见 Proclus, *The Elements of Theology*, trans. by E. R. Dodds (Oxford: Oxford University Press, 1963), p. 34。此处以及下面对《论原因》、对阿维森纳的讨论均使用其拉丁文本为底本，以便进行概念与思想比较。

3 Cornelia J. De Vogel, "Some reflections on the Liber de causis", *Vivarium*, Vol. 4 (1966), p. 72.

念，更没有对创造的方式和规定性进行进一步说明。

而在普罗克洛思想倾向的基础之上，《论原因》受阿拉伯一神宗教的影响[1]而引入了创造的概念，从而明确地具有了一神论特征——尽管这一创造活动依然如同普罗克洛的流溢那样是非自由和非意愿性的。[2]而更为重要的是，《论原因》通过对存在这一事实（Seinstatsache）和存在形式（Seinsart）的明确区分[3]，为创造确定了内涵框架，而第一因对受造物的创造活动平等地包含这两个层面。

在《论原因》的第八章中作者说：

> 每个灵智的存在（fixio）和本质（essentia）都得自纯粹的善，即第一因。[4]

在这里，神（第一因，即绝对的善）对作为流溢第一产物的灵智，施加了两个作用：赋予其存在，赋予其本质。所以，灵智和它下面的灵魂自然也就"拥有"了存在和本质。

因此，在这一章的最后，《论原因》指出：灵智、灵魂、自然等是拥有存在（esse）和形式（forma）的复合物（yliathim，阿：kullīyatun，"整体"[5]），而只有第一因（神）不是复合物，因为他是纯存在。也就是说"整体性"是与"单纯性"相对立的概念：

> 灵智是拥有"整体性"的，因为它是，或者说具有存在和形式，同样，灵魂也

---

1 Ricahrd C. Taylor, "Contextualizing the Kalām fī maḥḍ al-khair/Liber de causis", pp. 212–213.

2 Richard C. Taylor, *Primary Causality and Ibda' (Creare) in the Liber de Causis*, pp. 126–133.

3 Christian Schäfer, "Der arabische Liber de causis und seine Erfolgsgeschichte im lateinischen Westen", pp. 192–193; Amos Bertolacci, "God's Existence and Essence: The Liber de causis and School Discussions in the Metaphysics of Avicenna", p. 254.

4 "Omnis intelligentiae fixio et essentia est per bonitatem puram, quae est causa prima." (*Liber de causis*, 8.79, p. 20) 这里和下面的拉丁文文本以 Schönfeld 所翻译的 *Liber de Causis, Das Buch von den Ursachen* 为准列出章节和页码。

5 《论原因》的阿拉伯文，引自 Otto Bardenhewer (ed.), *Die pseudo-aristotelische Schrift: Ueber das reine Gute, bekannt unter dem Namen: Liber de causis* (Berlin: Herder, 1882), p. 79，由笔者进行拉丁转写。

具有整体性，自然也具有整体性。但第一因却不具有整体性，因为它自己就是纯粹的存在。[1]

在这里，除了神之外的所有受造物都是存在和本质的复合物。而神或者第一因的这一单纯性，无疑是对普罗克洛的太一与其他存在者的截然划分这一倾向的进一步增强，但是相较于普罗克洛，《论原因》中则强调了这一"单纯性"是存在—本质的单纯性：

如果有人说"［第一因］必然是整体性的"，那么我们说，它的整体性是无限的，而它的不可分性就是纯粹的善，并且他将所有的善流溢到灵智，并以灵智为中介流入到其他剩下的事物上去。[2]

在这个段落中我们可以明显看到，第一因（神）不仅是存在本身（这是上一个段落的结论），也是善本身，也就是说，他不是"具有"存在和"具有"善。换句话来说，存在和善对于第一因而言不是偶然的，而是它的本身。[3] 相对而言，尽管灵智"拥有"全部的善（omnes bonitates），但它不"是"善本身，而是具有这个善，第一因借助它将善流溢到各个事物中去。

而进一步地，第一因通过灵智给予其他事物以善，或者说给予形式完满性，具体而言，就是第一因通过灵智来维持世界和管理世界：

1 "Et intelligentia est habens yliathim quoniam est esse et forma et similiter anima est habens yliathim, et natura est habens yliathim. Et causae quidem primae non est yliathim, quoniam ipsa est esse tantum." (*Liber de causis*, 8.90, p. 22)

2 "Quod si dixerit aliquis: necesse est ut sit yliathim, dicemus: yliathim suum est infinitum et individuum suum est bonitas pura, influens super intelligentiam omnes bonitates et super reliqua res mediante intelligentia." (*Liber de causis*, 8.91, p. 22)

3 Christian Schäfer, "Der arabische Liber de causis und seine Erfolgsgeschichte im lateinischen Westen", pp. 192–193.

灵智只这样发挥作用：它维持那后出于它的事物，管理它们并且将其能力运用在它们之上，因为这些东西对于它（灵智）而言并不是本体上的能力，而它（灵智）则是本体上能力的能力，因为它（灵智）是对于它们（后出于灵智的诸事物）的原因。[1]

这里，灵智拥有能够将后出于它的诸事物带入其恰当规定性的能力（virtus），因此我们可以说，这种能力是事关这些受造物本体的能力（virtus substantialis），也就是关于其本质恰当实现的能力。这样，中世纪一神论思想中经典的神与世界的关系：创造世界、维持世界和管理世界的结构在《论原因》中以一种新柏拉图主义的框架得到了展现。

因此很清楚的是，依据《论原因》，第一因需要借助灵智这一中介，将次一级的事物带入其恰当的本质之中，这也就是说，第一因除了直接地与灵智的本质发生关系（赋予它整全的善）之外，赋予其他事物的本质的方式都是间接的（需要灵智中介的）。

二、阿维森纳对《论原因》创造概念中存在—本质结构的接受

那么一个自然的问题是，第一因是否也是以同样间接的方式赋予除了灵智之外的万物以存在呢？

看上去，《论原因》是这样认为的，该书的作者说：

而实际上，第一因既不是灵智，也不是灵魂，也不是自然，它超越灵智、灵魂与自然，因为它是一切事物的创造者。不过，它是灵智没有中介的创造者，却以

1 “Et intelligentia quidem non facta est retinens res quae sunt post eam et regens eas et suspendens virtutem suam super eas, nisi quoniam ipsae non sunt virtus substantialis ei, [immo] ipsa est virtus virtutum substantialium, quoniam est causa eis.” (*Liber de causis*, 8.83, p. 20)

灵智为中介创造了灵魂、自然和剩下的东西。[1]

在这里，第一因“创造”了灵智，也就是说，无中生有（creatio ex nihilo）地将灵智带入存在之中，从而，灵智绝对外在于第一因。而如果我们赞同创造（creare）包含两个主要部分，即赋予受造物以本质和赋予受造物以存在，而上面已经说过，第一因对受造物本质的赋予是借助于灵智完成的，那么根据这个文本，我们似乎也必须要肯定，第一因对存在的赋予是通过灵智完成的。

如果说这个段落还不够明显的话，那么让我们来看看第三章第31—32节：

> 而灵魂之所以能产生这些运作，是因为它是更高级能力的肖像。这是因为第一因以灵智为中介创造了灵魂的存在（esse animae），由于这一原因，产生了能产生神性运作的灵魂。[2]

这里说得更清楚：灵魂（它是低于灵智的存在物）的存在不是第一因直接创造的，而是以灵智为中介的。也就是说，第一因（神）不直接给予除了灵智之外的万物以存在。

但这样的理论，实际上是与一神教的经典教义相违背的：在经典的一神教思想中，神不仅应该“从无中创造”万物，从而万物绝对地分别于神，而且应该直接地赋予至少是个别人的灵魂以存在，而非通过任何中介去完成，因此，阿奎那不得不在他对《论原因》的注释中说：

---

1 “Et causa quidem prima non est intelligentia neque anima neque natura, immo est supra [intelligentiam et] animam et naturam, quoniam est creans omnes res. Verumtamen est creans intelligentiam absque medio et creans animam et naturam et reliquas res, mediante intelligentia.” (*Liber de causis*, 8.87, p. 22)

2 “Et non efficit anima has operationes nisi quoniam ipsa est exemplum superioris virtutis. Quod est quia causa prima creavit esse animae mediante intelligentia, et propter illud facta est anima efficiens operationem divinam.” (*Liber de causis*, 3.31–32, p. 8)

> 由于错误理解[了这句话]，有些人认为，根据那本书[《论原因》]作者的观点，众灵智是灵魂实体的创造者。[1]

尽管我们不能确定《论原因》这本书，或者说这本书中的这个部分直接影响了哪些哲学家，但至少对于阿奎那来说，他这里指的有些人包括了重要的阿拉伯哲学家阿维森纳。在《论可分离实体》(*De Substantiis Separatis*)第10章中，阿奎那说：

> [一些哲学家]把从第一原则出发的整个事物的[产生]过程，通过整个直到最终的有形体的次第来进行规定。而这是阿维森纳的观点，这一观点又似乎建立在《论原因》一书之上。[2]

这里我们可以看到，在阿奎那看来，阿维森纳接受了新柏拉图主义的在存在意义上的、带有流溢色彩的创造论，认为阿维森纳将《论原因》中的文本做了这样的解读并且自己接受了这一解读。

最近的研究已经表明，如同阿奎那所认为的那样，阿维森纳确实极有可能深受《论原因》的影响[3]，尽管他对其中的一些要素进行了关键性的修改，例如关于神如何作为纯存在[4]和在创造过程中潜能的作用[5]等问题。在关涉创造中的存在问题上，如果我们读阿维森纳的《治疗论·形而上学》第九章第四节，我们确实发现，阿维森纳至

---

1 "[...] [Q]uidam male intelligentes, existimaverunt secundum auctorem istius libri quod intelligentiae essent creatrices substantiae animarum." (Thomas Aquinas, *In Librum de Causis Expositio*, p. 21, n.78)

2 "[...] [P]er ordinem usque ad ultima corporum, rerum processum a primo principio determinant. Et haec est positio Avicennae, quae etiam videtur supponi in libro de causis." (Thomas Aquinas, *De Substantiis Separatis; Super Decretalem. Opera Omnia Iussu Leonis XIII P. M. Edita t. XL* [Paris: Ad Sanctae Sabinae,1968], pp. 59, 23–27)

3 Cristina D. Costa, "Avicenna and the Liber de Causis: A contribution to the dossier", in *Revista Espanola de Filosofia Medieval* 7(2000), pp. 95–114.

4 Amos Bertolacci, "God's Existence and Essence: The Liber de causis and School Discussions in the Metaphysics of Avicenna", p. 275.

5 Olga L. Lizzini, "Causalité et pouvoir: Autour des traces du Liber de Causis dans la métaphysique d'avicenne", in *Reading Proclus and the Book of Causes*, Volume 3, pp. 217–250.

少接受了这样的观点：第一因（神）要通过灵智来赋予万物以存在。

那么，阿维森纳是如何为这一观点进行辩护的呢？在《治疗论形而上学》中，阿维森纳给出的主要辩护是，第一因的创造是一个一次性的（非时间性的）行动：

> 显然，[第一因的创造过程]不是一个在理智过程中从潜能到效果的过程[阿：fi'l：现实]，也不是通过这样一个理智过程，它从一个理智运动[阿：muntaqilun，转变转化]到另一个理智。因为它[即第一因]的本质完全没有任何在潜能之中的事物。[……]而（第一因）自己则是一个这样的思考者，他将一切如同一一般**同时**思考，而从这个他思考出的东西那里[即灵智]，接着产生善的次第存在。[1]

也就是说，阿维森纳认为，由于第一因的本体论特性，他创造的行动是同时的或非时间性的，他创造物也必然是普遍的一，而只有在这个受造活动之后，多才会从这个受造的灵智中生出来。

三、阿奎那对《论原因》中创造概念中存在—本质结构的接受和对阿维森纳的批判

而阿维森纳对《论原因》的这一解读却遭到了阿奎那的批判，而最表面的原因，是因为阿奎那认为这一解释对经典一神信仰中的神创论有所偏离。在《神学大全》中，阿奎那用"天使"概念替代了阿维森纳和《论原因》中第一因所造的"灵智"概

1 "[...] [O]portet esse, non intellectu procedente de potentia ad effectum, nec intellectu qui movetur de uno intellecto ad aliud. Eius enim essentia immunis est ab omni quod est in potentia omnino, [...], sed ipse est intelligens omnia ut unum simul, et ex hoc quod intelligit, sequitur ordinatio bonitatis in esse." (Avicenna, *Liber de Philosophia Prima Sive Scientia Divina*, ed. By Simone van Riet [Leuven: E. Peeters. 1980], p. 478，阿拉伯文参见 Avicenna, *The Metaphysics of The Healing*, trans. by Michael E. Marmura [Utah: Brigham Young University Press, 2005], p. 327)

念[1]，并在同书第一部分第90题第2节中指责阿维森纳认为天使（灵智）既然是借上帝的能力而活动的，便能够制造出来理性灵魂的观点："但是，这是全然不可能的，而且也是与信仰不符的。因为显然，理性灵魂除非通过创造，是不可能被制造出来的。而只有神可以创造［……］"[2]随后，阿奎那简明地提出了自己的立场：理性灵魂（比如人理智中的灵魂部分）的存在必然是由神直接创造出来的，而非借灵智所造。

那么，阿奎那本人是如何解读《论原因》中的第一因"以灵智为中介"创造了灵魂的存在呢？他在《〈论原因〉注》中说：

> 第一因独自创造了灵魂的本质，而灵魂是能够进行理解［活动］的，这则出自灵智的运作。而这一意思显然通过接下来的话得到了阐明：［在第33节作者］说"在第一因创造了灵魂的存在（esse animae）之后，他把它［灵魂］放在像是作为灵智的垫子［的地位上］"，也就是说，［第一因］把它［灵魂］作为灵智运作的基底，从而，灵智通过向它［灵魂］给予［理智性］从而使得［灵魂］成为有理智的方式而在它［灵魂］中执行它［灵智］的行动。[3]

---

1 关于这两者的等同关系，阿奎那《神学大全》第一卷第65题第4节中有一个简短的澄清："然而，阿维森纳以及另外一些人却主张：有形事物的形式本身并不独立存在于质料之中，而是仅仅存在于理智之中。因此，他们说，从存在于精神受造物（他们称之为灵智，我们则称之为天使）的理智中的形式那里产生出所有有形质料的形式，正如一个人工制品的形式来自存在于工匠心灵之中的形式那样。"(Avicenna vero et quidam alii non posuerunt formas rerum corporalium in materia per se subsistere, sed solum in intellectu. A formis ergo in intellectu creaturarum spiritualium existentibus [quas quidem ipsi intelligentias, nos autem Angelos dicimus], dicebant procedere omnes formas quae sunt in materia corporali, sicut a formis quae sunt in mente artificis, procedunt formae artificiatorum.)（Thomas Aquinas, *Summa Theologiae Prima Secundae. Opera Omnia Iussu Leonis XIII P. M. Edita t. V* [Roma: Typographia Polyglotta, 1889], p. 152，中译本引自阿奎那：《神学大全》第一集，第四卷，段德智译，商务印书馆 2017 年，第 229 页）

2 "Sed hoc est omnino impossibile, et a fide alienum. Ostensum est enim quod anima rationalis non potest produci nisi per creationem. Solus autem Deus potest creare [...]"（Ibid., p. 386，中译本引自同上，第一集，第六卷，第 332 页，译文有修改）

3 "[...] [C]ausa prima sola creavit essentiam animae; sed, quod anima sit intelligibilis, hoc habet ex operatione intelligentiae. Et hic sensus ostenditur manifeste per verba quae sequuntur: *postquam ergo*, inquit, *creavit causa prima esse animae, posuit eam sicut stramentum intelligentiae*, id est, substravit eam operationi intelligentiae, ut scilicet intelligentia agat in ipsam operationem suam, dans ei ut sit intelligibilis." (Thomas Aquinas, *In librum de causis exposition*, p. 22, n. 81–82)

在这里我们看到，不同于阿维森纳，阿奎那将《论原因》中的观点解读为，第一因创造灵魂的存在，不是间接地、通过灵智来创造，而是直接地创造。而文本中所谓的借助灵智创造灵魂是一个并不精确的表述，它的意思毋宁只不过是说，理智性是灵魂的本质属性，从而灵智可以在其上运作。

而如果我们用阿维森纳的理由去反诘阿奎那，即第一因的单纯性必然要求其创造的单纯性，阿奎那则会回复说，这里并不存在着什么必然性：

> 如果整体的善由部分的区分和次第构成，那么这个整体的部分所构成的区分和次第就必然地事先存在于第一原则的理智之中了。而因为事物从他［第一原则］中产生，就像从一个理智性原则——这一原则依据形式概念运作——中产生那样，并不必然要认为，从一个首要原则中只能产生出一个，就算从他［第一原则］的本质来看他是单纯的。同样［并不必然的是］，从那个［即：另一个原因］那里，依照它的复合和能力的方式来产生复多，如此等等。[1]

显然，阿奎那这里是针对上面阿维森纳的论证来进行的反驳：第一因并不需要一个中介，通过中介将他的存在给予受造物。对此，他的论证是一个类比论证：就像形式原则不需要中介便可以把单一的形式赋予多个实体。那么，第一因自然也不用因为自己存在的单纯性而不能将存在的复多性赋予受造物。

这样，我们就澄清了阿奎那和阿维森纳在对《论原因》中开出的“第一因创造了存在和本质”这一命题的两个不同的解释路径：对于阿维森纳而言，由于第一因存在和运作的单纯性，它直接创造的结果必然是单纯而非质料的，因此他通过创造所给予

1 “Si autem bonum universi, quod in distinctione et ordine consistit partium, ex intentione primi et universalis agentis procedit, necesse est quod ipsa distinctio et ordo partium universi in intellectu primi principii praeexistat. Et quia res procedunt ab eo sicut ab intellectivo principio quod agit secundum formas conceptas, non oportet ponere quod a primo principio, etsi in essentia sua sit simplex, procedat unum tantum: et quod ab illo secundum modum suae compositionis et virtutis procedant plura, et sic inde.” (Thomas Aquinas, *De Substantiis Separatis; Super Decretalem. Opera Omnia Iussu Leonis XIII P. M. Edita t. XL*, pp. 59, 43–53)

的存在和本质也必须是单一的，复多性只能从这个被造的单一性中生发出来。但阿奎那在《〈论原因〉注》中则认为，灵魂的存在是神直接创造的，其他的理智实体不赋予灵魂以存在，而只是作为近因推动它的运行。

无疑，阿奎那这一对“正统”一神信仰的维护绝非只不过是一种无聊的原教旨主义者对其他意见的简单排挤。对此，我们只需要看看本节开头阿奎那“异端批判”出现的位置便可一窥端倪。这一批判出现在《神学大全》第一卷第 90 题第 2 节，这一节问：灵魂是否是通过创造而被带入存在之中（Utrum anima sit producta in esse per creationem）。而阿奎那谈到这个位置讲的实际上是关于人的灵魂的问题，因此显然，阿奎那这样做，目的是强调人个体灵魂直接来自上帝创造的特性，强调个体灵魂的尊严和与神的个别关系，从而避免阿威罗伊主义者的独一理智论。

总　结

通过上面的研究我们发现，普罗克洛在其思想中具有强化“太一”与其他存在物区分，以及“太一”与一切存在者直接发生关系的倾向。《论原因》极大发展和丰富了这两个倾向。其发展体现在，通过指出存在和本质都来源于第一因的创造，对这两个基本范畴进行了划分，并遵循新柏拉图主义的流溢学说，认为第一因创造灵智的存在与本质，再通过灵智将存在和本质给予更低层次的存在者——而灵智的形式给予更多的是一种条理化的形式转变（auffächernde Formverwandlung）。[1]万物由此成为存在—形式的复合体[2]，唯有“第一因”是纯粹的善和纯粹的存在。

这一革新似乎还意味着，《论原因》改变了普罗克洛原本的三联体（tria）结构：在普罗克洛，存在—生命—理智（esse, vivere, intellegere）构成一个完整的本质的流溢结构，构成第一因的完整活动序列，而《论原因》则将第一个和后两个对立了起来，通过

1　Christian Schäfer, “Der arabische Liber de causis und seine Erfolgsgeschichte im lateinischen Westen”, p. 193.

2　Leo J. Sweeney, “Doctrine of Creation in the Liber de Causis”, p. 282.

强调第一因赋予存在和赋予本质这两个独立行动，把第一因对受造物的关系变成了对存在的创造和给予完满性—赋予形式这样一个二元结构。此外，这两者不再是上下级的关系，而是两套平级的行动。[1] 其理论后果是，将"存在"和其他"形式"截然分离。这一存在—本质的区分最终成为中世纪形而上学的经典范式。阿维森纳承袭了《论原因》的这一新的二元划分和流溢结构，并通过第一因和第一因行动的单纯性来为这一理论辩护。因此阿维森纳并不愿意完全放弃新柏拉图主义标志性的，流溢式实现序列（Wirklichkeitsordnung）的这一"黄金链条"（Cetena Aurea）。[2] 而阿奎那则彻底地贯彻了一神论经典教义，将《论原因》中的第一因的创造活动，阐释为第一因（神）对个体灵魂存在的直接给予，这一阐释有助于他与阿威罗伊的思想的斗争。

还有一点值得指出的是，《论原因》与经典的一神论创世学说的差异是，没有关于神自由、自愿创世的说法，依然保留了新柏拉图主义意义上的太一的非人格性特征。[3] 不过，这本书依然与其他的阿拉伯新柏拉图主义文献不同，如同时代的《阿拉伯普罗提诺主义》（*Plotiniana Arabica*）就明确拒斥将意志归给第一因。[4] 这一点似乎暗示，《论原因》比其他阿拉伯新柏拉图主义文献更多地向一神论靠拢。

《论原因》一书是新柏拉图主义与一神信仰融合的结果，它处于文明过渡阶段，是东方与西方文明互鉴和交流、消除文明张力的一个伟大尝试，对于中世纪欧洲经院哲学，它更是与其他的阿拉伯新柏拉图主义和伪狄奥尼修斯等哲学家的理论一起，构建起了东方一神教与西方希腊哲学之间的桥梁，为随后经院哲学的发展和繁荣奠定了坚实的基础。总之，《论原因》是文明融合、交流与互鉴的重要产物，也对我们今天开展中西文明交流与互鉴有一定的启发意义。

（本文作者为华中科技大学哲学学院讲师）

1 Leo J. Sweeney, "Doctrine of Creation in the Liber de Causis", p. 287.

2 Christian Schäfer, "Der arabische Liber de causis und seine Erfolgsgeschichte im lateinischen Westen", p. 192.

3 Leo J. Sweeney, "Doctrine of Creation in the Liber de Causis", p. 288.

4 Richard C. Taylor, *Primary Causality and Ibda' (Creare) in the Liber de Causis*, pp. 127–128.

蒯因的本体论承诺与司各脱的“新形而上学”

尹智鹤

蒯因（Willard Van Orman Quine）在其经典文章《论有什么》中提出了一个衡量哲学理论的本体论负载的核心指标：理论（或理论中的论断）的本体论承诺。伴随着该文在分析哲学界产生的巨大影响，本体论承诺这一简单直接的标准很快成为学者们评判各种哲学理论之优劣的流行依据，并且型构了我们思考本体论问题时的提问范式。然而，如范因瓦根（Peter Van Inwagen）所指出的，本体论承诺所预置的提问方式引入了一些形而上学或元本体论（meta-ontology）预设，如对“存在”的单义理解和量化处理等，而这些预设在当前的研究中已受到一定质疑。事实上，本体论承诺的这些形而上学预设恰恰延续了司各脱（John Duns Scotus）以来的“新形而上学”的根本思路。有鉴于此，笔者将回顾西方形而上学原则和形而上学理解在经院哲学巅峰时期发生的重大转捩，以揭示“新形而上学”与本体论承诺的内在关联。

一、本体论承诺的语义基础

蒯因意识到，一旦我们允许指称个体的专名（proper name）作为个体常项出现在一个语句中，就会遇到一个悖谬性的后果：我们无法否认任何专名有所指对象。[1] 因

1　在蒯因那里，“专名有所指对象”与“专名的对象实存（exist）”表达了完全相同的意思。

为，如果它的所指对象不存在，我们否认其存在的那个东西又是什么呢？这似乎意味着，只要我们在一个陈述句中使用了专名，就必须承认“有着”某个东西为此专名所指称，亦即，已经将某个东西纳入到了本体论承诺之中。然而实际上，我们在日常表达时显然可以有意义地说“某某不存在”。

面对这一困境，蒯因不希望启用任何诉诸“多义存在”的化解方案。例如，有一种方案认为，我们在说“孙悟空不存在”时，是就孙悟空这个可能对象言其不“实存”——在此，对象的本质的可能性使之具有某种不同于其实存“状态”的存在含义，而“孙悟空”一名便是指称这种在某种意义上存在的可能对象，即作为可能物的孙悟空。蒯因旗帜鲜明地反对这种方案，在他看来，我们不应先在地认为专名指称一个在实存上中立的可能对象，因为可述的（statable）范围要大于可能物的范围，我们完全可以在一个语句中使用“方的圆”这种连可能物也无法指称的“矛盾名称”，而这种“矛盾名称”显然并不指称某个可能物？

蒯因认为，所有的问题都出在名称上。他指出：“我们无需再为下面这个谬见而苦恼，即以为一个含有单称词项（singular term）的陈述之有意义预先假设了一个由这个名称来命名的对象。一个单称词项不必给对象命名才有意义。”[1] 换言之，为了具有意义（significant），单称词项不必作为给单个对象命名的专名：

> 名字的使用并不是一个标准，因为我们随时能够否定它们是名字，除非在我们用约束变项所肯定的事物中能够假定有一个相应的东西。事实上，名字对本体论问题是无关紧要的，凡我们借助于名字所说的一切，都能够用一种完全避开名字的语言来说。[2]

为了一劳永逸地避免专名对判断一个理论或语句的本体论承诺的干扰，蒯因主张在“标准句法”（canonical syntax）或“逻辑形式”（logic form）中消除个体常项

1　威拉德·蒯因：《从逻辑的观点看》，江天骥、宋文淦、张家龙、陈启伟译，上海译文出版社 1987 年，第 8 页。

2　同上，第 12 页。

(individual constants)。个体常项是一种单称词项，即在语句中指称单个事物的词项，但其特殊之处在于，它在每个语句中总是固定地指称着某个单一对象。在这个意义上，取消个体常项或专名，即是取消单称词项与所指对象的固定关系。有鉴于此，蒯因马上想到，我们可以将所有专名都转换为变元加摹状词的组合，“而罗素则已证明摹状词是可以消除的”[1]。具体说来，所有专名都可以在形式上被置换为“是某某”的一个 x，如“苏格拉底”这个专名就可以被处理为一个“是苏格拉底(或苏格拉底化)的 x”，继而，“苏格拉底”出现于其中的句子，就可以通过在“是苏格拉底的 x”这一项之外添加量化词(quantifier)和其他的谓词的方法来刻画。在这种逻辑形式中，被谓词和量词所约束的变项就是一个约束变项(bound variable)。

二、本体论承诺标准的元本体论预设

范因瓦根在分析蒯因的本体论承诺时指出，如果“本体论问题”是对“何物存在”进行发问，那么我们在回答本体论问题之前，应该首先回答“元本体论(meta-ontology)问题”，亦即，澄清当我们说“某物存在”时，我们究竟在说什么？[2]这一问题看似只是寻求对“存在”一词的含义进行解释，但它实则涉及我们在理解和讨论本体论问题时所预置的整个概念框架。

在蒯因的概念架构中，存在体(entity)或对象(object)被处理为一个约束变项的值(value)——“被假定为一个存在体，纯粹只是被看作(reckoned as)一个变项的值”[3]。在此，蒯因延续了弗雷格对概念的“外延主义”处理方式，将变项的“值”界定

1 威拉德·蒯因:《从逻辑的观点看》，江天骥、宋文淦、张家龙、陈启伟译，第 12 页。这里的所谓“消除摹状词”是罗素在 1905 年的文章《论指称》(“On Denoting”)中提出的经典分析方法，即将含有限定摹状词(definite description)的语句分解为几个简单谓述句的逻辑联合，其中的每个简单谓述句都只涉及这个限定摹状词的某一个非限定的要素。

2 Cf. Peter Van Inwagen, “Meta-Ontology”, in *Erkenntnis (1975-)*, Vol. 48 (1998), pp. 233-250.

3 威拉德·蒯因:《从逻辑的观点看》，江天骥、宋文淦、张家龙、陈启伟译，第 12 页。

为“能使某个被量化的命题函项为真的（变项的）所指对象”。简言之，存在体就是满足了某些条件的那个被约束的变项。继而，如果确有某个东西能够满足这些约束条件，那么这个东西就在本体论上被使用这些约束条件的人所承诺。

基于这种概念架构，存在体实则获得了一种内在组合结构，即变项与谓词所指示的那些约束条件的组合。因为，变项和约束条件都是一个完整的存在体不可或缺的部分，并且根据蒯因的思路，我们无法把其中一个部分化约为另一个。[1]比如，一个存在体不能被等同于“如此这般的”（所表征者），也不能被等同于一个单纯的“东西”，而只能被等同于一个“如此这般的东西”这一整体。换言之，变项和约束条件本身是相互独立的，没有哪一方作为另一方的内在根基（grounding）。在这一组合结构中，存在体的个体性（无论是抽象的个体性还是具体的个体性）由变项所内具的个体性承担——因为存在体所要去成为的是变项的值，牵涉的是变项的取值范围，而变项自身没有除个体性之外的规定性。

既然存在体在蒯因的概念架构中乃是变项与约束条件的组合，那么说“某某存在”就是指有某个存在体同时满足“某某”所拆解出的各种约束条件，亦即，有着某个存在体作为变项与约束条件的组合物。换言之，存在体的“存在”（there is）[2]并不是指其组成部分各自的存在，而是指其组成部分之“组合性”这一事实的出现。

然而，如果存在是指组合的出现，那么作为组合物的部分的变项和约束条件本身应该有一种更基础的存在——它们的更基础的存在使得它们的组合的出现也“存在”。但是，因为蒯因明确反对存在多义论作为本体论的语义学基础，所以我们只能将变项的存在与组合存在体的存在视为同一种意义上的存在。蒯因曾指出，“我们的整个本体论，不管它可能是什么样的本体论，都在‘有个东西’、‘无一东西’、‘一切东西’这

---

1 一方面，约束条件在现代谓词逻辑中被处理为一个不饱和的命题函项，它总是需要一个被量化的变项使之饱和，继而变成完整的命题。在这个意义上，被量化的变项对于一个有空缺的约束条件来说，就是补足它的那个无任何实质规定性（quidditive determination）的最终基体（supposition）——我们可以简单将之对应到日常语言中的“东西”。所以，变项无法被化约为约束条件。另一方面，约束条件也不能被化约为变项，因为蒯因不希望变项本身内在地蕴涵着任何规定性——这样会先在地引入某些本体论承诺。

2 根据范因瓦根的理解，在蒯因那里，“有什么”（there is）或“存在”（being）与“实存”（exist）同义。Cf. Peter Van Inwagen, “Meta-Ontology”.

些量化变项所涉及的范围之内；当且仅当为了使我们的一个断定是真的，我们必须把所谓被假定的东西看作是在我们的变项所涉及的东西范围之内，才能确信一个特殊的本体论的假设”。据此，我们可以将非受限的变项的存在与组合存在体的存在之间的差别视为存在者外延上的差别。在这个意义上，未受到谓词约束的变项的所指对象的“可许范围”(permissable range)[1]——亦即存在量词的原初量化域——之中的所有对象就是在本体论上被承诺的对象。当然，对于不同的人来说，原初量化域并不相同（变项的可指代范围不同），故而他们的本体论承诺也就不同。相应地，我们可以借鉴弗雷格的说法，将约束条件视为这些被承诺的对象的“呈现样式”(mode of presentation)[2]，或者用一种现代唯名论的观点，将约束条件仅仅视为心灵的观念。无论哪种理解，从效果上来看，最初作为变项之可能所指的某些被承诺的对象，都是借助具体的约束条件而成为变项的确定的值。这意味着，理论（或命题）本身并不改变提出者的本体论承诺，而只是呈现出他的本体论承诺的某些部分和被承诺对象之间的某种关联。

如此一来，蒯因的本体论承诺的语义学地基便向我们展示了这样一幅“元本体论”(metaontology)图景：世界上充斥着无数的原子，它们构成了变项的原初量化域，即变项的原初能指范围。在未经约束条件施于其上时，这些原子两两之间只有绝对的原初的差异，而无任何共性。每个原子没有部分，除了不可分性外没有其他规定性或特性。约束条件就如一些光圈，将世界上的某些原子囊括其中，并使之显现在我们眼前，成为作为变项的值的存在体。如果确有某些原子处于某个光圈之中，那么这些原子就是被承诺的。不同的人的原子世界可能有所不同，故而相同的光圈所圈中的原子也就有所不同。对于每个人来说，世界中的原子就是所有存在者，处于光圈中的原子就是向我们显示其存在的存在者，而被显示的存在无非就是它们本身的存在。

在逻辑实证主义主导分析哲学的历史阶段，形而上学一度处于人人喊打的境况之中。蒯因的学说的确在很大程度上扭转了人们对形而上学的负面印象，并促使形而上

1 威拉德·蒯因：《从逻辑的观点看》，江天骥、宋文淦、张家龙、陈启伟译，第 13 页。

2 Cf. Edward N. Zalta, “Fregean Senses, Modes of Presentation, and Concepts”, in *Philosophical Perspectives*, Vol. 15 (2001), pp. 335–359.

学问题逐渐恢复了其在哲学论域中的合法地位。更为重要的是，蒯因讨论本体论承诺的标准时所预置的“概念图示”(conceptual scheme) 在很长时间内型构了分析哲学学者理解本体论问题和表达本体论观点的主流方式，蒯因的元本体论预设也借此深深地植入到后来的形而上学研究中。不过，或许蒯因本人也未曾明确地意识到，他的整个概念框架实则是晚期经院哲学中兴起的“新形而上学”的当代延续。若细致地溯回往史，或可发现，正是“精微博士”司各脱在诸多问题上与之前的形而上学传统产生了决定性的分离，继而为其后的新形而上学奠立了最根本的原则。接下来，笔者将选取司各脱形而上学思想中的几个关键部分进行解读，来揭示以蒯因的理论为代表的当代形而上学的司各脱主义“渊源”。

三、司各脱主义的元本体论框架

（一）存在概念的单义性

亚里士多德传统的形而上学以存在的同名异义理论作为其语义学前提。在这一理论中，“存在”同名异义地述说着不同的范畴，而这些异义的存在概念之间具有一种类比统一性。阿奎那更是由此出发，从亚氏的这种水平结构的谓述性 (predicamental) 存在类比中开拓出了垂直结构的超越性 (transcendental) 类比。[1] 然而，司各脱断然拒斥了这一类比传统，并且旗帜鲜明地主张一种存在单义论。司各脱认为，作为人类理智的首要 (primary)[2] 对象和相宜 (proper) 对象的“存在”应该被理解为一种单义概念

1 Cf. Bernard Montagnes, *The Doctrine of the Analogy of Being According to Thomas Aquinas*, trans. E. M. Macierowski (Wisconsin: Marquette University Press, 2004), p. 31.

2 雷思温总结了这种首要性的两方面表现：其一，共同性的首要性，它在“是什么”(in quid) 与“如何”(in quale) 的意义上，单义地谓述上帝、属相，并非最基层、最不可化约的种差、种相和诸个体等；其二，潜在性 (virtuality) 的首要性，它在“如何”的意义上单义地谓述那些派生的限定性，如个体差异、最基层的种差以及存在的那些合宜属性。参见雷思温：《敉平与破裂：邓·司各脱论形而上学与上帝超越性》，生活·读书·新知三联书店 2020 年，第 16 页。

（univocum conceptum）。所谓“单义概念”是指这样一种概念：在其自身之中有着充分的统一性，使得它对一物的肯定和否定是相互矛盾的；同时，将单义概念作为三段论的中项可以避免“四概念谬误”。从司各脱给出的这种诉诸逻辑推理方面的定义可以看出，单义概念保证了系统演绎的基本逻辑效能：虽然类比论并不直接破坏逻辑规则的有效性，但它们会使逻辑规则无法应用——概念的单义性是逻辑规则得以应用的前提。

作为现代逻辑学家，蒯因也认为我们的知识体系应该建立在确定的形式逻辑原理之上，而概念的多义性明显会破坏形式逻辑的效能，故而理应遭到摒弃。于是，蒯因将存在方式上纷繁复杂的各种存在者统括到了同一个存在概念之中：存在就是可以成为一个约束变项的值。在蒯因的语义分析框架中，无论是抽象存在者还是物质存在者，我们对它们的“存在”的承诺都是在“可以成为一个约束变项的值”的意义上说的——它们本身（一旦被承诺了存在）在存在的含义上没有区别，而只在存在者的类型或样式上有所不同。

（二）共有本性与个体存在性

司各脱的个体化原理本身未必为蒯因所认同，他们各自的形而上学背景也有很大差异，但笔者认为，司各脱本人在回答个体化原理时提出的那个理解实体之结构的框架的确可以看作蒯因的元本体论框架的理论先声。

众所周知，在司各脱的理论中，个殊实体（singular substance）是共有本性（common nature）被个体化的结果，而使共有本性得以个体化的那个肯定性原理不是偶性，不是现实存在（actual existence），也不是质料，而是此性（haecceity）。然而值得注意的是，在司各脱看来，“共有本性”和“此性”本身是相互独立的。一方面，就共有本性而言，司各脱曾多次指出，共有本性具有一种本性上的在先性（prior naturaliter）。共有本性的在先性是指，共有本性本身中立于（indifferent）并独立于它在特殊事物中和在理智之中的实存。虽然不能说共有本性可以独立于特殊事物和心智而实存，但它具有一种独立于（个殊事物和心智中的）实存的存在（esse existentiae）意义上的存在，即本质的存在（esse essentiae）。共有本性有能力接受特殊事物中的实存和理智之中的实存，继而接受特殊性和普遍性，以及多与一等附带特性，但它本身并不倾向于其中任何一方，或者说，它并不具有朝向于任何一方的切近潜能（potentia proximatus）。另一方面，作为个体化原理的此性也在某种意义上独立于共有本性。这一点可以从司各脱界说“此性”的诸种方式中得见。事实上，“此性”实则是后人在指谓司各脱的个体化原理时归结出的一个十分空洞的术语，而在司各脱本人的论述中，他所使用的术语是“个体存在性”（entitas individualis）或“个体实在性”（realitas individualis）。同时，司各脱也曾用“个体差”（differentia individualis）或“最终实在性”（realitas ultima）等指称个体存在性的术语来展现他所理解的个体化原理的不同侧面。因为司各脱认为，个体存在性是“在这一和那一个体的（共有）本性之外的某种使一个体与另一个体相异的原初的区别（因素）”[1]——在这个意义上，它是“个体差”；同时它也是“作为质料（quod est materia）或作为形式或作为复合体的那存在者的最终实在性”。[2]根据司各脱的论述与肯尼斯·克拉特鲍（Kenneth Clatterbaugh）和彼得·金（Peter King）等人的阐释，不同的个体存在性或个体实在性之间具有基本或原初的差异——它们完全相异（diverse）而无法还原为其他差异，而且这种差异也只是数目上的，因为它们除了是“这一个”外，别无其他实质的规定性。[3]所以我们可以认为，这些绝对相异的个体存在性之间没有任何共性，在这个意义上，它们（在本性和形式上）独立于共有本性。[4]很明显，司各脱的个体存在性十分相似于蒯因的未受限的变项，它们都为个殊实体提供了个体性。

（三）存在结构的离散化

司各脱对共有本性和个体存在性的设定方式为二者日后的分裂埋下了伏笔。首先，司各脱为每种形式都安排了属于其自身的存在性，这使得在阿奎那那里原本通过

1 Duns Scotus, Ord II, dist 3, n. 170, in *Opera Omnia* (Hildesheim: George Olms Verlagsbuchhandlung, 1968).

2 Ibid., n. 188.

3 Cf. Kenneth Clatterbaugh, “Individuation in the ontology of Duns Scotus”, *Franciscan Studies*, Vol. 32 (1972), pp. 65–73; Peter King, “Duns Scotus on the Common Nature and the Individual Differentia”, *Philosophical Topics*, Vol. 20 (1992), pp. 51–76.

4 Cf. Duns Scotus, Ord II, dist 3, n. 188.

存在之实现而被统一在一起的诸多形式[1]，各自具有了一种独立的属己的存在性和实在性，以及随之而来的相应的统一性。[2]在司各脱这里，实在性本身不仅属于拥有诸多形式的那个统一体，而是首先属于其中的每一个形式。[3]在这一"形式主义"框架中，本质的秩序先于实存的秩序[4]，而诸形式已在本质的秩序中具有相互独立的存在性。尽管司各脱指出，在一个实存物中，诸形式性之间或共有本性与个体存在性之间只有形式或样态的差异，而无实在的差异，但它们已经事先在一种先于实存的本质的世界中产生了"存在性"上的分离。一旦经过唯名论的手段，将它们各自的"存在性""实体化"为现代意义上的"存在体"(entity)，它们就在本体论上产生了最终的分离。在这种"离散化的"世界格局中，原本在司各脱那里还具有一定"纵向"秩序的诸层次的存在性，变成了同一水平面上的诸区域的存在体，换言之，存在的结构被彻底"敉平化"。[5]

其次，尽管司各脱强调，他所关心的个体的"个体性"是指个体的"不可分性"(明确地说，是个体不能分为多个主体性部分[6])，但司各脱在探究不可分性的根源时并未诉诸寻求个体中的诸形式的内在统一性的根源，而是诉诸考察个体间的差异的根源。正是这一思路使得司各脱倾向于认定有着某个专门的、不可还原的原初差异作为个体间

---

1 Cf. Gilson, *Being and some philosophers* (Toronto: Pontifical institute of mediaeval studies, 1952), p. 186.

2 Cf. Duns Scotus, Ord II, dist 3, n. 169.

3 托马斯主义未必要否认某个形式具有属己的存在性，但关键在于，形式的存在性与形式本身是何种关系。在司各脱看来，形式的存在性就是形式的存在，也就是形式所具有的本质的存在(esse essentiae)，但在阿奎那看来，我们还是要从形式的现实存在来理解形式的存在性，在这个意义上形式的存在性并不是形式之本质所附随着的一种程度表征，而是从实现的角度理解的形式——在这个意义上，形式的存在性与整体的存在性不可分离，且形式的存在性与形式本身的分别是一种实在的分别。简言之，在阿奎那那里，形式的存在性乃是形式之实现，而非形式本身"相应"的一种存在性。尽管彼得·金认为，司各脱的个体应该被理解为共有本性的内在样态(intrinsic mode)，共有本性与个体之间的关联乃是一种实在性与其内在样态之间的关联。但不可否认的是，司各脱明确地为这种使共有本性落实为其确定的内在样态的要素赋予了一种"存在性"的地位。Cf. Peter King, "Duns Scotus on the Common Nature and the Individual Differentia".

4 Cf. Duns Scotus, Ord II, dist 3, n. 61.

5 尽管奥卡姆这样的唯名论者并不承认共相的实在存在，但唯名论的改造仍然为承认共相这种存在体保留了空间，因为如蒯因所理解的那样，承认共相的存在，无非就是在殊相的范围之外又承认了另一个存在体的范围而已。

6 x 是 y 的主体性部分(语义定义)：(1)x 是 y 的部分；且(2)x"是"y。根据此定义，如果 y 是某个属，而诸 x 是属 y 之下的种，那么诸 x 是 y 的主体性部分，因为我们可以对每个 x 说"它是 y"。在这个意义上，属可以有多个主体性部分。同样地，如果 y 是某个种，那么 y 也可以有多个主体性部分，即此种之下的诸个体。但如果 y 是个体，那么便不能有多个主体性部分了。

的差异的最终来源。换言之，在司各脱看来，每一个体之为不可分的，并不是因为某个内在的整体统一性将存在于个体中的诸多层次的形式性统一起来（在司各脱的体系中，个体的诸多形式性本身各自具有属己的形式统一性，但并没有一个将这些形式统一性统一于一体的一种“整体统一性”），而是因为每个个体都独具某个属己的原初差异性（differentia prima）。[1] 司各脱的个体化原理产生了两个微妙的后果，其一，差异获得了独立于和优先于共性的地位。不同事物之间的差异无须被解释，因为它们有着原初的差异：各自作为这一个个体与那一个个体本身便具有的一种差异，且这种差异并不与任何实质存在性（quidditive entity）或实质规定性（quidditive determination）相关联。换言之，事物之间的差别并不基于事物的任何“所是”，它们之间的差别是绝对的和原初的。其二，个体自身变得“松散”。因为个体内的诸部分在分析中被置于整体之先，而整体则很容易被理解为部分的聚集（aggregation）——整体的统一性遂不再具有任何超越于其诸部分的根源。如斯坦利 · 罗森（Stanley Rosen）所指出的，这种“从领会整个统一体转移到领会其成分或元素一单元”的变化，意味着一种结构的颠转。[2] 在司各脱本人的学说中，尚保留着共有本性与个体之间的较为紧密的内在关联——个体作为共有本性的具体的现实性和内在样态，但在唯名论的改造下，个体彻底成为脱缰野马，完全摆脱了与任何普遍者之间的实在联结，在本体论上成为不可分析的终极单元。可以说，经过唯名论的加持，司各脱那种“部分先于整体”的理解倾向被落实为一个基本的思维原则，它甚至“预表了”现代分析哲学的那种基于原子主义的还原主义方法论。

四、存在秩序与知识秩序中的形而上学

接下来，笔者将进一步说明，司各脱对存在结构的改造乃基于他对形而上学的全

---

1 Cf. Duns Scotus, Ord II, dist 3, n. 170.

2 斯坦利 · 罗森：《分析的限度》，夏代云译，华东师范大学出版社 2016 年，第 163 页。

新理解，正是基于这种理解，司各脱在哲学史上开启了一种有别于传统形而上学的“新形而上学”。

（一）形而上学主题的内在统一性

形而上学的适切主题是什么？这一问题在亚里士多德传统的形而上学体系中一直包含着一种内在张力：一方面，基于亚里士多德在《形而上学》第四卷中的说明，形而上学所研究的是“作为存在的存在”(being qua being)，以及那些必然伴随着存在的固有特性。在这个意义上，形而上学是一门“普遍科学”，它并不聚焦于任何特殊的存在者范畴、层次或领域。但另一方面，若跟随亚里士多德在《形而上学》第六卷之后的细致讨论，或可发现，恰恰由于这门科学的主题摆脱了任何特殊存在者所拥有的具体形式和质料的限定，它一步步走向了更为普遍和共通的存在层次。而这种层次的存在者，既然有别于受限于质料的复合实体，反而具有了一种特殊的存在地位。这条十分“自然”的形上进路使得形而上学本身转而成为一门“特殊科学”。及至它的终点，形而上学的主题收束到了一个最为特殊的对象——作为原初推动者的“思着自身的思”，形而上学也由此跃升为一门最为特殊的科学——神学。然而，普遍的形而上学和特殊的形而上学如何统一在同一门科学内呢？

阿奎那认为，形而上学探究三种事物，第一因、最普遍的原理(即存有)和分离实体。并且，依据这三种对象，形而上学可获得三个名称：“神圣科学或神学(theologia)——就其考察分离理智而言；形而上学(metaphysica)——就其考察存有和在本性上体属存有者而言；第一哲学——就其考察万物的第一因而言。”[1] 阿奎那继而指出，形而上学这三重主题将在下述命题中统而为一：分离实体是存有的普遍和首要的原因。换言之，最普遍的原理(即存有)是形而上学的直接对象和始点，第一因指出了形而上学研究存有的道路和方式——即去认知存有的首要原因，而分离实体则指明了这条道路的终点和答案。与阿奎那不同，司各脱认为，形而上学知识的统一性应该来自其出发点和首要对象的绝对自明性和绝对中立性。缘此，他极力主张存在概

1 Thomas Aquinas, *In Duodecem libros Metaphysicorum Aristotelis Expositio* (Marietti, 1950), Introductio.

念的单义性。因为，一方面，概念的单义性使得系统知识的基本前提能够是自明的，也使得知识之间可以建立普遍有效的逻辑推论关系；另一方面，“没有什么东西比存在更具共同性”，故而，如果存在概念不是单义的，那么便没有什么东西能成为理智的首要对象。[1]可以说，在阿奎那那里，形而上学的真正统一性是在形而上学探究的终点处达成的结果，但在司各脱那里，形而上学的统一性是整个理论的前提和初始要求，是在一开始就需要通过首要概念的单义性和自明性来保障的。

（二）两种形而上学秩序

对形而上学主题的统一性的根源的不同理解乃基于两种截然对立的科学秩序——“存在的秩序”与“知识的秩序”。亚里士多德在《物理学》中指出，认知的次序是从对我们而言易知的东西到就其自身而言易知的东西。阿奎那将这里的认知过程解释为“探究”或“界定”的程序（processu in determinando），使之明确区分于“确证”的程序（processu in demonstrando）——从就其自身而言易知的东西论证就其自身而言不易知的东西。[2]在亚里士多德主义的认识论中，认知过程依次展开为感知和理知两个环节，在这个意义上，我们的（感官）认知始自个殊的可感事物，而理知则始自最普遍的属相，因为越普遍的属相越模糊，其潜在且未分明地含纳着较为特殊的属相或种相。可以看出，亚里士多德和阿奎那在建立科学体系时更加强调认知的程序，并将这一程序视为从模糊到澄明的展开过程。与此相对，司各脱明显更加重视确证的程序，他认为，我们的科学知识应该始自最确定的概念。阿奎那看重概念对认知对象的实际存在的揭示，而司各脱则看重概念自身可能容纳的怀疑性之多寡——在这一点上，笛卡尔明显继承了司各脱。在阿奎那那里，“确定性”是指认知活动的某种实际状况，是相对于被认知者而言的，而不是概念自身的特征，故而，因为特殊的概念所揭示出的事物的现实性更多，也就表象了更为确定的知识；但在司各脱那里，越确定的

1 从他的神学目的来看，司各脱认为，单义性是上帝之于人类理智的可理解性的前提——否则我们无法说明，当我们将得自受造物的概念用于上帝时，我们理解到了什么。在这个意义上，多义论和类比论可以且应当收束到单义论中，或者说，以单义论为基础。

2 Cf. Aquinas, *Commentaria in octo libros Physicorum Aristotelis* (Ex Typographia Polyglotta S. C. de Propaganda Fide, Romae, 1884), lib. 1, lec. 1, n. 7–8.

东西容纳的可怀疑性越少，故而，因为普遍的概念可能引发的怀疑更少，自身也就更为确定。所以，尽管阿奎那和司各脱都认为理知过程始自最普遍的概念，但他们的理由和进路完全不同：在阿奎那看来，普遍意味着模糊，而在司各脱看来，普遍意味着确定。究其实质，阿奎那的形而上学延续了"存在的秩序"，将认知活动视作存在活动的一项具体施行——所谓认知，便是灵魂以某种方式成为其对象，并依循存在论的原则来理解人类的知识原则。而司各脱则开启了"知识的秩序"，他将知识本身设立为一个独立的系统，并在此一系统中对我们关于各种对象（包括存在）的知识形态展开先行盘查。这种秩序同时预设了，科学知识的知识学标准的设立独立于并先于关于各种科学的对象本身的考察，换言之，在设立科学的知识学标准时，完全不考虑这种标准是否适合它的对象，而是考虑一些专属于人类知识本身的外围要素，比如是否易于被更多的人理解，是否能够在各种立场中保持中立，是否便于为各种立场的比较提供一个基础性平台。甚至可以说，知识论之取代形而上学成为第一哲学，在司各脱那里便已初现端倪。

回看蒯因的本体论承诺标准，从方法论的角度讲，蒯因奉行着"简单性原则"。他认为自己在制定本体论承诺的判断标准时采取了"能够把毫无秩序的零星片段的原始经验加以组合和安排的最简单的概念图示"[1]，并且，"决定那个概念图示的任何部分（例如生物学的或物理学的部分）的合理构造的考量，同决定整个概念结构的合理构造的考量没有种类上的差别"[2]。在蒯因看来，为了能够在诸多立场之间进行比较，我们需要事先建立一个通行的化约机制，而这种化约机制要尽可能"简单"。这一原则明显展示了"知识秩序"下的形而上学研究理路：首先对形而上学知识作为知识的形态提出要求并建立标准，进而基于这种知识学标准塑造我们理解和刻画形而上学问题的方式与习惯。除了简单性原则，蒯因也积极倡导在分析哲学中广为流行的"实验主义精神"。[3]与直接追问和考察哲学理论之基础预设的明见性根基的"先验哲学"不同，

1 威拉德·蒯因：《从逻辑的观点看》，江天骥、宋文淦、张家龙、陈启伟译，第16页。

2 同上。

3 同上，第18页。

实验主义精神不执着于追问理论的先验奠基过程，而是主张通过理论的后续推论，即其效果之成立与否来检验理论的前提是否成立。

余　论

司各脱（及其后的唯名论者）所建立的“新形而上学”对现代哲学的奠基之功是全方位的，我们在笛卡尔、莱布尼兹、谢林、黑格尔、海德格尔和列维纳斯等哲学家那里，都可以睹见它的深刻影响。本文选取的视角，即存在结构的离散化和秩序的转向，也只是司各脱所掀起的滔天巨浪的一两个侧面。今天，已有很多学者从因果、模态等形而上学论域中发掘出了司各脱哲学和唯名论引发的决定性转捩。若留心观察，或可发现，他们的主张在相当大的程度上贯彻在了分析哲学家们的根本预设之中。

不过需要指出的是，在最前沿的分析的形而上学（analytical metaphysics）研究中，学者们已不再满足于蒯因所提供的元本体论框架，他们正围绕着“物质构成”（material constitution）、“量词多义”（quantifier variance）、“本体论范畴”（ontological categories）、“本体论依赖性”（ontological dependence）等问题对此前形而上学研究的主导预设展开清算，甚至开始清理以一阶谓词逻辑为基础的逻辑语义学地基。而笔者认为，这种对分析哲学的基础预设进行追问和考察的意识一方面源于对分析哲学展开自身时逐渐显露出的内在困境的觉察和反思，另一方面也得益于当今的学者们对中世纪哲学的更加系统的认知。

（本文作者为北京大学哲学系助理研究员）